Sebastian Mauelshagen, Dirk Overbeck, Markus Schajek

Industriekaufleute

1. Ausbildungsjahr

Arbeitsbuch

1. Auflage

Bestellnummer 57202

Bildungsverlag EINS

Haben Sie Anregungen oder Kritikpunkte zu diesem Produkt?
Dann senden Sie eine E-Mail an 57202_001@bv-1.de
Autoren und Verlag freuen sich auf Ihre Rückmeldung.

Die in diesem Produkt gemachten Angaben zu Unternehmen (Namen, Internet- und E-Mail-Adressen, Handelsregistereintragungen, Kontonummern, Steuer-, Telefon- und Faxnummern und alle weiteren Angaben) sind i. d. R. fiktiv, d. h., sie stehen in keinem Zusammenhang mit einem real existierenden Unternehmen in der dargestellten oder einer ähnlichen Form. Dies gilt auch für alle Kunden, Lieferanten und sonstigen Geschäftspartner der Unternehmen wie z. B. Kreditinstitute, Versicherungsunternehmen und andere Dienstleistungsunternehmen. Ausschließlich zum Zwecke der Authentizität werden die Namen real existierender Unternehmen und z. B. im Fall von Kreditinstituten auch deren Bankleitzahlen, IBAN- und Swift-Codes verwendet.

Bildquellenverzeichnis

Fotos
Behrla/Nöhrbaß GbR, Foto Stephan/Bildungsverlag EINS: S. 10, 16, 20, 25, 30, 37, 51
dpa Picture-alliance GmbH, Frankfurt: S. 45 (ddrbildarchiv.de), 46 (ddrbildarchiv.de)
Fotolia Deutschland GmbH, Berlin: S. 44 (zorandim75), 49 (M S), 55 (emily2k), 67 (Böpic), 75 (th-photo), 82 (Oliver Boehmer), 83 (Franz Pfluegl), 95 (julien tromeur), 96 (julien tromeur), 102 (julien tromeur), 111 (julien tromeur), 112 (Miyazawa), 129 (Andreja Donko), 147 (Melisback), 165 (Rainer Worms)
Wilkening+Hahne GmbH+Co.KG, Bad Münder: S. 39, 65, 171

Zeichnungen
Angelika Brauner/Bildungsverlag EINS GmbH: S. 180
Andreas Erb/Bildungsverlag EINS: S. 18, 19, 107

Umschlagfotos: Vorderseite: Fotolia GmbH/Berlin (auremar), Rückseite: MEV Verlag GmbH/Augsburg

www.bildungsverlag1.de

Bildungsverlag EINS GmbH
Hansestraße 115, 51149 Köln

ISBN 978-3-427-**57202**-2

Vorwort

Liebe Schülerinnen und Schüler,
liebe Kolleginnen und Kollegen,

mit dem vorliegenden Arbeitsbuch wollen wir das vom Lehrplan geforderte **Lernen in vollständigen Lernhandlungen unterstützen.**

Strukturiert nach Lernfeldern finden Sie zu jedem Themenbereich **Lernsituationen**, welche die Umsetzung eines problem- und handlungsorientierten Unterrichts erleichtern und **selbstständiges schülerorientiertes Arbeiten** ermöglichen.

Zur besseren Orientierung sind die Lernsituationen lernfeldübergreifend durchnummeriert und die einzelnen Lernfelder farblich voneinander abgegrenzt. Die **Bezeichnung der Lernsituationen orientiert sich an der Gliederung im entsprechenden Lehrbuch** der Buchreihe, sodass Sie dem Lehrbuch problemlos ergänzende Informationen entnehmen können, wenn Sie dieses für notwendig erachten.

Neben Lernsituationen finden Sie in diesem Arbeitsbuch aber auch **ergänzende Übungen**, mit denen neu erworbenes Wissen angewendet und gefestigt werden kann. Besonders wichtig sind aber auch die **Kapitel der Prüfungsvorbereitung**, welche Sie am Ende eines jeden Lernfeldes finden. Hier kann überprüft werden, ob die wesentlichen Inhalte verstanden und ausreichend durchdrungen worden sind.

Das vorliegende Arbeitsbuch stellt eine **ideale Ergänzung zum entsprechenden Lehrbuch** der Buchreihe „Industriekaufleute" dar. Denkbar ist aber auch ein Einsatz des Arbeitsbuches in Kombination mit anderen Lehrbüchern, da die Lernsituationen, die ergänzenden Übungen und Aufgaben der Prüfungsvorbereitung auch unabhängig vom Lehrbuch lösbar sind.

Wir wünschen Ihnen viel Spaß und viel Erfolg bei der Nutzung dieses Arbeitsbuches!

Das Autorenteam

Inhaltsverzeichnis

Unternehmensbeschreibung

1. Firma Geschäftssitz	Sommerfeld Bürosysteme GmbH Gladbecker Straße 85 – 91, 45141 Essen
2. Geschäftsjahr	1. Januar bis 31. Dezember
3. Bankverbindungen	Deutsche Bank Essen, Konto-Nr. 25 203 488, BLZ 360 700 50 Postbank Dortmund, Konto-Nr. 286 778 341
4. Produkte	diverse Büromöbel, unterteilt in die Produktgruppen 1 Warten und Empfang 2 Am Schreibtisch 3 Konferenz 4 Pause, Speisen, Aufenthalt
5. Kundengruppen	Bürofachhandel, Möbelhäuser, Banken, Versicherungen, Krankenhäuser
6. Handelswaren	Confair Flipchart faltbar, Confair Pinwand, Bürobedarfsartikel
7. Maschinen und Anlagen	Drehmaschinen, Fräsmaschinen, Bohrmaschinen, Schleifmaschinen, Schweißgeräte, Lackierautomaten
8. Fertigungsarten	Einzelfertigung, Serienfertigung
9. Fertigungsorganisation	Fließfertigung, Gruppenfertigung
10. Stoffe und Teile Rohstoffe: Hilfsstoffe: Betriebsstoffe: Fremdbauteile:	 Span- und Tischlerplatten, Sperrholzplatten etc. Lacke, Beschichtungsmittel, Schrauben etc. Schmierstoffe, Fette etc. Stahlrohrgestelle, Glasplatten etc.
11. Beschäftigte	Mitarbeiter 231 davon Auszubildende 11
12. Arbeitstage	Montag bis Freitag, acht Stunden täglich im Einschichtbetrieb
13. Rechtsform und Gesellschafts- Verhältnisse	GmbH Gesellschafter: Claudia Farthmann, Lambert Feld, Hartmut Sommer Stammkapital: 4.000.000,00 EUR Geschäftsanteil: Claudia Farthmann 1.000.000,00 EUR Lambert Feld 1.500.000,00 EUR Hartmut Sommer 1.500.000,00 EUR Geschäftsführer: Claudia Farthmann, Lambert Feld, Hartmut Sommer

Organigramm der Sommerfeld Bürosysteme GmbH

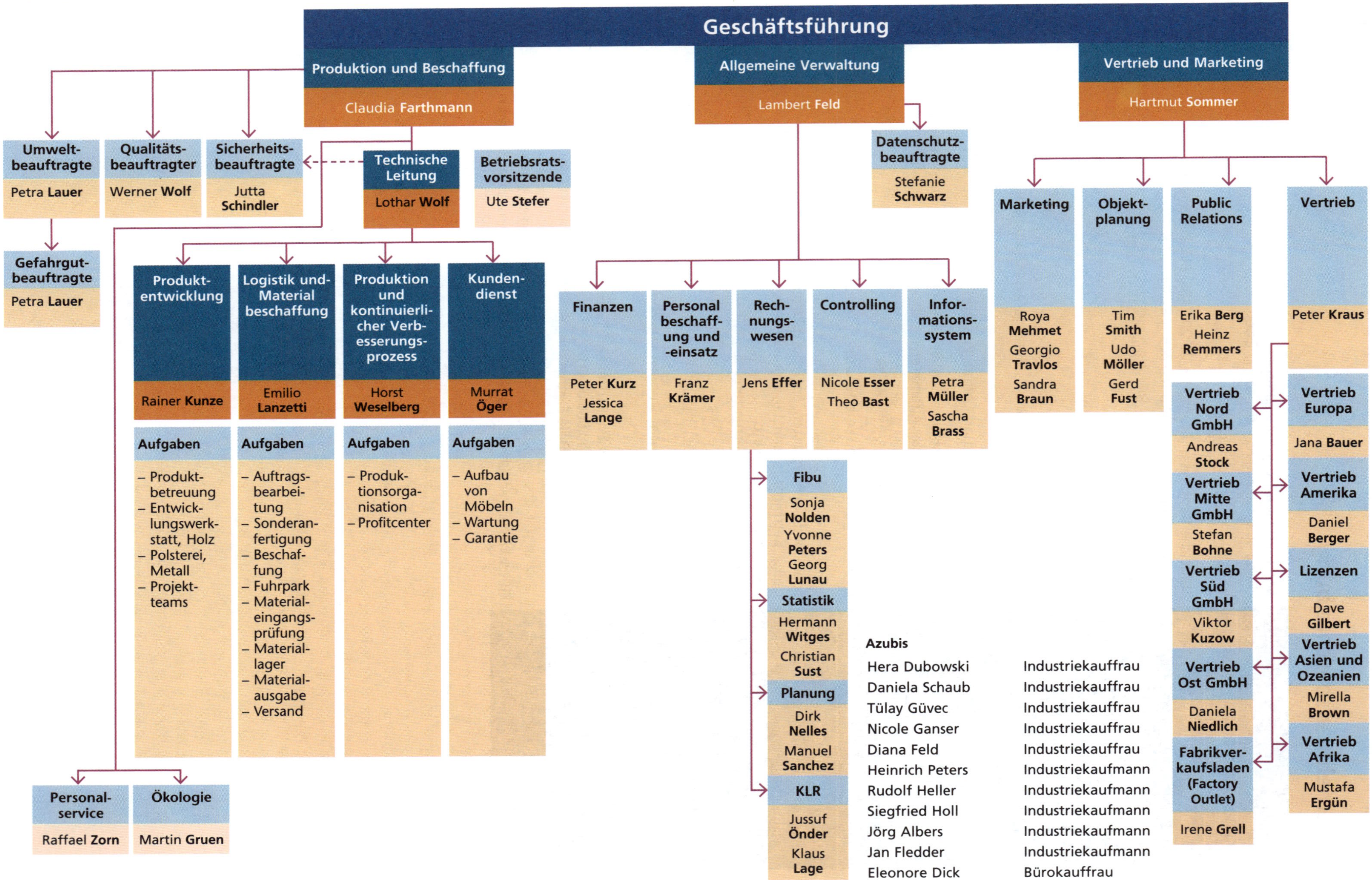

LERNFELD 1

In Ausbildung und Beruf orientieren

Lernsituation 1: Die Stellung des Industriebetriebes in der Gesamtwirtschaft erkunden

Ausgangssituation: Mein Ausbildungsbetrieb

Daniela Schaub und Rudolf Heller sind Auszubildende der Sommerfeld Bürosysteme GmbH. In der Berufsschule entwickelt sich während der großen Pause das folgende Gespräch mit den Mitschülerinnen Waltraud Mittag und Denise Malinsky.

Daniela: „Endlich Pause. In letzter Zeit haben wir so viel Neues gelernt, da freue ich mich immer auf den Kaffee in der großen Pause.“

Rudolf: „Ja, Daniela, da hast du recht. Jeden Tag kommt was Neues hinzu. Das gilt für die Berufsschule und für den Betrieb. Waltraud und Denise, wie gefällt Euch eigentlich die Ausbildung.“

Waltraud: „Super, mein Ausbildungsbetrieb, die Textilwerke AG, ist in der Bekleidungsindustrie tätig. Das ist schon aufregend. Wir haben sehr interessante Kunden, viele bekannte Textileinzelhandelsketten zählen dazu. So verwundert es nicht, dass einige unserer Klassenkameradinnen sogar von uns hergestellte Jacken tragen.“

Denise: „Mir gefällt die Ausbildung auch super. Unsere Kunden sind zwar nicht so bekannt, da wir Investitionsgüter produzieren, dafür sind sie aber in der ganzen Welt ansässig. Ich möchte später mal etwas mit Sprachen machen und da gibt es bei uns hervorragende Möglichkeiten.“

Rudolf: „Schon interessant. Wir machen alle eine Ausbildung zum Industriekaufmann/-frau. Doch unsere Ausbildungsbetriebe unterscheiden sich doch sehr.“

Arbeitsaufträge

1 Stellen Sie Ihren Ausbildungsbetrieb mithilfe einer Mindmap vor. Gehen Sie dabei unter Anderem auf die Branche, die Produkte, die Größe und andere Charakteristika Ihres Ausbildungsbetriebes ein.

Mein Ausbildungsbetrieb

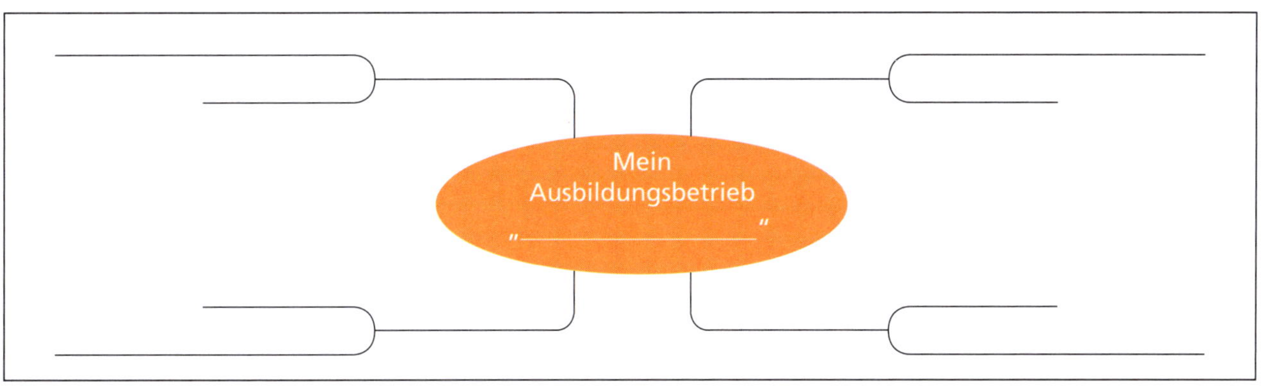

2 Ordnen Sie Ihren Ausbildungsbetrieb mithilfe Ihres Lehrbuches den verschiedenen Betriebsarten zu.

Lernsituation 2: Mit der Ausbildung beginnen

Ausgangssituation: Lehrjahre – doch ein ganz kleines bisschen Herrenjahre?

Daniela Schaub, Auszubildende zur Industriekauffrau bei der Sommerfeld Bürosysteme GmbH, sitzt mit ihrer Freundin Birgit zusammen. Birgit besucht die Höhere Berufsfachschule im Berufsfeld „Wirtschaft und Verwaltung". Sie erzählt Daniela begeistert, dass sie nach ihrem Abschluss auch eine Ausbildung zur Industriekauffrau beginnen wird. Sie zeigt Daniela den Ausbildungsvertrag, den ihr Herr Kamp von der Andreas Schneider Holzwerke KG zur Unterschrift mitgegeben hat.

Birgit: „Schau mal, Daniela, hier ist mein Ausbildungsvertrag. Der muss nur noch unterschrieben werden. Mit 17 Jahren verdiene ich dann endlich mein eigenes Geld: 600,00 EUR im Monat!"

Daniela: „Klasse, 600,00 EUR sind im ersten Lehrjahr eine Menge Geld. Außerdem wird dir die Ausbildung zur Industriekauffrau bestimmt viel Spaß machen. Mir gefällt es bis jetzt jedenfalls richtig gut."

Birgit: „Das freut mich, aber wie ist das mit deinem Gehalt? Verdienst du eigentlich mehr als ich?"

Daniela: „Im ersten Lehrjahr sind es bei mir auch 600,00 EUR. Danach wird es allerdings mehr. Überhaupt sind viele Dinge aus deinem Vertrag bei mir anders geregelt."

Birgit: „Welche denn?"

Daniela: „Ich habe beispielsweise eine Probezeit von vier Monaten. Du hast überhaupt keine Probezeit und außerdem dauert deine Ausbildung länger."

Birgit: „Schon komisch."

Daniela: „Wir sollten deinen Vertrag mal genauer überprüfen, bevor du ihn unterschreibst."

Ausbildungsvertrag nach einem Muster der IHK-Nordwestfalen

IHK Nord Westfalen

Berufsausbildungsvertrag
(§§ 10, 11 Berufsbildungsgesetz - BBiG)

Zwischen der/dem Ausbildenden (Ausbildungsbetrieb)
Der Ausbildungsbetrieb gehört zum öffentlichen Dienst ☐

Firmenident-Nr.	Tel.-Nr.
444-555-888	02381 4177118
Anschrift des Ausbildenden	
Andreas Schneider Holzwerke KG	
Straße, Haus-Nr.	
Palzstr. 16	
PLZ	Ort
59073	Hamm
E-Mail-Adresse des Ausbildenden	
schneider-holzwerke@t-online.de	
Verantwortliche/r Ausbilder/in: Herr/Frau	
Carl Kamp	

und der/dem Auszubildenden weiblich [x] männlich [ ]

Name	Vorname
Theising	Birgit
Straße, Haus-Nr.	
Ackerstr. 4	
PLZ	Ort
59073	Hamm
Geburtsdatum	Geburtsort
05.03...	Emsdetten
Staatsangehörigkeit	Gesetzlicher Vertreter: Eltern [x] Vater [ ] Mutter [ ] Vormund [ ]
deutsch	
Namen, Vornamen der gesetzlichen Vertreter	
Marlies und Paul Theising	
Straße, Hausnummer	
Ackerstr. 4	
PLZ	Ort
59073	Hamm

wird nachstehender Vertrag zur Ausbildung im Ausbildungsberuf mit der Fachrichtung/dem Schwerpunkt/dem Wahlbaustein / Einsatzgebiet etc. nach Maßgabe der Ausbildungsordnung geschlossen.
Industriekauffrau

Änderungen des wesentlichen Vertragsinhaltes sind dem Ausbildenden unverzüglich zur Eintragung in das Verzeichnis der Berufsausbildungsverhältnisse bei der Industrie- und Handelskammer anzuzeigen.

Die beigefügten Angaben zur sachlichen und zeitlichen Gliederung des Ausbildungsablaufs (Ausbildungsplan) sind Bestandteil dieses Vertrages

zuständige Berufsschule
Friedrich-List-Berufskolleg

Vorausgegangene Berufsausbildung/Vorbildung/Grundbildung:
von mindestens 6 Monaten

	Erfolgreich abgeschlossen: ja	nein
1. Höhere Berufsfachschule Wirtschaft u. Verw.	x	
2.		
3.		

A Die Ausbildungszeit beträgt nach der Ausbildungsordnung [38] Monate.
Es wird eine Anrechung/Verkürzung von [---] Monaten beantragt
Das Berufsausbildungsverhältnis beginnt am [01.08...] endet am [30.09...]

B Die Probezeit (§ 1 Nr. 2) beträgt [0] Monate.

C Die Ausbildung findet vorbehaltlich der Regelungen nach D (§ 3 Nr. 12) in
Andreas Schneider Holzwerke KG, Hamm
und den mit dem Betriebssitz für die Ausbildung üblicherweise zusammenhängenden Bau-, Montage- und sonstigen Arbeitsstellen statt

D Ausbildungsmaßnahmen außerhalb der Ausbildungsstätte (§ 3 Nr. 12) (mit Zeitraumangabe)
A. Schneider Limited, London (01.04. -30.04...)

E Der Ausbildende zahlt der/dem Auszubildenden eine angemessene Vergütung (§ 5); diese beträgt zur Zeit monatlich brutto

EUR	600	600	600	
im	ersten	zweiten	dritten	vierten

Ausbildungsjahr.

F Die regelmäßige tägliche Ausbildungszeit beträgt [8] Stunden.
Die regelmäßige wöchentliche Ausbildungszeit beträgt [40] Stunden.

G Der Ausbildende gewährt der/dem Auszubildenden Urlaub nach den geltenden Bestimmungen.
Es besteht ein Urlaubsanspruch

Im Jahr	20 ..	20 ..	20 ..	20 ..	20 ..
Werktage					
Arbeitstage	13	30	30	23	

H Hinweise auf anzuwendende Tarifverträge und Betriebsvereinbarungen; sonstige Vereinbarungen

J Die beigefügten Vereinbarungen sind Gegenstand dieses Vertrages und werden anerkannt

Ort und Datum: ______________________

Der Ausbildende:
____
Stempel und Unterschrift

Die/Der Auszubildende:
____
Vor- und Familienname

Die gesetzl. Vertreter der/des Auszubildenden:
____
Vater und Mutter/Vormund

4. Blatt = Ausfertigung für die/den Auszubildende/n, Seite 1 von 2

Arbeitsaufträge

1 Helfen Sie Daniela und Birgit bei der Überprüfung des Ausbildungsvertrages. Klären Sie folgende Fragen zu Birgits Ausbildungsvertrag.

a) Nennen Sie die Beteiligten an Birgits Berufsausbildung.
b) Erklären Sie die Bedeutung der Probezeit und erläutern Sie, ob die im Ausbildungsvertrag getroffene Regelung zulässig ist.
c) Beurteilen Sie, ob Birgits Ausbildungsvergütung angemessen ist.
d) Erläutern Sie, ob Birgits Ausbildungszeit den Vorschriften der Ausbildungsordnung entspricht.
e) Stellen Sie die Bedingungen heraus, unter denen ein Teil der Ausbildung im Ausland absolviert werden kann und nennen Sie mögliche Vorteile.
f) Müssen Birgits Eltern dem Ausbildungsverhältnis zustimmen und den Ausbildungsvertrag unterschreiben? Begründen Sie.

2 Die Rückseite des abgebildeten Ausbildungsvertrages enthält genauere Angaben zum Ausbildungsverhältnis. Nennen Sie die Mindestinhalte, die nach § 11 BBiG für den Berufsausbildungsvertrag vorgeschrieben sind.

3 Erstellen Sie eine Übersicht mit den Pflichten des Auszubildenden (§ 13 BBiG) und den Pflichten des Ausbildenden (§ 14–17 BBiG). Geben Sie für die jeweiligen Pflichten je ein Beispiel.

4 Unterstellen Sie, dass der abgebildete Ausbildungsvertrag entsprechend den gesetzlichen Vorgaben korrigiert wurde. Erläutern Sie, unter welchen Voraussetzungen Birgit sowie die Andreas Schneider Holzwerke KG das Berufsausbildungsverhältnis in und nach der Probezeit kündigen können.

5 Nach Rücksprache mit Herrn Kamp wurde die Ausbildungszeit auf 36 Monate herabgesetzt. Erklären Sie, unter welchen Bedingungen eine weitere Verkürzung oder Verlängerung der Ausbildung denkbar ist.

6 Angenommen Birgit besteht ihre Abschlussprüfung vor dem im Ausbildungsvertrag vorgesehenen Ende der Ausbildung und verabschiedet sich am nächsten Tag in den wohlverdienten Mallorca-Urlaub. Erläutern Sie, ob Birgit dazu berechtigt ist.

Ergänzende Übungen

Beurteilen Sie die folgenden Fälle mithilfe des Auszugs aus dem Berufsbildungsgesetz auf Seite 13 ff.

a) Die Auszubildende Kirsten Schorn, eine Mitschülerin von Daniela Schaub, besucht regelmäßig die Berufsschule, macht die Hausaufgaben und arbeitet im Unterricht mit. Trotzdem ist das Ergebnis der Zwischenprüfung mangelhaft. Ihr Ausbilder droht daraufhin mit Kündigung.

b) Die Berufsschule führt einmal im Jahr einen Wandertag durch. Herr Krämer ist der Meinung, dies habe nichts mit der Ausbildung zu tun und verweigert Daniela die Teilnahme.

c) Danielas Freund ist kaufmännischer Angestellter in einem Konkurrenzbetrieb. Stolz berichtet Daniela ihm, dass die Sommerfeld Bürosysteme die Einführung einer neuen Produktgruppe plane.

d) Daniela ist als Auszubildende der Sommerfeld Bürosysteme GmbH im Vertrieb eingesetzt. Als die Sachbearbeiterin Peters sie auffordert, für sie Einkäufe zu erledigen, weigert sich Daniela.

e) Frau Peters ist über das Verhalten von Daniela verärgert. Sie meint: „Wenn Sie schon nicht einkaufen möchten, dann sorgen Sie bitte dafür, dass die Prospekte herausgeschickt werden." Daniela antwortet: „Frau Peters, das mache ich nicht. Ich bin hier, um etwas zu lernen und ich bin nicht die Deutsche Post."

f) Für den Berufsschulunterricht hat Daniela Schaub von der Sommerfeld Bürosysteme GmbH einen Taschenrechner zur Verfügung gestellt bekommen. Vor lauter Aufregung verliert sie nach einer Klassenarbeit den Taschenrechner.

g) Silke, Danielas Klassenkameradin, behauptet in der großen Pause: „Nach der Probezeit können die mir gar nichts. Ob ich mal zu spät komme oder den Unterricht schwänze, spielt keine Rolle."

h) Walter, ebenfalls ein Mitschüler von Daniela, bedient sich fleißig in der Materialausgabe seines Ausbildungsbetriebes und betreibt über das Internet einen florierenden Handel.

i) Danielas Freund Jan macht ebenfalls eine Ausbildung zum Industriekaufmann. Um Daniela näher zu sein, möchte er seine Ausbildung bei der Bürodesign GmbH aufgeben und zur Sommerfeld Bürosysteme GmbH wechseln.

j) Daniela beschwert sich bei Jan darüber, dass sie Herrn Krämer monatlich das Berichtsheft vorlegen muss. „So ein Quatsch", meint Jan, „ich muss überhaupt keins führen."

k) Kirsten Schorn hat trotz aller Mühen auch die Abschlussprüfung nicht geschafft. Sie ist verzweifelt und hat keine Vorstellung, wie es weitergehen soll.

l) Erkan ist mit seiner Ausbildung zum Industriekaufmann überhaupt nicht zufrieden. Schon seit einem Jahr arbeitet er in der Zentrale, andere Unternehmensbereiche hat er noch nicht kennengelernt und Überstunden bekommt er nicht bezahlt. Sein Ausbilder meint: „Lehrjahre sind keine Herrenjahre. Was interessiert mich die Ausbildungsordnung, Sie bleiben weiterhin in der Zentrale. Überstunden machen hier alle Mitarbeiter."

§

Auszug aus dem Berufsbildungsgesetz (BBiG)

§ 2 Lernorte der Berufsbildung

(1) Berufsbildung wird durchgeführt
1. in Betrieben der Wirtschaft,(...),
2. in berufsbildenden Schulen (schulische Berufsbildung) und
3. in sonstigen Berufsbildungseinrichtungen außerhalb der schulischen und betrieblichen Berufsbildung (außerbetriebliche Berufsbildung). (...)

(3) Teile der Berufsausbildung können im Ausland durchgeführt werden, wenn dies dem Ausbildungsziel dient. Ihre Gesamtdauer soll ein Viertel der in der Ausbildungsordnung festgelegten Ausbildungsdauer nicht überschreiten.

§ 7 Anrechnung beruflicher Vorbildung auf die Ausbildungszeit

(1) Die Landesregierungen können nach Anhörung des Landesausschusses für Berufsbildung durch Rechtsverordnung bestimmen, dass der Besuch eines Bildungsganges berufsbildender Schulen oder die Berufsausbildung in einer sonstigen Einrichtung ganz oder teilweise auf die Ausbildungszeit angerechnet wird. Die Ermächtigung kann durch Rechtsverordnung auf oberste Landesbehörden weiter übertragen werden.

(2) Die Anrechnung nach Absatz 1 bedarf des gemeinsamen Antrags der Auszubildenden und Ausbildenden. Der Antrag ist an die zuständige Stelle zu richten. Er kann sich auf Teile des höchstzulässigen Anrechnungszeitraums beschränken.

§ 8 Abkürzung und Verlängerung der Ausbildungszeit

(1) Auf gemeinsamen Antrag der Auszubildenden und Ausbildenden hat die zuständige Stelle die Ausbildungszeit zu kürzen, wenn zu erwarten ist, dass das Ausbildungsziel in der gekürzten Zeit erreicht wird. Bei berechtigtem Interesse kann sich der Antrag auch auf die Verkürzung der täglichen oder wöchentlichen Ausbildungszeit richten (Teilzeitberufsausbildung).

§

(2) In Ausnahmefällen kann die zuständige Stelle auf Antrag Auszubildender die Ausbildungszeit verlängern, wenn die Verlängerung erforderlich ist, um das Ausbildungsziel zu erreichen. Vor der Entscheidung nach Satz 1 sind die Ausbildenden zu hören.

§ 10 Vertrag

(1) Wer andere Personen zur Berufsausbildung einstellt (Ausbildende), hat mit den Auszubildenden einen Berufsausbildungsvertrag zu schließen. (...)

§ 11 Vertragsniederschrift

(1) Ausbildende haben unverzüglich nach Abschluss des Berufsausbildungsvertrages, spätestens vor Beginn der Berufsausbildung, den wesentlichen Inhalt des Vertrages gemäß Satz 2 schriftlich niederzulegen; die elektronische Form ist ausgeschlossen. In die Niederschrift sind mindestens aufzunehmen
1. Art, sachliche und zeitliche Gliederung sowie Ziel der Berufsausbildung, insbesondere die Berufstätigkeit, für die ausgebildet werden soll,
2. Beginn und Dauer der Berufsausbildung,
3. Ausbildungsmaßnahmen außerhalb der Ausbildungsstätte,
4. Dauer der regelmäßigen täglichen Ausbildungszeit,
5. Dauer der Probezeit,
6. Zahlung und Höhe der Vergütung,
7. Dauer des Urlaubs,
8. Voraussetzungen, unter denen der Berufsausbildungsvertrag gekündigt werden kann,
9. ein in allgemeiner Form gehaltener Hinweis auf die Tarifverträge, Betriebs- oder Dienstvereinbarungen, die auf das Berufsausbildungsverhältnis anzuwenden sind.

(2) Die Niederschrift ist von den Ausbildenden, den Auszubildenden und deren gesetzlichen Vertretern und Vertreterinnen zu unterzeichnen.

(3) Ausbildende haben den Auszubildenden und deren gesetzlichen Vertretern und Vertreterinnen eine Ausfertigung der unterzeichneten Niederschrift unverzüglich auszuhändigen.

Pflichten der Auszubildenden

§ 13 Verhalten während der Berufsausbildung

Auszubildende haben sich zu bemühen, die berufliche Handlungsfähigkeit zu erwerben, die zum Erreichen des Ausbildungsziels erforderlich ist. Sie sind insbesondere verpflichtet,
1. die ihnen im Rahmen ihrer Berufsausbildung aufgetragenen Aufgaben sorgfältig auszuführen,
2. an Ausbildungsmaßnahmen teilzunehmen, für die sie nach § 15 freigestellt werden,
3. den Weisungen zu folgen, die ihnen im Rahmen der Berufsausbildung von Ausbildenden, von Ausbildern oder Ausbilderinnen oder von anderen weisungsberechtigten Personen erteilt werden,
4. die für die Ausbildungsstätte geltende Ordnung zu beachten,
5. Werkzeug, Maschinen und sonstige Einrichtungen pfleglich zu behandeln,
6. über Betriebs- und Geschäftsgeheimnisse Stillschweigen zu wahren.

Pflichten der Ausbildenden

§ 14 Berufsausbildung

(1) Ausbildende haben
1. dafür zu sorgen, dass den Auszubildenden die berufliche Handlungsfähigkeit vermittelt wird, die zum Erreichen des Ausbildungsziels erforderlich ist, und die Berufsausbildung in einer durch ihren Zweck gebotenen Form planmäßig, zeitlich und sachlich gegliedert so durchzuführen, dass das Ausbildungsziel in der vorgesehenen Ausbildungszeit erreicht werden kann,
2. selbst auszubilden oder einen Ausbilder oder eine Ausbilderin ausdrücklich damit zu beauftragen,
3. Auszubildenden kostenlos die Ausbildungsmittel, insbesondere Werkzeuge und Werkstoffe zur Verfügung zu stellen, die zur Berufsausbildung und zum Ablegen von Zwischen- und Abschlussprüfungen, auch soweit solche nach Beendigung des Berufsausbildungsverhältnisses stattfinden, erforderlich sind,
4. Auszubildende zum Besuch der Berufsschule sowie zum Führen von schriftlichen Ausbildungsnachweisen anzuhalten, soweit solche im Rahmen der Berufsausbildung verlangt werden, und diese durchzusehen,
5. dafür zu sorgen, dass Auszubildende charakterlich gefördert sowie sittlich und körperlich nicht gefährdet werden.

(2) Auszubildenden dürfen nur Aufgaben übertragen werden, die dem Ausbildungszweck dienen und ihren körperlichen Kräften angemessen sind.

§ 15 Freistellung

Ausbildende haben Auszubildende für die Teilnahme am Berufsschulunterricht und an Prüfungen freizustellen. Das Gleiche gilt, wenn Ausbildungsmaßnahmen außerhalb der Ausbildungsstätte durchzuführen sind.

§

§ 16 Zeugnis

(1) Ausbildende haben den Auszubildenden bei Beendigung des Berufsausbildungsverhältnisses ein schriftliches Zeugnis auszustellen. Die elektronische Form ist ausgeschlossen. Haben Ausbildende die Berufsausbildung nicht selbst durchgeführt, so soll auch der Ausbilder oder die Ausbilderin das Zeugnis unterschreiben.

(2) Das Zeugnis muss Angaben enthalten über Art, Dauer und Ziel der Berufsausbildung sowie über die erworbenen beruflichen Fertigkeiten, Kenntnisse und Fähigkeiten der Auszubildenden. Auf Verlangen Auszubildender sind auch Angaben über Verhalten und Leistung aufzunehmen.

§ 17 Vergütungsanspruch

(1) Ausbildende haben Auszubildenden eine angemessene Vergütung zu gewähren. Sie ist nach dem Lebensalter der Auszubildenden so zu bemessen, dass sie mit fortschreitender Berufsausbildung, mindestens jährlich, ansteigt. (...)

(3) Eine über die vereinbarte regelmäßige tägliche Ausbildungszeit hinausgehende Beschäftigung ist besonders zu vergüten oder durch entsprechende Freizeit auszugleichen.

§ 20 Probezeit

Das Berufsausbildungsverhältnis beginnt mit der Probezeit. Sie muss mindestens einen Monat und darf höchstens vier Monate betragen.

§ 21 Beendigung

(1) Das Berufsausbildungsverhältnis endet mit dem Ablauf der Ausbildungszeit. Im Falle der Stufenausbildung endet es mit Ablauf der letzten Stufe.

(2) Bestehen Auszubildende vor Ablauf der Ausbildungszeit die Abschlussprüfung, so endet das Berufsausbildungsverhältnis mit Bekanntgabe des Ergebnisses durch den Prüfungsausschuss.

(3) Bestehen Auszubildende die Abschlussprüfung nicht, so verlängert sich das Berufsausbildungsverhältnis auf ihr Verlangen bis zur nächstmöglichen Wiederholungsprüfung, höchstens um ein Jahr.

§ 22 Kündigung

(1) Während der Probezeit kann das Berufsausbildungsverhältnis jederzeit ohne Einhalten einer Kündigungsfrist gekündigt werden.

(2) Nach der Probezeit kann das Berufsausbildungsverhältnis nur gekündigt werden
  1. aus einem wichtigen Grund ohne Einhalten einer Kündigungsfrist,
  2. von Auszubildenden mit einer Kündigungsfrist von vier Wochen, wenn sie die Berufsausbildung aufgeben oder sich für eine andere Berufstätigkeit ausbilden lassen wollen.

(3) Die Kündigung muss schriftlich und in den Fällen des Absatzes 2 unter Angabe der Kündigungsgründe erfolgen.

(4) Eine Kündigung aus einem wichtigen Grund ist unwirksam, wenn die ihr zugrunde liegenden Tatsachen dem zur Kündigung Berechtigten länger als zwei Wochen bekannt sind. (...)

§ 24 Weiterarbeit

Werden Auszubildende im Anschluss an das Berufsausbildungsverhältnis beschäftigt, ohne dass hierüber ausdrücklich etwas vereinbart worden ist, so gilt ein Arbeitsverhältnis auf unbestimmte Zeit als begründet.

§ 45 Zulassung in besonderen Fällen

(1) Auszubildende können nach Anhörung der Ausbildenden und der Berufsschule vor Ablauf ihrer Ausbildungszeit zur Abschlussprüfung zugelassen werden, wenn ihre Leistungen dies rechtfertigen. (...)

§ 71 Zuständige Stellen

(...)

(2) Für die Berufsbildung in nichthandwerklichen Gewerbeberufen ist die Industrie- und Handelskammer zuständige Stelle im Sinne dieses Gesetzes. (...)

§ 76 Überwachung, Beratung

(1) Die zuständige Stelle überwacht die Durchführung
  1. der Berufsausbildungsvorbereitung,
  2. der Berufsausbildung und
  3. der beruflichen Umschulung und fördert diese durch Beratung der an der Berufsbildung beteiligten Personen. Sie hat zu diesem Zweck Berater oder Beraterinnen zu bestellen.

§

Auszug aus der Verordnung über die Berufsausbildung zum Industriekaufmann/zur Industriekauffrau

§ 2 Ausbildungsdauer
Die Ausbildung dauert drei Jahre.

§ 7 Berichtsheft
Der Auszubildende hat ein Berichtsheft zu führen. Dabei sind regelmäßig Ausbildungsnachweise anzufertigen. Dem Auszubildenden ist Gelegenheit zu geben, das Berichtsheft während der Ausbildungszeit zu führen. Der Ausbildende hat das Berichtsheft regelmäßig durchzusehen.

Lernsituation 3: Gesetze und Verordnungen zum Schutz der Auszubildenden und Arbeitnehmer kennenlernen

Ausgangssituation: Nicht alles ist erlaubt

Daniela Schaub kommt heute Morgen gut gelaunt zur Arbeit. Sie soll in der Personalabteilung bei Herrn Krämer aushelfen. Personalangelegenheiten haben Daniela schon immer besonders interessiert. „Guten Morgen, Herr Krämer, wie kann ich helfen?“, fragt Daniela. „Ach, Daniela, wir haben hier im Moment jede Menge zu tun. Schön, dass Sie heute aushelfen. Ich komme gar nicht dazu, die verschiedenen Anfragen und Probleme unserer Mitarbeiter zu bearbeiten.“ „Probleme gibt es also bei uns auch. Ich dachte immer, hier läuft alles bestens. Unsere Geschäftsführung ist doch nett. Wenn sie etwas entscheidet, dann wird es schon seine Richtigkeit haben“, erwidert Daniela. „Im Prinzip haben Sie ja auch recht, aber Personalentscheidungen müssen Hand und Fuß haben. Sonst kommt unser Betriebsrat und winkt mit dem Gesetz.“ „Tatsächlich?“, ist Daniela erstaunt. „Ich wusste gar nicht, dass man in der Personalabteilung mit Gesetzen zu tun hat.“ „Natürlich, Daniela, es gibt jede Menge Gesetze und Verordnungen, die wir beachten müssen und das ist auch gut so. Nicht jeder Betrieb behandelt seine Mitarbeiter so fair, wie unsere Geschäftsführung es tut.“

Arbeitsaufträge: Jugendarbeitsschutzgesetz

Herr Krämer bittet Daniela verschiedene Probleme und Anfragen der Mitarbeiter zum Jugendarbeitsschutz zu beantworten. Unterstützen Sie Daniela bei ihrer Arbeit.

1 Silke Müller ist 14 Jahre alt. Sie hat sich auf eine Stellenanzeige der Sommerfeld Bürosysteme GmbH gemeldet. Gesucht wird eine Aushilfe, die mittwochs in der Zeit zwischen 14 Uhr und 18 Uhr im Versand aushelfen soll. Prüfen Sie, ob Silke Müller eine geeignete Kandidatin ist.

2 Danielas 17-jähriger Freund Jan, möchte die tägliche Arbeitszeit auf 9 Stunden ausdehnen, damit er am Freitag schon mittags frei hat. Begründen Sie, ob dies möglich ist.

3 Jan schlägt vor, von montags bis donnerstags jeweils eine halbe Stunde länger zu arbeiten (8,5 Stunden), damit er freitags eher Feierabend machen kann. Erläutern Sie, ob eine solche Regelung nach dem Jugendarbeitsschutzgesetz denkbar ist.

4 In diesem Jahr fällt der Tag der Deutschen Einheit auf einen Mittwoch. Jörg Albers fragt an, wie der Tag nach dem Jugendarbeitsschutzgesetz auf die wöchentliche Arbeitszeit angerechnet wird. Normalerweise hätte er 8 Stunden arbeiten müssen. Nehmen Sie Stellung.

5 Der 16-jährige Siegfried Holl will folgende Arbeitszeiten und Pausenzeiten wahrnehmen:
08:00 Uhr – 13:00 Uhr Arbeitszeit
13:00 Uhr – 13:15 Uhr Pause
13:15 Uhr – 15:00 Uhr Arbeitszeit
15:00 Uhr – 15:15 Uhr Pause
15:15 Uhr – 17:00 Uhr Arbeitszeit

Begründen Sie, ob die Arbeitszeiten- und Pausenregelungen mit dem Jugendarbeitsschutzgesetz vereinbar sind.

6 Michaela Müller ist 17 Jahre alt und arbeitet in der Produktion, die im Moment voll ausgelastet ist. Der Produktionsleiter, Herr Weselberg, fragt an, ob Michaela donnerstags von 11:00 – 20:00 Uhr und freitags in der Zeit von 6:00 Uhr bis 15:00 Uhr beschäftigt werden darf. Zudem möchte er Michaela ausnahmsweise am Sonntag in der Zeit von 8:00 Uhr – 16:00 Uhr beschäftigen. Herr Weselberg sichert zu, dass die Höchstarbeitszeiten und die Pausenzeiten korrekt eingehalten werden. Überprüfen Sie die Zulässigkeit einer solchen Arbeitszeitregelung.

7 Um den krankheitsbedingten Ausfall eines Mitarbeiters zu kompensieren, möchte Herr Weselberg den 17-jährigen Stefan Westers für eine Woche in der Nachtschicht einsetzen. Stefan ist mit dieser Regelung einverstanden, da er die Nachtschichtzulage gut gebrauchen kann. Er spart für ein Auto. Beurteilen Sie den Sachverhalt.

8 Den 16-jährigen Klaus Bisping möchte Herr Weselberg von montags bis samstags in der Produktion einsetzten. Selbstverständlich sollen die Arbeitszeiten- und Pausenregelungen für Jugendliche beachtet werden. Nehmen Sie Stellung.

9 Herr Krämer bittet Daniela darzulegen, wie viel Urlaub Meike Langenscheid zu gewähren ist. Meike wird am 13. August 17 Jahre alt.

10 Jan Fledder möchte zwei Wochen vor der Zwischenprüfung Urlaub nehmen. Er besucht während seines Urlaubs an mehreren Tagen die Berufsschule für jeweils 6 Stunden. Erläutern Sie, wie die Schultage auf den Urlaub angerechnet werden.

11 Die 17-jährige Eleonore Dick besucht montags und donnerstags die Berufsschule. An beiden Tagen hat sie sechs Stunden Berufsschulunterricht. Überprüfen Sie, wie die Schulzeit auf die Arbeitszeit angerechnet wird und ob eine Beschäftigung von Eleonore an beiden Tagen nach der Schule möglich ist.

12 Für die nächste Zeit fällt Eleonores Unterricht in den ersten beiden Schulstunden (8:00 Uhr – 9:30 Uhr) aus, da ein Lehrer langfristig erkrankt ist. Erklären Sie, ob Eleonore in dieser Zeit in der Poststelle beschäftigt werden darf und wie die restliche Schulzeit von 9.45 Uhr – 13:00 Uhr inklusive 15 Minuten Pause auf die Arbeitszeit angerechnet wird.

13 Eleonore bittet Herrn Krämer um Freistellung für die Abschlussprüfung. Auch den Tag vor der Abschlussprüfung möchte sie frei haben, um sich besser auf die Prüfung vorbereiten zu können. Begründen Sie, ob dem Ansinnen Eleonores stattzugeben ist. X

Wie wäre die Regelung, wenn Eleonore 19 wäre?

14 Der Produktionsleiter Heinz Weselberg fragt an, ob Jugendlichen der Umgang mit gefährlichen Chemikalien erlaubt ist. Gelegentlich werden diese bei der Sommerfeld Bürosysteme GmbH in der Produktion verwendet. Nehmen Sie Stellung.

15 Auch im nächsten Jahr sollen minderjährige Auszubildende eingestellt werden. Herr Krämer bittet Daniela, kurz die wichtigsten Punkte zur gesundheitlichen Betreuung der Jugendlichen zusammenstellen.

Arbeitsaufträge: Mutterschutzgesetz

Nachdem Daniela sich erfolgreich mit dem Jugendarbeitsschutzgesetz auseinandergesetzt hat, bittet Herr Krämer Daniela folgende Fragen zum Mutterschutzgesetz zu klären. Unterstützen Sie Daniela.

1 Die Betriebsratsvorsitzende, Frau Stefer, weist darauf hin, dass für werdende Mütter bei der Gestaltung des Arbeitsplatzes besondere Maßnehmen und Vorkehrungen zu treffen sind. Sie bittet um Vorschläge für Mitarbeiterinnen, die in der Produktion oder im Bürobereich beschäftigt sind.

2 Die Produktionsmitarbeiterin Frau Nitsche ist im vierten Monat schwanger und teilt dies der Sommerfeld Bürosysteme GmbH pflichtgemäß mit. Sie ist mit schweren Arbeiten betraut und muss Lasten bis zu 30 kg von Hand heben. Begründen Sie, ob Frau Nitsche weiterhin an diesem Arbeitsplatz beschäftigt werden darf.

3 Mirella Brown ist im achten Monat schwanger. Sie möchte auf eigenen Wunsch weiterhin ihrer Arbeit nachgehen. Prüfen Sie, ob ihrem Wunsch entsprochen werden kann.

4 Auch nach der Geburt ihres Kindes möchte Frau Brown möglichst schnell an ihren Arbeitsplatz zurückkehren. Sie plant, die Arbeit sechs Wochen nach der Geburt ihres Kindes wieder aufzunehmen. Erläutern Sie, ob dies nach dem Mutterschutzgesetz möglich ist.

5 Frau Iker ist im 5. Monat schwanger. Herr Weselberg hat Frau Iker in der nächsten Woche für die Nachtschicht eingeplant. In der darauffolgenden Woche soll sie Frühschicht machen und aufgrund des großen Arbeitsanfalls am Samstag Überstunden leisten. Legen Sie dar, ob dieses Vorgehen korrekt ist.

6 Barbara Schmidt ist Sachbearbeiterin im Einkauf der Sommerfeld Bürosysteme GmbH. Am 30 April hat Frau Schmidt eine Tochter bekommen. Der Durchschnittsverdienst betrug 1.800,00 EUR netto. Geben Sie Auskunft über die Art und Höhe der Leistungen, die sie im Monat Mai von der Krankenkasse und dem Arbeitgeber zu erwarten hat.

7 Frau Schmidt macht sich Sorgen, um ihren Job. Da in der Einkaufsabteilung der Arbeitsanfall im Moment besonders hoch ist, befürchtet sie aufgrund ihrer Schwangerschaft gekündigt zu werden. Nehmen Sie Stellung.

Arbeitsaufträge: Arbeitszeitgesetz

„So, Daniela", meint Herr Krämer, „jetzt müssen Sie sich noch mit dem Arbeitszeitgesetz auseinandersetzen. Wie Sie wissen, sind wir in der Produktion im Moment voll ausgelastet und vor allem Herr Weselberg, der Produktionsleiter, hat einige Fragen, die wir beantworten müssen."

1 Auch Herr Weselberg hat in letzter Zeit einige Überstunden angesammelt und sehr viel gearbeitet. Erläutern Sie, ob auch für ihn die Regelungen des Arbeitszeitgesetzes gelten.

2 Um dem erhöhten Arbeitsanfall gerecht zu werden, möchte Herr Weselberg die tägliche Arbeitszeit für die nächsten drei Wochen in einigen Produktionsbereichen auf 10,5 Stunden täglich ausweiten. Begründen Sie, ob dies zulässig ist.

3 Für die nächste Woche ist von Montag bis Freitag für die Betriebsschlosserei folgende Arbeitszeit geplant. Nehmen Sie zu der geplanten Regelung Stellung.

8:00 Uhr – 10:00 Uhr	Arbeitszeit
10:00 Uhr – 10:10 Uhr	Pause
10:10 Uhr – 12:10 Uhr	Arbeitszeit
12:10 Uhr – 12:25 Uhr	Pause
12:25 Uhr – 16:25 Uhr	Arbeitszeit

4 Herr Weselberg möchte, dass die Lackierer am Samstag eine zusätzliche Schicht fahren sollen. Damit die Frühschicht ein langes Wochenende hat, soll die Spätschicht, die am Freitag bis 22:00 Uhr arbeitet, am Samstag um 5:00 Uhr diese zusätzliche Schicht übernehmen. Beurteilen Sie die Zulässigkeit einer solchen Arbeitszeitregelung.

5 Herr Weselberg möchte eine zusätzliche Nachtschicht einrichten. Geben Sie Auskunft, wer überhaupt Nachtarbeit leistet und welche Besonderheiten für Nachtarbeiter gelten.

6 Auch über die Einführung einer zusätzlichen Sonntagsschicht hat Herr Weselberg bereits nachgedacht. Er möchte diese Schicht mit „Freiwilligen" besetzen, die sich Geld hinzuverdienen möchten. Erklären Sie Herrn Weselberg die wesentlichen Bestimmungen zur Sonntagsarbeit.

Lernsituation 4: Mitwirkungs- und mitbestimmungsrechtliche Regelungen reflektieren

Ausgangssituation: Wer den Gewinn miterwirtschaftet soll auch mitbestimmen

Daniela Schaub besucht mit ihrer Berufsschulklasse die Textilwerke AG in Essen. Ihre Mitschülerin Waltraud Mittag hat zusammen mit der Ausbilderin der Textilwerke AG, Gerlinde Sentker, eine Führung durch den Betrieb organisiert. Am schwarzen Brett der Textilwerke AG bemerkt Daniela den folgenden Aushang.

Bekanntmachung
Betriebsratswahl der Textilwerke AG

Die Wahl des Betriebsrates findet am 10.05... in der Zeit von 8:00 Uhr – 18:00 Uhr im Raum 113 der Textilwerke AG statt.

Weitere Details werden durch gesonderten Aushang bekannt gemacht.

Rudolf Brüning

Daraufhin entwickelt sich zwischen Daniela und Waltraud das folgende Gespräch.

Daniela: „Das ist ja interessant. Wir wählen im Mai auch einen neuen Betriebsrat."

Waltraud: „Ja, das scheint in vielen Betrieben der Fall zu sein. Aber eigentlich interessiert mich das nicht so."

Daniela: „Das ist aber schade. Mitbestimmen zu können, finde ich wichtig. Nicht nur der einzelne hat da gewisse Mitbestimmungsrechte, sondern vor allem der Betriebsrat als Vertretung der Arbeitnehmer. Bei uns setzt er sich sehr für die Belange der Belegschaft ein. Deshalb möchte ich auch für die Jugend- und Auszubildendenvertretung kandidieren."

Waltraud: „Ich halte mich da lieber raus. Der Rudolf Brüning, der diesen Aushang gemacht hat, ist unser Betriebsratsvorsitzender. Man sieht ihn ständig mit unserem Chef und anderen wichtigen Leuten zusammenstehen. Im Aufsichtsrat ist er übrigens auch noch vertreten. Dabei ist er ‚nur' Schlosser."

Daniela: „Gerade das macht die Sache doch interessant. Auch die sogenannten ‚kleinen Leute' müssen an unternehmerischen Entscheidungen beteiligt werden. Schließlich tragen sie ganz erheblich zum Wohlergehen des Unternehmens bei. Sonst macht euer Vorstand doch, was er will."

Arbeitsaufträge

1 Unterscheiden Sie grundsätzlich zwischen der Mitwirkung des einzelnen Arbeitnehmers, der Mitwirkung und Mitbestimmung des Betriebsrates (betriebliche Mitbestimmung) sowie der Mitwirkung und Mitbestimmung auf der Unternehmensleitungsebene.

2 Erarbeiten Sie mit Ihrem Lehrbuch die Mitwirkungsrechte des einzelnen Arbeitnehmers.

3 Günter Seegers, der Vorstandsvorsitzende und Mehrheitsgesellschafter der Textilwerke AG, vertritt die folgende These:

> „In meinem Betrieb benötigen wir weder einen Betriebsrat noch eine Mitbestimmung im Aufsichtsrat. Ich nehme alle Sorgen und Probleme meiner Arbeiter ernst und wir haben gute Arbeitsbedingungen. Zu meinen Mitarbeitern habe ich ein vertrauensvolles und fürsorgliches Verhältnis."

Diskutieren Sie die Notwendigkeit der betrieblichen Mitbestimmung bzw. der Unternehmensmitbestimmung auf Unternehmensleitungsebene vor dem Hintergrund dieser These und des Gespräches zwischen Daniela und Waltraud.

Beantworten Sie die Arbeitsaufträge 4 bis 7 mithilfe des folgenden Auszuges aus dem Betriebsverfassungsgesetz.

§

Auszug aus dem Betriebsverfassungsgesetz (BetrVG)

Allgemeine Vorschriften

§ 1 Errichtung von Betriebsräten

(1) In Betrieben mit in der Regel mindestens fünf ständigen wahlberechtigten Arbeitnehmern, von denen drei wählbar sind, werden Betriebsräte gewählt. Dies gilt auch für gemeinsame Betriebe mehrerer Unternehmen. (...)

Erster Abschnitt
Zusammensetzung und Wahl des Betriebsrats

§ 7 Wahlberechtigung

Wahlberechtigt sind alle Arbeitnehmer des Betriebs, die das 18. Lebensjahr vollendet haben. Werden Arbeitnehmer eines anderen Arbeitgebers zur Arbeitsleistung überlassen, so sind diese wahlberechtigt, wenn sie länger als drei Monate im Betrieb eingesetzt werden.

§ 8 Wählbarkeit

(1) Wählbar sind alle Wahlberechtigten, die sechs Monate dem Betrieb angehören oder als in Heimarbeit Beschäftigte in der Hauptsache für den Betrieb gearbeitet haben. Auf diese sechsmonatige Betriebszugehörigkeit werden Zeiten angerechnet, in denen der Arbeitnehmer unmittelbar vorher einem anderen Betrieb desselben Unternehmens oder Konzerns (§ 18 Abs. 1 des Aktiengesetzes) angehört hat. Nicht wählbar ist, wer infolge strafgerichtlicher Verurteilung die Fähigkeit, Rechte aus öffentlichen Wahlen zu erlangen, nicht besitzt. (...)

§ 9 Zahl der Betriebsratsmitglieder

Der Betriebsrat besteht in Betrieben mit in der Regel
5 bis 20 wahlberechtigten Arbeitnehmern aus einer Person,
21 bis 50 wahlberechtigten Arbeitnehmern aus 3 Mitgliedern,
51 wahlberechtigten Arbeitnehmern bis 100 Arbeitnehmern aus 5 Mitgliedern,
101 bis 200 Arbeitnehmern aus 7 Mitgliedern,
201 bis 400 Arbeitnehmern aus 9 Mitgliedern,
401 bis 700 Arbeitnehmern aus 11 Mitgliedern,
701 bis 1.000 Arbeitnehmern aus 13 Mitgliedern,
1.001 bis 1.500 Arbeitnehmern aus 15 Mitgliedern,
(...)

§

§ 13 Zeitpunkt der Betriebsratswahlen

(1) Die regelmäßigen Betriebsratswahlen finden alle vier Jahre in der Zeit vom 1. März bis 31. Mai statt. (...)

§ 20 Wahlschutz und Wahlkosten

(...)

(3) Die Kosten der Wahl trägt der Arbeitgeber. Versäumnis von Arbeitszeit, die zur Ausübung des Wahlrechts, zur Betätigung im Wahlvorstand oder zur Tätigkeit als Vermittler (§ 18a) erforderlich ist, berechtigt den Arbeitgeber nicht zur Minderung des Arbeitsentgelts.

4 Erläutern Sie unter welchen Voraussetzungen in Betrieben ein Betriebsrat zu wählen ist und erklären Sie in diesem Zusammenhang, ob jeder wahlberechtigte Arbeitnehmer (= aktives Wahlrecht) auch wählbar ist (= passives Wahlrecht).

5 Bei der Wahl des Betriebsrates hat der Wahlvorstand folgende Altersstruktur der bei der Textilwerke AG beschäftigten Arbeitnehmer ermittelt:

unter 18 Jahre	16
18 bis 24 Jahre	79
25 bis 40 Jahre	301
40 bis 50 Jahre	251
über 50 Jahre	257
Gesamt	**904**

In der Aufstellung sind 43 volljährige Arbeitnehmer enthalten, die über eine Personalvermittlungsagentur beschäftigt sind. Von den 43 Arbeitnehmern sind 23 Arbeitnehmer sieben Monate, die restlichen 20 Arbeitnehmer einen Monat im Betrieb beschäftigt.
Ermitteln Sie die Anzahl der wahlberechtigten Arbeitnehmer unter Beachtung der Vorschriften des Betriebsverfassungsgesetzes.

6 Erläutern Sie, warum es kein Zufall ist, dass die Betriebsratswahlen bei der Sommerfeld Bürosysteme GmbH ebenfalls im Mai stattfinden.

7 Da Herr Seegers die Einrichtung des Betriebsrates nicht verhindern konnte, ist er der Meinung, dass die Belegschaft die Kosten selbst tragen solle und die Arbeitszeit nachholen müsse. Begründen Sie, ob er sich im Recht befindet.

8 Dem Betriebsrat werden durch das Betriebsverfassungsgesetz verschiedene Mitwirkungs- und Mitbestimmungsrechte eingeräumt. Erläutern Sie mithilfe ihres Lehrbuches, was man unter

a) Informationsrechten
b) Vorschlagsrechten
c) Anhörungsrechten
d) Beratungsrechten
e) Zustimmungsverweigerungs- und Widerspruchsrechten
f) „vollen" Mitbestimmungsrechten versteht.

9 Entscheiden Sie mithilfe Ihres Lehrbuches, welche Art von Mitwirkungs- und Mitbestimmungsrechten dem Betriebsrat in den folgenden Fällen eingeräumt wird.
a) Die Textilwerke AG plant die Lage der täglichen Arbeitszeit zu verändern.
b) Einem Mitarbeiter der Textilwerke wird eine ordentliche Kündigung ausgesprochen.
c) Die Arbeitsplätze in der Produktion werden unter ergonomischen Aspekten optimiert.
d) Ein neuer Mitarbeiter wird in der Buchhaltung beschäftigt.
e) Der Betriebsrat verlangt Auskunft über die allgemeine wirtschaftliche Lage der Textilwerke AG.
f) Um die Qualifikation der Mitarbeiter zu erhalten, verlangt der Betriebsrat eine Fortbildungsplanung.
g) Der Vorstand plant die Anschaffung einer vollautomatischen Fertigungsstraße.
h) Für die Sommerferien soll ein Urlaubsplan aufgestellt werden.
i) Die Kriterien für die Zuordnung der Mitarbeiter zu unterschiedlichen Lohngruppen werden geändert.
j) Der Betriebsrat bittet um eine Beteiligung an der langfristigen Personalplanung der Textilwerke AG.

10 Der Betriebsrat hält regelmäßige Sitzungen ab. Herr Seegers vertritt die Meinung, dass diese Sitzungen außerhalb der Arbeitszeit stattfinden sollten, um den betrieblichen Ablauf nicht zu stören. Nehmen Sie Stellung.

11 Da die Textilwerke AG über mehr als 100 Arbeitnehmer verfügt, wird ein Wirtschaftsausschuss eingerichtet. Erläutern Sie die Aufgaben und Zusammensetzung des Wirtschaftsausschusses.

12 Nachdem der neue Betriebsrat gewählt worden ist, plant er sogleich die Einberufung einer Betriebsversammlung, um die Arbeitnehmer über die geplanten Maßnahmen des Betriebsrates zu unterrichten und die Vorgehensweise des Betriebsrates zu beraten. Herr Seegers ist dagegen und will die Betriebsversammlung während der Arbeitszeit verhindern. Wenn dies nicht möglich sein sollte, verlangt er, auf der Betriebsversammlung sprechen zu können. Nehmen Sie Stellung.

13 In Fragen der Lage der täglichen Arbeitszeit sowie über Regelungen für die Raucher konnte der Betriebsrat Einigung mit dem Vorstand erzielen. Die entsprechenden Regelungen wurden in einer Betriebsvereinbarung dokumentiert. Nennen Sie die Vertragspartner und legen Sie mögliche Inhalte einer solchen Vereinbarung dar.

14 Herr Seegers hält den Betriebsratsvorsitzenden, Herrn Brüning, für einen Querulanten. Sollte die Auftragslage schlechter werden, werde er Herrn Brüning sofort kündigen. Begründen Sie, ob dies möglich ist.

15 Beurteilen Sie, ob die „Zusammenarbeit" zwischen Herrn Seegers und dem Betriebsrat im Sinne des Betriebsverfassungsgesetzes verläuft.

16 Auch bei der Textilwerke AG wird eine Jugend- und Auszubildendenvertretung eingerichtet. Stellen Sie anhand des Auszuges aus dem Betriebsverfassungsgesetzes und der folgenden Übersicht fest, wie viele Personen für die Wahl der Jugend- und Auszubildendenvertretung wahlberechtigt und wie viele wählbar sind. Ermitteln Sie zudem die Anzahl der Mitglieder.

§

Auszug aus dem Betriebsverfassungsgesetz (BetrVG)

Betriebliche Jugend- und Auszubildendenvertretung

§ 60 Errichtung und Aufgabe

(1) In Betrieben mit in der Regel mindestens fünf Arbeitnehmern, die das 18. Lebensjahr noch nicht vollendet haben (jugendliche Arbeitnehmer) oder die zu ihrer Berufsausbildung beschäftigt sind und das 25. Lebensjahr noch nicht vollendet haben, werden Jugend- und Auszubildendenvertretungen gewählt.

(2) Die Jugend- und Auszubildendenvertretung nimmt nach Maßgabe der folgenden Vorschriften die besonderen Belange der in Absatz 1 genannten Arbeitnehmer wahr.

§ 61 Wahlberechtigung und Wählbarkeit

(1) Wahlberechtigt sind alle in § 60 Abs. 1 genannten Arbeitnehmer des Betriebs.

(2) Wählbar sind alle Arbeitnehmer des Betriebs, die das 25. Lebensjahr noch nicht vollendet haben; § 8 Abs. 1 Satz 3 findet Anwendung. Mitglieder des Betriebsrats können nicht zu Jugend- und Auszubildendenvertretern gewählt werden.

§ 62 Zahl der Jugend- und Auszubildendenvertreter, Zusammensetzung der Jugend und Auszubildendenvertretung

(1) Die Jugend- und Auszubildendenvertretung besteht in Betrieben mit in der Regel
5 bis 20 der in § 60 Abs. 1 genannten Arbeitnehmer aus einer Person,
21 bis 50 der in § 60 Abs. 1 genannten Arbeitnehmer aus 3 Mitgliedern,
51 bis 150 der in § 60 Abs. 1 genannten Arbeitnehmer aus 5 Mitgliedern,
(...)

Auszubildende		Übrige Mitarbeiter und Mitarbeiterinnen	
Alter	**Anzahl**	**Alter**	**Anzahl**
16 Jahre alt	6	16 Jahre alt	1
17 Jahre alt	7	17 Jahre alt	2
18 Jahre alt	7	18 Jahre alt	2
19 Jahre alt	12	19 Jahre alt	8
20 Jahre alt	9	20 Jahre alt	11
21 Jahre alt	10	21 bis 24 Jahre alt	18
22 Jahre alt	---		
23 Jahre alt	2		
24 Jahre alt	---		
25 Jahre alt	3		
26 Jahre alt	4		
Summe	**60**	**Summe**	**42**

17 Erläutern Sie die Aufgaben der Jugend- und Auszubildendenvertretung.

18 Der Aufsichtsrat der Textilwerke AG ist aufgrund der Rechtsform und der Mitarbeiterzahl mitbestimmungspflichtig. Definieren Sie den Geltungsbereich der verschiedenen Mitbestimmungsgesetze und beschreiben Sie kurz die Besetzung des Aufsichtsrates. Erklären Sie, aufgrund welchen Gesetzes die Textilwerke AG mitbestimmungspflichtig ist.

19 Erläutern Sie die wesentlichen Möglichkeiten der Einflussnahme des Aufsichtsrates.

20 Begründen Sie, welches Mitbestimmungsgesetz die stärkste Form der Mitbestimmung erlaubt.

21 Stellen Sie fest, in welchem Gesetz die folgenden Regelungen festgelegt sind.
a) Dem Aufsichtsrat gehört ein neutrales Mitglied an.
b) Bei Stimmengleichheit im Aufsichtsrat hat der Aufsichtsratsvorsitzende unter bestimmten Voraussetzungen zwei Stimmen.
c) Im Aufsichtsrat besteht echte Parität zwischen Arbeit und Kapital.
d) Die Zahl der Aufsichtsratsmitglieder ist immer durch drei teilbar.
e) Der Arbeitsdirektor im Vorstand kann allein durch die Anteilseigner bestimmt werden.

Lernsituation 5: Rechtsquellen, Rechtsnormen und Gerichtsbarkeiten

Ausgangssituation: Unser Rechtssystem

Daniela Schaub und Rudolf Heller treffen sich in der Mittagspause bei einem gemeinsamen Mittagessen. Daniela erzählt Rudolf, dass sie gestern 30,00 EUR für eine Geschwindigkeitsübertretung bezahlen musste. „Da half auch kein Bitten und Betteln“, meint Daniela, „ich habe dem Polizisten noch erzählt, dass ich Auszubildende bin und 20,00 EUR auch genug seien. Der Polizist meinte nur, der Sachverhalt sei nicht verhandelbar. Da könne er, selbst wenn er wollte, nichts für mich tun.“ „Komisch“, erwidert Rudolf Heller, „viele Dinge sind doch verhandelbar. Im Bürgerlichen Gesetzbuch (BGB) steht zum Beispiel, dass Geldschulden sofort zu zahlen sind. Unsere Kunden dagegen erhalten meistens ein Zahlungsziel von 30 Tagen. Das wird häufig so verhandelt.“

Arbeitsaufträge

1 Analysieren Sie die Ausgangssituation und ergänzen Sie die folgende Übersicht.

Leitfragen	Problem: „Geschwindigkeitsübertretung“	Problem: „Zahlungsziel von 30 Tagen“
Zwischen welchen Personen bestehen Rechtsbeziehungen?		
Wie ist das Verhältnis der Personen untereinander?		
Ist das Problem dem Privatrecht oder dem öffentlichen Recht zuzuordnen?		
Sind die Rechtsnormen abänderbar?		

2 Begründen Sie, warum der Polizist sich nicht auf eine Reduzierung des Bußgeldes einlassen konnte.

3 Erläutern Sie, vor welchem Gericht in beiden Fällen Klage zu erheben ist.

Ergänzende Übungen

1 Die Gerichtsbarkeit ist in Deutschland durch unterschiedliche Zuständigkeitsbereiche und Instanzenwege gekennzeichnet. Vervollständigen Sie die folgende Übersicht.

Gerichtsbarkeit	Zuständigkeitsbereich	Instanzenweg
Verfassungsgerichtsbarkeit		
Ordentliche Gerichtsbarkeit		
Finanzgerichtsbarkeit		
Verwaltungsgerichtsbarkeit		
Arbeitsgerichtsbarkeit		
Sozialgerichtsbarkeit		

2 Welche Gerichtsbarkeit ist in den folgenden Sachverhalten angesprochen?
a) Herr Meier verklagt die Bundesagentur für Arbeit auf Zahlung von Arbeitslosengeld.
b) Die Farbwerke Wilhelm Weil AG hat nach Meinung der Sommerfeld Bürosysteme GmbH fehlerhafte Lacke geliefert. Eine Einigung konnte nicht erzielt werden. Der Streitwert beträgt 6.000,00 EUR.
c) Walter Müller, ein ehemaliger Auszubildender der Sommerfeld Bürosysteme GmbH, hat keinen Studienplatz erhalten. Er ist der Meinung, dass das Auswahlverfahren der Universität nicht korrekt war.
d) Die Rechtmäßigkeit von Neuwahlen zum Bundestag soll überprüft werden.
e) Claudia Farthmann ist der Meinung, dass das Finanzamt ihre Einkommensteuer zu hoch festgesetzt hat.
f) Lambert Feld hat angeordnet, dass alle Mitarbeiter der Sommerfeld Bürosysteme GmbH werktäglich von 8:00 Uhr bis 16:30 Uhr arbeiten müssen. Der Betriebsrat fühlt sich übergangen.

Lernsituation 6: Rechtssubjekte

Ausgangssituation: Wer darf hier was?

Hartmut Sommer kommt gerade von der Geburtstagsfeier seines Patenkindes Erik, dem dreijährigen Sohn seiner Schwester, nach Hause. „Der Erik ist schon ein drolliger Kerl“, denkt er, „und wie clever er mit seinen drei Jahren schon ist. Aus dem wird später mal ein guter Unternehmer werden. Da ich keine Kinder habe, wird er wohl mein Erbe werden.“ Am nächsten Tag setzt Hartmut Sommer sein Testament auf und setzt den kleinen Erik als Erben ein. Hartmut Sommer schmunzelt: „Ich kann mir das schon bildlich vorstellen, wie der kleine Erik die anderen Geschäftsführer, Lambert Feld und Claudia Farthmann, mit seinen Vorschlägen auf Trab hält.“

Arbeitsaufträge

1 Begründen Sie mithilfe der folgenden Definitionen und des Auszugs aus dem BGB, ob der dreijährige Erik das Vermögen von Hartmut Sommer erben kann.

Hinweis:

Rechtsfähigkeit	Fähigkeit von Personen, Träger von Rechten und Pflichten zu sein
Geschäftsfähigkeit	Fähigkeit von Personen, Rechtsgeschäfte wirksam abschließen zu können, somit Rechte zu erwerben und Pflichten einzugehen

2 Erläutern Sie, ob der dreijährige Erik im Erbfalle nach den Vorschriften des BGB die Geschicke der Sommerfeld Bürosysteme GmbH leiten könnte.

3 Bearbeiten Sie die folgenden Fälle mithilfe des Auszugs aus dem BGB und dem folgenden Hinweis. Erläutern Sie die Rechtslage.

Hinweis:
- Das Ausbildungsverhältnis stellt kein Dienst- oder Arbeitsverhältnis im Sinne des § 113 BGB dar.
- Geschäftsunfähige können als Bote, also als Übermittler einer Willenserklärung, fungieren.

a) Der fünfjährige Hannes kauft im Supermarkt von seinem Taschengeld eine Tafel Schokolade für 60 Cents. Seine Mutter ist darüber empört, da sie Sorge um die Zähne des kleinen Hannes hat. Sie marschiert mit der Schokolade in den Supermarkt und verlangt die Herausgabe der 60 Cents. Wird sie Erfolg haben?

b) Die Mutter der 6-jährigen Mareike ist im Stress. Schnell schreibt sie eine Einkaufsliste und bittet Mareike die Waren beim Metzger um die Ecke einzukaufen. Dieser nimmt die Einkaufsliste entgegen und stellt die gewünschten Waren im Wert von 30,00 EUR zusammen. Zu Hause angekommen stellt Mareikes Mutter fest, dass sie drei Schnitzel zu viel aufgeschrieben hat. Sie bittet deshalb den Metzger, die Schnitzel zurücknehmen. Ist der Metzger dazu verpflichtet?

c) Der 45-jährige geistig behinderte Walter kauft wie jeden Donnerstag beim Lebensmittelhändler Müller die für die nächste Woche benötigten Lebensmittel ein. Als er bezahlen möchte, stellt er fest, dass er sein Geld vergessen hat. Da Walter Herrn Müller bestens bekannt ist, gibt er ihm die Lebensmittel mit und bittet ihn, nächste Woche zu bezahlen. Ist der Kauf rechtswirksam?

d) Die Auszubildende Martina feiert in fünf Tagen ihren 18. Geburtstag. Da sie die Führerscheinprüfung schon bestanden hat, unterschreibt sie beim Autohaus Lüke einen Kaufvertrag über einen VW Golf im Wert von 6.000,00 EUR.
   - Ist ein rechtswirksamer Kaufvertrag zustande gekommen?
   - Der Autohändler Lüke fordert Martinas Eltern schriftlich zur Genehmigung des Kaufes auf. Diese sind noch unsicher, ob der Kauf vorteilhaft ist, und zögern mit der Antwort. Nach einer Woche wird es Martina zu bunt. Kurzerhand geht sie zum Autohändler und sagt, sie möchte das Auto jetzt endlich kaufen. Die Zustimmung ihrer Eltern sei jetzt ohnehin nicht mehr erforderlich. Hat Martina recht?

e) Die 16-jährige Angelika kauft einen DVD-Player, ohne dass sie ihre Eltern um Erlaubnis gefragt hat. Als die Eltern vom Kauf des DVD-Players erfahren, erheben sie keine Einwände. Nach drei Wochen möchte Angelika den Player zurückgeben, da er doch nicht ihren Vorstellungen entspricht. Ist dies möglich?

f) Zu ihrem 16. Geburtstag erhält Petra von ihrer Oma eine goldene Halskette im Wert von 3.000,00 EUR. Allerdings soll Petra als Gegenleistung 250,00 EUR an eine gemeinnützige Organisation spenden. Ihre Eltern sind schon seit längerer Zeit mit ihrer Oma zerstritten. Sie sind der Meinung, dass Petra die Halskette zurückgeben solle. Muss Petra die Halskette zurückgeben?

g) Peter war schon immer ein leidenschaftlicher Briefmarkensammler. Mit 16 Jahren hat er endlich sein erstes Briefmarkengeschäft eröffnet. Seine Eltern und das Familiengericht haben der Eröffnung zugestimmt. Bei einer günstigen Gelegenheit erwirbt Peter einen Satz Marken im Wert von 1.500,00 EUR. Seine Eltern halten das Geschäft für zu risikoreich und verlangen die Rückgabe der Marken. Muss Peter die Marken zurückgeben?

h) Nach drei Wochen gefällt dem 17-jährigen Alfred die Ausbildung zum Industriekaufmann bei der Metallwerke Bauer & Sohn KG nicht mehr. Kurzerhand kündigt er ohne das Wissen seiner Eltern schriftlich das Ausbildungsverhältnis. Er verabschiedet sich von seinem Ausbilder, Herrn Wulf, mit den Worten: „Wenn meine Eltern aus dem Urlaub zurück sind, werden sie meiner Kündigung schon zustimmen. Ich wünsche Ihnen alles Gute, Herr Wulf." Ist die Kündigung rechtswirksam?

i) Da der 17-jährige Otto keine Ausbildung gefunden hat, unterschreibt er mit Zustimmung seiner Eltern einen Arbeitsvertrag bei der Latex AG. Für die Überweisung seines Lohnes eröffnet er bei der örtlichen Sparkasse ein Konto. Seine Eltern sind dagegen, denn Otto solle, wie alle Mitglieder der Familie, sein Konto bei der örtlichen Volksbank eröffnen. Ist die Kontoeröffnung bei der Sparkasse rechtswirksam?

j) Otto kündigt seinen Job nach drei Wochen. Bei der Maurer & Kelle GmbH bekommt er einen Euro mehr Stundenlohn als Produktionshelfer. Seine Eltern sind gegen die Kündigung, denn die Maurer & Kelle GmbH genießt aufgrund unseriöser Geschäftspraktiken keinen guten Ruf. Kann Otto den Job wechseln?

k) Der 35-jährige Dieter ist schwer alkoholkrank. Aufgrund seiner Alkoholsucht geht er sehr verschwenderisch mit Geld um. Deshalb hat das Betreuungsgericht in Vermögensangelegenheiten für ihn einen Betreuer bestellt. Als Dieter am Montag die Zeitung studiert, entdeckt er bei einem Elektronikfachhändler ein günstiges Angebot über einen neuen Fernseher. Dieter erwirbt den Fernseher. Dem Verkäufer ist Dieters Alkoholsucht nicht aufgefallen. Sein Betreuer ist außer sich, schließlich hat Dieter schon einen Fernseher. Hat Dieter den Fernseher rechtswirksam erworben?

4 Erstellen Sie anhand Ihrer Lösungen zu Aufgabe 3 eine Übersicht zur Geschäftsfähigkeit natürlicher Personen nach folgendem Muster.

	Geschäftsunfähigkeit	Beschränkte Geschäftsfähigkeit	Volle Geschäftsfähigkeit
Personenkreis			
Rechtswirkung			
Ausnahmen			

5 Entscheiden Sie, ob es sich bei den folgenden Rechtssubjekten um natürliche Personen, juristische Personen des Privatrechts oder juristische Personen des öffentlichen Rechts handelt:

a) Claudia Farthmann
b) Westdeutscher Rundfunk
c) VfL Borussia Mönchengladbach e. V.
d) Ärztekammer Westfalen-Lippe
e) Deutsche Bank AG
f) Bundesagentur für Arbeit
g) Richter Alexander Hold
h) Sommerfeld Bürosysteme GmbH

§

Auszüge aus dem Bürgerlichen Gesetzbuch (BGB)

§ 1 Beginn der Rechtsfähigkeit
Die Rechtsfähigkeit des Menschen beginnt mit der Vollendung der Geburt.

Geschäftsfähigkeit

§ 104 Geschäftsunfähigkeit Geschäftsunfähig ist,
1. wer nicht das siebente Lebensjahr vollendet hat,
2. wer sich in einem die freie Willensbestimmung ausschließenden Zustand krankhafter Störung der Geistestätigkeit befindet, sofern nicht der Zustand seiner Natur nach ein vorübergehender ist.

§ 105 Nichtigkeit der Willenserklärung
(1) Die Willenserklärung eines Geschäftsunfähigen ist nichtig.
(2) Nichtig ist auch eine Willenserklärung, die im Zustand der Bewusstlosigkeit oder vorübergehender Störung der Geistestätigkeit abgegeben wird.

§ 105a Geschäfte des täglichen Lebens
Tätigt ein volljähriger Geschäftsunfähiger ein Geschäft des täglichen Lebens, das mit geringwertigen Mitteln bewirkt werden kann, so gilt der von ihm geschlossene Vertrag in Ansehung von Leistung und, soweit vereinbart, Gegenleistung als wirksam, sobald Leistung und Gegenleistung bewirkt sind. Satz 1 gilt nicht bei einer erheblichen Gefahr für die Person oder das Vermögen des Geschäftsunfähigen.

§ 106 Beschränkte Geschäftsfähigkeit Minderjähriger
Ein Minderjähriger, der das siebente Lebensjahr vollendet hat, ist nach Maßgabe der §§ 107 bis 113 in der Geschäftsfähigkeit beschränkt.

§ 107 Einwilligung des gesetzlichen Vertreters
Der Minderjährige bedarf zu einer Willenserklärung, durch die er nicht lediglich einen rechtlichen Vorteil erlangt, der Einwilligung seines gesetzlichen Vertreters.

§ 108 Vertragsschluss ohne Einwilligung
(1) Schließt der Minderjährige einen Vertrag ohne die erforderliche Einwilligung des gesetzlichen Vertreters, so hängt die Wirksamkeit des Vertrags von der Genehmigung des Vertreters ab.
(2) Fordert der andere Teil den Vertreter zur Erklärung über die Genehmigung auf, so kann die Erklärung nur ihm gegenüber erfolgen; eine vor der Aufforderung dem Minderjährigen gegenüber erklärte Genehmigung oder Verweigerung der Genehmigung wird unwirksam. Die Genehmigung kann nur bis zum Ablauf von zwei Wochen nach dem Empfang der Aufforderung erklärt werden; wird sie nicht erklärt, so gilt sie als verweigert.
(3) Ist der Minderjährige unbeschränkt geschäftsfähig geworden, so tritt seine Genehmigung an die Stelle der Genehmigung des Vertreters.

§ 109 Widerrufsrecht des anderen Teils
(1) Bis zur Genehmigung des Vertrags ist der andere Teil zum Widerruf berechtigt. Der Widerruf kann auch dem Minderjährigen gegenüber erklärt werden.

§ 110 Bewirken der Leistung mit eigenen Mitteln
Ein von dem Minderjährigen ohne Zustimmung des gesetzlichen Vertreters geschlossener Vertrag gilt als von Anfang an wirksam, wenn der Minderjährige die vertragsmäßige Leistung mit Mitteln bewirkt, die ihm zu diesem Zweck oder zu freier Verfügung von dem Vertreter oder mit dessen Zustimmung von einem Dritten überlassen worden sind.

§ 111 Einseitige Rechtsgeschäfte
Ein einseitiges Rechtsgeschäft, das der Minderjährige ohne die erforderliche Einwilligung des gesetzlichen Vertreters vornimmt, ist unwirksam. (...)

§

§ 112 Selbständiger Betrieb eines Erwerbsgeschäfts

(1) Ermächtigt der gesetzliche Vertreter mit Genehmigung des Familiengerichts den Minderjährigen zum selbständigen Betrieb eines Erwerbsgeschäfts, so ist der Minderjährige für solche Rechtsgeschäfte unbeschränkt geschäftsfähig, welche der Geschäftsbetrieb mit sich bringt. Ausgenommen sind Rechtsgeschäfte, zu denen der Vertreter der Genehmigung des Familiengerichts bedarf.

(2) Die Ermächtigung kann von dem Vertreter nur mit Genehmigung des Familiengerichts zurückgenommen werden.

§ 113 Dienst- oder Arbeitsverhältnis

(1) Ermächtigt der gesetzliche Vertreter den Minderjährigen, in Dienst oder in Arbeit zu treten, so ist der Minderjährige für solche Rechtsgeschäfte unbeschränkt geschäftsfähig, welche die Eingehung oder Aufhebung eines Dienst- oder Arbeitsverhältnisses der gestatteten Art oder die Erfüllung der sich aus einem solchen Verhältnis ergebenden Verpflichtungen betreffen. Ausgenommen sind Verträge, zu denen der Vertreter der Genehmigung des Familiengerichts bedarf.

(2) Die Ermächtigung kann von dem Vertreter zurückgenommen oder eingeschränkt werden. (...)

(4) Die für einen einzelnen Fall erteilte Ermächtigung gilt im Zweifel als allgemeine Ermächtigung zur Eingehung von Verhältnissen derselben Art.

Rechtliche Betreuung

§ 1896 Voraussetzungen

(1) Kann ein Volljähriger auf Grund einer psychischen Krankheit oder einer körperlichen, geistigen oder seelischen Behinderung seine Angelegenheiten ganz oder teilweise nicht besorgen, so bestellt das Betreuungsgericht auf seinen Antrag oder von Amts wegen für ihn einen Betreuer. Den Antrag kann auch ein Geschäftsunfähiger stellen. Soweit der Volljährige auf Grund einer körperlichen Behinderung seine Angelegenheiten nicht besorgen kann, darf der Betreuer nur auf Antrag des Volljährigen bestellt werden, es sei denn, dass dieser seinen Willen nicht kundtun kann. (...).

(2) Ein Betreuer darf nur für Aufgabenkreise bestellt werden, in denen die Betreuung erforderlich ist. (...)

§ 1903 Einwilligungsvorbehalt

(1) Soweit dies zur Abwendung einer erheblichen Gefahr für die Person oder das Vermögen des Betreuten erforderlich ist, ordnet das Betreuungsgericht an, dass der Betreute zu einer Willenserklärung, die den Aufgabenkreis des Betreuers betrifft, dessen Einwilligung bedarf (Einwilligungsvorbehalt). Die §§ 108 bis 113, 131 Abs. 2 und § 210 gelten entsprechend. (...)

Lernsituation 7: Rechtsobjekte

Web

Ausgangssituation I: Eigentumsübertragung durch Rechtsgeschäft

Die Auszubildende Hera Dubowski ist im Moment Herrn Viktor Kuzow vom Vertrieb Süd zugeteilt. Herr Kuzow erläutert Hera die wesentlichen Arbeitsabläufe im Vertrieb.

Herr Kuzow: „Hera, bitte achten Sie auch auf die Bonität unserer Kunden. Denn immer, wenn wir Ware ausliefern, gehen wir ein Risiko ein: Unser Kunde wird Eigentümer der Ware.“

Hera Dubowski: „Das verstehe ich nicht, Herr Kuzow, solange der Kunde nicht bezahlt, bleiben wir doch Eigentümer der Ware. So ist es doch gesetzlich im Kaufvertragsrecht geregelt. Und als Eigentümer haben wir einen Herausgabeanspruch gegenüber unserem Kunden.“

Herr Kuzow: „Nein, Hera, leider liegen Sie da falsch. Im Kaufvertrag werden lediglich die Pflichten der beiden Vertragsparteien festgelegt. Unsere Pflicht ist es, die Ware ordnungsgemäß und pünktlich zu liefern und das Eigentum an der Ware zu übertragen. Dafür hat unser Kunde die Pflicht fristgerecht zu zahlen. Der Kaufvertrag ist deshalb ein Verpflichtungsgeschäft."

Hera Dubowski: „Das habe ich verstanden, Herr Kuzow, über den Kaufvertrag haben wir in der Berufsschule schon gesprochen."

Herr Kuwow: „Die Pflichten aus dem Kaufvertrag müssen beide Vertragsparteien nun auch erfüllen. Unsere Pflicht aus dem Kaufvertrag erfüllen wir, indem wir das Eigentum an der Ware übertragen. Die Eigentumsübertragung ist also ein zweites, eigenständiges Rechtsgeschäft, man nennt es auch ein Erfüllungsgeschäft."

Hera Dubowski: „Also, Herr Kuzow, das habe ich auch verstanden. Da die Eigentumsübertragung ein eigenes Rechtsgeschäft ist, kann ich Eigentum an der Ware übertragen, ohne dass der Kunde seinerseits uns das Eigentum am Geld überträgt, denn das ist ja wieder ein eigenes Rechtsgeschäft. Aber wie überträgt man denn nun genau das Eigentum, Herr Kuzow?"

Herr Kuzow: „Hera, genau das sollen Sie jetzt herausfinden. Ich habe Ihnen dazu fünf unterschiedliche Fälle zusammengestellt."

Arbeitsaufträge

Unterstützen Sie Hera Dubowski und erläutern Sie, wie das Eigentum in den folgenden Fällen sinnvollerweise übertragen wird.

a) Von den Metallwerken Bauer & Söhne OHG bezieht die Sommerfeld Bürosysteme GmbH einen größeren Posten Alugussprofile. Die Profile werden durch die Metallwerke Bauer & Söhne angeliefert.

b) Die Sommerfeld Bürosysteme GmbH hat ihre Außendienstmitarbeiter mit Laptops ausgestattet, die die Mitarbeiter auch privat nutzen dürfen. Da die Laptops veraltet sind, sollen sie gegen neue ausgetauscht werden. Der Außendienstmitarbeiter Manfred Lange möchte den alten Laptop für seinen Sohn erwerben.

c) Um die gestiegene Nachfrage im Produktbereich „Konferenz" bedienen zu können, benötigt die Sommerfeld Bürosysteme GmbH eine hochmoderne Säge. Die Säge soll über ein Darlehen bei der Postbank Dortmund finanziert werden. Zur Besicherung des Kredites verlangt die Postbank, dass ihr das Eigentum an der Säge von der Sommerfeld Bürosysteme GmbH übertragen wird. Die Sommerfeld Bürosysteme GmbH soll im Gegenzug Besitzer der Säge bleiben, damit sie die Säge nutzen kann.

d) Die Sommerfeld Bürosysteme GmbH möchte einen nicht mehr benötigten Gabelstapler verkaufen. Da der Stapler im Moment nicht benötigt wird, ist er an die Opitz KG aus Bochum vermietet worden. Der Käufer des Staplers, die Bruns & Rahn OHG hat ihren Sitz ebenfalls in Bochum. Die Bruns & Rahn OHG soll den Stapler bei der Opitz & Fischer KG abholen, um die Eigentumsübertragung zu beschleunigen.

e) Zur Erweiterung der Produktionskapazität möchte die Sommerfeld Bürosysteme GmbH das Nachbargrundstück erwerben. Ein notariell beurkundeter Kaufvertrag über das Grundstück wurde bereits geschlossen.

Ausgangssituation II: Gutgläubiger Erwerb vom Nichtberechtigten

Nachdem Hera Dubowski sich mit der Eigentumsübertragung durch Rechtsgeschäft beschäftigt hat, setzt sich das Gespräch zwischen ihr und Herrn Kuzow fort.

Herr Kuzow: „Sehr schön, Hera, Sie haben alle Fälle richtig gelöst."

Hera Dubowski (schmunzelnd): „Ja, Herr Kuzow, jetzt weiß ich, wie wir Eigentum an Sachen übertragen können."

Herr Kuzow: „Bei der Eigentumsübertragung gibt es übrigens einige interessante Besonderheiten. Nicht nur wir als Eigentümer einer Sache können Eigentum übertragen, sondern unter bestimmten Voraussetzungen können auch andere das Eigentum an unseren Sachen übertragen."

Hera Dubowski: „Wie kann ich mir das denn vorstellen?"

Herr Kuzow: „Das Problem kann sich beispielsweise ergeben, wenn wir Sachen vermieten und der Mieter unsere Sachen an gutgläubige Dritte übereignet. Die Juristen nennen es den gutgläubigen Erwerb vom Nichtberechtigten. Welche Voraussetzungen genau erfüllt sein müssen, müssen Sie sich nun wieder selbst erarbeiten. Ich habe für Sie ein paarneue Fälle zusammengestellt."

Arbeitsaufträge

Unterstützen Sie Hera Dubowski und bearbeiten Sie die folgenden Fälle.

a) Die Sommerfeld Bürosysteme GmbH hat im Moment einige Überkapazitäten im EDV-Bereich. Deshalb hat sie einen nicht mehr benötigen Großrechner an die MTKK AG vermietet. Da die MTKK AG in finanziellen Schwierigkeiten ist, verkauft sie den Großrechner an die Bürodesign GmbH weiter. Der Großrechner ist mittlerweile bei der Bürodesign GmbH installiert worden. Herr Stein, der Geschäftsführer der Bürodesign GmbH, hat den Großrechner zuvor in den Räumlichkeiten der MTKK AG besichtigt. Herr Müller von der MTKK AG erzählte ihm zudem, dass der Rechner über viele Jahre zuverlässig gelaufen sei. Klären Sie, wer Eigentümer des Rechners ist.

b) Wie wäre der Fall zu beurteilen, wenn Herr Stein gewusst hätte, dass der Rechner von der Sommerfeld Bürosysteme GmbH an die MTKK AG vermietet wurde?

c) Gehen Sie nun davon aus, dass der Großrechner der Sommerfeld Bürosysteme GmbH gestohlen wurde. Die Diebe haben den Rechner an die gutgläubige MTKK AG verkauft. Begründen Sie, wer nun Eigentümer des Rechners ist.

d) Im Fall 1 wurde die erste Miete von der MTKK AG bar gezahlt. Es handelte sich dabei um Geld, das aus einem Überfall bei der Postbank Dortmund stammt. Als der Rechnungswesenleiter, Herr Effer, das Geld auf das Konto der Sommerfeld Bürosysteme GmbH einzahlen will, stellt der Schalterangestellte der Postbank Dortmund anhand der Geldscheinnummern fest, dass das Geld aus einem Überfall seiner Bank stammt. Die Postbank Dortmund beansprucht das Eigentum an den Geldscheinen. Nehmen Sie Stellung.

Lernsituation 8: Rechtsgeschäfte, Willenserklärungen und wichtige Vertragsarten des Wirtschaftslebens

Ausgangssituation: Vertrag ist Vertrag

Hera Dubowski ist ein wenig aufgeregt. Heute Morgen hat Herr Sommer sie gebeten, den Besprechungsraum herzurichten und um 11:00 Uhr Kaffee zu servieren. Herr Sommer, Frau Farthmann und Herr Feld hätten eine Besprechung mit dem Notar Lafer. Als sie um Punkt 11:00 Uhr den Raum betritt, bemerkt sie, dass die Herren und Frau Farthmann aufgeregt miteinander diskutieren. Soviel Hera mitbekommt, geht es darum, welche Rechte und Pflichten Herr Sommer, Frau Farthmann und Herr Feld untereinander und in Bezug zur Sommerfeld Bürosysteme GmbH haben. „Deshalb ist wohl auch Rechtsanwalt Lafer dabei“, denkt Hera. Als sie den Besprechungsraum verlässt, erzählt sie Herrn Lanzetti, dem Leiter der Materialbeschaffung, von ihrem Erlebnis. „Ach, liebe Hera“, meint Herr Lanzetti, „das ist doch nichts Besonderes. Die möchten ihren Vertrag ändern und lassen sich deshalb beraten.“ „Nichts Besonderes“, wiederholt Hera, „ein Vertrag ist doch immer etwas Besonderes.“ „Nein Hera, einen Vertrag schließen, das machen wir jeden Tag, hundertfach“, entgegnet Herr Lanzetti. Ich will Ihnen mal meinen heutigen Tag schildern:

1 Heute Morgen ist mein Auto nicht angesprungen. Ich habe bei meiner Nachbarin geklingelt und gefragt, ob sie mir ihr Fahrrad geben kann. ‚Klar‘, sagte sie, ‚aber heute Abend benötige ich es wieder.‘

2 ‚Übrigens Emilio, kannst du mir vielleicht ein Pfund Mehl leihen?‘, fragte mich meine Nachbarin. ‚Ich möchte heute noch einen Kuchen backen.‘ ‚Selbstverständlich, Barbara‘, sagte ich.

3 Das wird sicherlich dauern, bis das Auto wieder fahrbereit ist. Da ich heute Abend noch meine Mutter besuchen möchte, die auf dem Lande wohnt, bin ich schnell noch bei Autorent mit dem Fahrrad vorbeigefahren. Heute Abend kann ich mir einen VW Golf abholen, den ich dann am Freitag zurückgebe.

4 Als ich wieder auf das Fahrrad steigen will, spricht mich ein junger Mann an und bittet mich um einen Euro. Da mir der junge Mann leidtat, habe ich ihm den Euro gegeben.

5 Auf dem Weg zur Arbeit bin ich dann noch schnell an meinem kleinen Garten vorbeigefahren. Ich musste da noch die Blumen gießen. Außerdem bau ich da Gemüse und Obst an. Ein Bekannter hat mir dieses Grundstück für ein geringes monatliches Entgelt überlassen.

6 Im Büro angekommen habe ich als erstes mit unserem Großhändler telefoniert und Schrauben sowie Scharniere bestellt.

7 Als ich mir gerade einen Kaffee machen wollte, hat mich Herr Krämer aufgesucht. In der letzten Woche hatten sich mehrere Bewerber vorgestellt, die mich im Einkauf unterstützen sollen. ‚Wem sollen wir denn nun die Vertragsunterlagen zuschicken?‘, fragte mich Herr Krämer.

8 Anschließend habe ich noch schnell mit dem Ingenieurbüro Kamp & Döring telefoniert. Sie sollen für uns ein Computerprogramm zur Steuerung unserer neuen Fertigungsstraße schreiben.

9 Den Vertrag über die neue Fertigungsstraße habe ich auch noch schnell geprüft. Die Maschinenwerke Müller AG haben sie individuell für uns entwickelt und auf unsere Bedürfnisse abgestimmt.

10 Kurz bevor wir uns getroffen haben, rief mein Sohn Enrico an. Enrico ist gerade auf der Suche nach einer neuen Wohnung. Er fragte mich, ob ich eventuell für die Bezahlung seiner Miete einstehen könne. ‚Alle Vermieter würden das heutzutage verlangen', meinte er.

11 Dass der Notar Lafer im Hause ist, habe ich heute Morgen auch schon gesehen. Auch er hat einen Vertrag mit unseren Gesellschaftern. Er berät sie sicherlich nicht, ohne eine Vergütung zu kassieren.

12 Ja, Hera, und vergessen Sie bitte nicht, Sie haben auch schon einen Vertrag geschlossen, nämlich mit der Sommerfeld Bürosysteme GmbH."

Arbeitsaufträge

Nennen Sie zur Ausgangssituation und zu jedem Beispiel die Vertragsart sowie den relevanten Paragrafen. Beschreiben Sie kurz die jeweilige Vertragsart. Nutzen Sie hierzu die abgedruckten Gesetzestexte.

Beispiel	Vertragsart	§	Beschreibung
Ausgangssituation			
1			
2			
3			
4			
5			
6			
7			

Beispiel	Vertragsart	§	Beschreibung
8			
9			
10			
11			
12			

§

Auszüge aus dem Bürgerlichen Gesetzbuch (BGB)

§ 433 Vertragstypische Pflichten beim Kaufvertrag

(1) Durch den Kaufvertrag wird der Verkäufer einer Sache verpflichtet, dem Käufer die Sache zu übergeben und das Eigentum an der Sache zu verschaffen. Der Verkäufer hat dem Käufer die Sache frei von Sach- und Rechtsmängeln zu verschaffen.

(2) Der Käufer ist verpflichtet, dem Verkäufer den vereinbarten Kaufpreis zu zahlen und die gekaufte Sache abzunehmen.

§ 516 Begriff der Schenkung

(1) Eine Zuwendung, durch die jemand aus seinem Vermögen einen anderen bereichert, ist Schenkung, wenn beide Teile darüber einig sind, dass die Zuwendung unentgeltlich erfolgt.

(2) Ist die Zuwendung ohne den Willen des anderen erfolgt, so kann ihn der Zuwendende unter Bestimmung einer angemessenen Frist zur Erklärung über die Annahme auffordern. Nach dem Ablauf der Frist gilt die Schenkung als angenommen, wenn nicht der andere sie vorher abgelehnt hat. Im Falle der Ablehnung kann die Herausgabe des Zugewendeten nach den Vorschriften über die Herausgabe einer ungerechtfertigten Bereicherung gefordert werden.

§ 535 Inhalt und Hauptpflichten des Mietvertrags

(1) Durch den Mietvertrag wird der Vermieter verpflichtet, dem Mieter den Gebrauch der Mietsache während der Mietzeit zu gewähren. Der Vermieter hat die Mietsache dem Mieter in einem zum vertragsgemäßen Gebrauch geeigneten Zustand zu überlassen und sie während der Mietzeit in diesem Zustand zu erhalten. Er hat die auf der Mietsache ruhenden Lasten zu tragen.

(2) Der Mieter ist verpflichtet, dem Vermieter die vereinbarte Miete zu entrichten.

§ 581 Vertragstypische Pflichten beim Pachtvertrag

(1) Durch den Pachtvertrag wird der Verpächter verpflichtet, dem Pächter den Gebrauch des verpachteten Gegenstands und den Genuss der Früchte, soweit sie nach den Regeln einer ordnungsmäßigen Wirtschaft als Ertrag anzusehen sind, während der Pachtzeit zu gewähren. Der Pächter ist verpflichtet, dem Verpächter die vereinbarte Pacht zu entrichten.

§

(2) Auf den Pachtvertrag mit Ausnahme des Landpachtvertrags sind, soweit sich nicht aus den §§ 582 bis 584b etwas anderes ergibt, die Vorschriften über den Mietvertrag.

§ 598 Vertragstypische Pflichten bei der Leihe
Durch den Leihvertrag wird der Verleiher einer Sache verpflichtet, dem Entleiher den Gebrauch der Sache unentgeltlich zu gestatten.

§ 607 Vertragstypische Pflichten beim Sachdarlehensvertrag
(1) Durch den Sachdarlehensvertrag wird der Darlehensgeber verpflichtet, dem Darlehensnehmer eine vereinbarte vertretbare Sache zu überlassen. Der Darlehensnehmer ist zur Zahlung eines Darlehensentgelts und bei Fälligkeit zur Rückerstattung von Sachen gleicher Art, Güte und Menge verpflichtet.
(2) Die Vorschriften dieses Titels finden keine Anwendung auf die Überlassung von Geld.

§ 611 Vertragstypische Pflichten beim Dienstvertrag
(1) Durch den Dienstvertrag wird derjenige, welcher Dienste zusagt, zur Leistung der versprochenen Dienste, der andere Teil zur Gewährung der vereinbarten Vergütung verpflichtet.
(2) Gegenstand des Dienstvertrags können Dienste jeder Art sein.

§ 631 Vertragstypische Pflichten beim Werkvertrag
(1) Durch den Werkvertrag wird der Unternehmer zur Herstellung des versprochenen Werkes, der Besteller zur Entrichtung der vereinbarten Vergütung verpflichtet.
(2) Gegenstand des Werkvertrags kann sowohl die Herstellung oder Veränderung einer Sache als auch ein anderer durch Arbeit oder Dienstleistung herbeizuführender Erfolg sein.

§ 651 Anwendung des Kaufrechts (früher: Werklieferungsvertrag)
Auf einen Vertrag, der die Lieferung herzustellender oder zu erzeugender beweglicher Sachen zum Gegenstand hat, finden die Vorschriften über den Kauf Anwendung. § 442 Abs. 1 Satz 1 findet bei diesen Verträgen auch Anwendung, wenn der Mangel auf den vom Besteller gelieferten Stoff zurückzuführen ist. Soweit es sich bei den herzustellenden oder zu erzeugenden beweglichen Sachen um nicht vertretbare Sachen handelt, sind auch die §§ 642, 643, 645, 649 und 650 mit der Maßgabe anzuwenden, dass an die Stelle der Abnahme der nach den §§ 446 und 447 maßgebliche Zeitpunkt tritt.

§ 705 Inhalt des Gesellschaftsvertrags
Durch den Gesellschaftsvertrag verpflichten sich die Gesellschafter gegenseitig, die Erreichung eines gemeinsamen Zweckes in der durch den Vertrag bestimmten Weise zu fördern, insbesondere die vereinbarten Beiträge zu leisten.

§ 765 Vertragstypische Pflichten bei der Bürgschaft
(1) Durch den Bürgschaftsvertrag verpflichtet sich der Bürge gegenüber dem Gläubiger eines Dritten, für die Erfüllung der Verbindlichkeit des Dritten einzustehen.
(2) Die Bürgschaft kann auch für eine künftige oder eine bedingte Verbindlichkeit übernommen werden.

Hinweis: Auch der **Arbeitsvertrag** ist ein Dienstvertrag im Sinne des § 611 BGB. Er regelt die Rechtsbeziehungen zwischen einem Arbeitgeber und Arbeitnehmer.

Hinweis: Das **Werkvertragsrecht** (§ 631 BGB) findet Anwendung auf die Herstellung von Bauwerken, auf Reparaturen und die Herstellung von nicht körperlichen Sachen. Hat ein Vertrag die Lieferung herzustellender oder zu erzeugender beweglicher Sachen zum Gegenstand ist der § 651 BGB anzuwenden. Es handelt sich um einen **Werklieferungsvertrag**. Der Begriff „Werklieferungsvertrag" wird im § 651 BGB nicht mehr ausdrücklich genannt, wird aber in der Literatur überwiegend weiterverwendet.

Auszug aus dem BBiG

§ 10 Vertrag
(1) Wer andere Personen zur Berufsausbildung einstellt (Ausbildende), hat mit den Auszubildenden einen Berufsausbildungsvertrag zu schließen. (...)

Lernsituation 9: Vertragsfreiheit, Form, Nichtigkeit und Anfechtbarkeit der Rechtsgeschäfte

Web

Ausgangssituation I: „Viel Lärm um Nichts"

„Endlich Mittag", denkt sich Nicole Ganser. Da kommt auch schon Rudolf Heller um die Ecke, mit dem sie sich zum Essen verabredet hat. Rudolf sieht nachdenklich aus. „Was ist los, Rudolf? Hattest du auch einen anstrengenden Tag?" „In der Firma ist alles in Ordnung", erwidert Rudolf, „aber in der Familie war gestern die Hölle los. Alle haben sie ihre ‚Geschäfte' gemacht, aber am Ende kann man nur sagen: Viel Lärm um Nichts." „Erzähl mal, Rudolf, was war denn los?", fragt Nicole gespannt nach. Rudolf legt los:

1 „Gestern Morgen hat sich mein 6-jähriger Bruder zunächst mal ein Spielzeugauto für 10,00 EUR gekauft. Meine Mutter war damit gar nicht einverstanden. Der Kleine hat ja jede Menge Spielzeug.

2 Meine 16-jährige Schwester Cordula durfte da natürlich nicht nachstehen. Sie hat sich einen neuen Plasma-Fernseher für 850,00 EUR gekauft. Meine Mutter war ziemlich sauer. Cordula solle den Fernseher umgehend zurückbringen.

3 Dann klingelte das Telefon. Meine Tante Rita war dran. Mein Cousin Walter war gestern randvoll. Da hat er gleich mal sein Auto verschenkt.

4 Natürlich ist Walter morgens nicht zur Arbeit gegangen. Sein Chef hat angerufen und Walter gesagt, er soll mal schön liegen bleiben, er sei gekündigt.

5 Als Walter dann nachmittags wieder fit war, hat er sich einen Joint gekauft. Er brauche das jetzt, um runterzukommen nach all dem Stress. Meine Tante Rita ist ausgerastet.

6 Als mein Vater nach Hause kam, hat er sich in seinen Sessel fallen lassen. ‚100,00 EUR für denjenigen, der mir eine Flasche Bier aus dem Keller holt', meinte er nur. Sofort ist meine Schwester Cordula in den Keller gesprintet und hat ihm eine Flasche geholt. Mein Vater hat ihr die 100,00 EUR nicht gegeben. Seitdem redet meine Schwester kein Wort mehr mit ihm.

7 Abends rief dann mein Onkel Dieter an und hat sich über meine Cousine Anja beschwert. Anja ist gerade zu Hause ausgezogen. Da sie bei den Banken keinen Kredit bekommen hat, hat sie bei einem Geldverleiher ein Darlehen für ihre Wohnungseinrichtung aufgenommen. Der Geldverleiher verlangt einen Zinssatz von satten 40 %. ‚Wie dumm kann man nur sein', meinte mein Onkel.

8 Meine Cousine Anja ist manchmal sowieso ein wenig schräg drauf. Als sich letztens ihr Nachbar im Haushalt verletzt hatte, und sie um Verbandszeug gebeten hat, erwiderte sie nur: ‚Na klar habe ich Verbandszeug, Herr Breulmann, aber 30,00 EUR brauche dafür schon.' Da niemand anderes im Haus ihm helfen konnte, hat der arme Kerl bereitwillig bezahlt.

9 Zum Schluss hat mein Onkel Dieter dann noch mit meinem Vater über unser Grundstück in der Gartenstraße gesprochen. Das Grundstück hatte meine Mutter erst kürzlich von ihrer Großtante geerbt und mein Onkel Dieter möchte es kaufen. Mein Onkel hat vorgeschlagen sie sollten in den Kaufvertrag 50.000,00 EUR statt der besprochenen 100.000,00 EUR eintragen. Die restlichen 50.000,00 EUR würde er in einem Koffer übergeben. So könnte er Grunderwerbssteuer sparen."

„Ja, Rudolf", meint Nicole, „wirklich viel Lärm um Nichts."

Arbeitsauftrag

Begründen Sie, warum die beschriebenen Rechtsgeschäfte nichtig sind.

Ausgangssituation II: „Das ficht Dich an“

Als Rudolf und Nicole gerade zu einem kleinen Imbiss aufbrechen wollen, kommt Daniela Schaub hinzu. „Hallo Daniela“, wird sie von Nicole begrüßt, „wie war dein Morgen denn so?“ „Hätte nicht schlimmer sein können“, erwidert Daniela kurz und knapp. „Wieso das denn?“ schaltet sich Rudolf ein. „Na dann will ich euch mal meinen Morgen erzählen“, sagt Daniela und legt los:

1 „Als ich heute Morgen durch Zufall noch mal die Auftragsbestätigungen der letzten Woche durchgegangen bin, ist mir aufgefallen, dass da ein Artikel notiert war, den ich gar nicht kannte. Also habe ich schnell meine Bestellung hervorgeholt. Und tatsächlich, ich hatte einen Zahlendreher bei der Artikelnummer. Ich habe 550 Spanplatten von 2,5 cm Stärke bestellt, obwohl wir nur 3 cm starke Spanplatten verarbeiten.

2 Anschließend rief mich Herr Meier an. Er wollte wissen, warum gerade 1.000 Pakete Kopierpapier angeliefert würden. Das kann nicht sein, meinte ich nur. Ich habe doch unseren Praktikanten bei unserem Papierlieferanten vorbeigeschickt und ihm gesagt, er solle 100 Pakete Kopierpapier bestellen.

3 Habt ihr übrigens gehört, dass unser neuer Auslieferungsfahrer gar keinen Führerschein hat? Schon lustig, da bewirbt sich jemand bei uns als Fahrer und Herr Krämer fragt nicht nach dem Führerschein.

4 Na ja, so kann man sich irren. Das ist mir neulich auch passiert. Ich habe ein Bild auf dem Flohmarkt für 50,00 EUR verkauft, das ich für eine billige Kopie gehalten habe. Es stellte sich aber später heraus, dass das Bild ein Original war. Es wurde von einem regional bekannten Künstler gemalt und hatte einen Wert von 2.000,00 EUR.

5 Um 10:00 Uhr wollte ich dann zum Abendessen einen Tisch für mich und meinen Freund im ‚Goldenen Krug‘ bestellen. Ich habe ein Fax geschickt und geschrieben, dass wir im ‚Goldenen Krug‘ logieren möchten und gegen 19.00 Uhr eintreffen werden. So eben habe ich ein Fax vom ‚Goldenen Krug‘ enthalten: ‚Gerne bestätigen wir Ihre Buchung. Wir freuen uns, dass Sie bei uns übernachten möchten‘, haben sie geantwortet. Mein Freund meinte daraufhin: ‚Logieren oder dinieren, das ist schon ein beachtlicher Unterschied.‘

6 Wisst ihr eigentlich schon, dass Herr Fust sich von seiner Freundin getrennt hat. Dabei hatte er schon einen Verlobungsring für 1.500,00 EUR gekauft. Der Juwelier wollte den Ring natürlich nicht zurücknehmen.

7 Um 11:00 Uhr dann der nächste Schock. Im letzten Monat hatte ich einen größeren Posten hochwertige Hölzer bei einem neuen Lieferanten eingekauft. Als die Hölzer heute verarbeitet werden sollten, stellte sich heraus, dass unser Lieferant einfach minderwertiges Holz aufgearbeitet hat. Anscheinend hat er es schon öfter mit dieser Masche versucht.

8 Dann habe ich heute um 12:00 Uhr eine neue Wohnung angemietet. Ich habe mir in der letzten Woche mit meinem Freund eine Wohnung angeschaut und um Bedenkzeit gebeten. Heute rief mich der Vermieter erneut an. Der muskelbepackte Vermieter meinte nur, ich solle endlich unterschreiben, ansonsten werde er sich mal näher mit einem Freund ‚unterhalten‘ und die Sache von ‚Mann zu Mann‘ klären. Was sollte ich machen? Ich habe natürlich unterschrieben und ihm den Vertrag zugeschickt.“

Arbeitsauftrag

Begründen Sie, ob und aus welchem Grund die beschriebenen Rechtsgeschäfte anfechtbar sind. Welche Anfechtungsfristen sind jeweils einzuhalten?

Lernsituation 10: Handelsrechtliche Rahmenbedingungen kennenlernen

Web

Ausgangssituation: „Kaufmann werden ist nicht schwer – Kaufmann sein umso mehr"

Daniela Schaub ist entsetzt. Gerade erhält sie eine Mängelrüge von Heinz Karlich. Herr Karlich hat anlässlich der Neueröffnung seines Büromöbelcenters in Bochum am 12. März Ware im Wert von 15.340,00 EUR geliefert bekommen. Heute, einen Monat später, behauptet Herr Karlich, dass die „Cana Polsterbank" Kratzer habe. Ebenfalls weise die gelieferte „Tunis Polsterbank" erhebliche Beschädigungen auf. Er werde die Ware so nicht akzeptieren. Schließlich habe er laut BGB eine Gewährleistungsfrist von zwei Jahren, da er schließlich kein Kaufmann und nicht im Handelsregister eingetragen sei.

Als Daniela Stefan Bohne vom „Vertrieb Mitte" den Fall schildert, beruhigt er Daniela und meint: „Herr Karlich hat in einem Punkt recht. Die Gewährleistungsfrist beträgt zwei Jahre. Aber ich würde bezweifeln, dass Herr Karlich kein Kaufmann ist. Und wenn er Kaufmann ist, dann hat er eben auch die Pflichten eines Kaufmanns."

Arbeitsaufträge

1 Erläutern Sie mithilfe der § 343 HGB und § 377 HGB die Pflichten, die für Herrn Karlich gelten würden, falls er Kaufmann wäre.

Auszug aus dem Handelsgesetzbuch (HGB)

§

§ 343 Begriff der Handelsgeschäfte

(1) Handelsgeschäfte sind alle Geschäfte eines Kaufmanns, die zum Betrieb seines Handelsgewerbes gehören. (...)

§ 377 Untersuchungs- und Rügepflicht

(1) Ist der Kauf für beide Teile ein Handelsgeschäft, so hat der Käufer die Ware unverzüglich nach der Ablieferung durch den Verkäufer, soweit dies nach ordnungsmäßigem Geschäftsgang tunlich ist, zu untersuchen und, wenn sich ein Mangel zeigt, dem Verkäufer unverzüglich Anzeige zu machen.
(2) Unterlässt der Käufer die Anzeige, so gilt die Ware als genehmigt, es sei denn, dass es sich um einen Mangel handelt, der bei der Untersuchung nicht erkennbar war.
(3) Zeigt sich später ein solcher Mangel, so muss die Anzeige unverzüglich nach der Entdeckung gemacht werden; anderenfalls gilt die Ware auch in Ansehung dieses Mangels als genehmigt.
(4) Zur Erhaltung der Rechte des Käufers genügt die rechtzeitige Absendung der Anzeige.
(5) Hat der Verkäufer den Mangel arglistig verschwiegen, so kann er sich auf diese Vorschriften nicht berufen.

2 Erarbeiten Sie mithilfe Ihres Lehrbuches und des folgenden Auszuges aus dem HGB, wer nach dem HGB grundsätzlich als Kaufmann gilt. Ergänzen Sie dazu die Übersicht „Der Kaufmann nach dem HGB".

§

Auszug aus dem HGB

Erster Abschnitt Kaufleute

§ 1 Istkaufmann

(1) Kaufmann im Sinne dieses Gesetzbuchs ist, wer ein Handelsgewerbe betreibt.

(2) Handelsgewerbe ist jeder Gewerbebetrieb, es sei denn, dass das Unternehmen nach Art oder Umfang einen in kaufmännischer Weise eingerichteten Geschäftsbetrieb nicht erfordert.

§ 2 Kannkaufmann

Ein gewerbliches Unternehmen, dessen Gewerbebetrieb nicht schon nach § 1 Abs. 2 Handelsgewerbe ist, gilt als Handelsgewerbe im Sinne dieses Gesetzbuchs, wenn die Firma des Unternehmens in das Handelsregister eingetragen ist. Der Unternehmer ist berechtigt, aber nicht verpflichtet, die Eintragung nach den für die Eintragung kaufmännischer Firmen geltenden Vorschriften herbeizuführen. Ist die Eintragung erfolgt, so findet eine Löschung der Firma auch auf Antrag des Unternehmers statt, sofern nicht die Voraussetzung des § 1 Abs. 2 eingetreten ist.

§ 3 Land- und Forstwirtschaft

(1) Auf den Betrieb der Land- und Forstwirtschaft finden die Vorschriften des § 1 keine Anwendung.

(2) Für ein land- oder forstwirtschaftliches Unternehmen, das nach Art und Umfang einen in kaufmännischer Weise eingerichteten Geschäftsbetrieb erfordert, gilt § 2 mit der Maßgabe, dass nach Eintragung in das Handelsregister eine Löschung der Firma nur nach den allgemeinen Vorschriften stattfindet, welche für die Löschung kaufmännischer Firmen gelten.

(3) Ist mit dem Betrieb der Land- oder Forstwirtschaft ein Unternehmen verbunden, das nur ein Nebengewerbe des land- oder forstwirtschaftlichen Unternehmens darstellt, so finden auf das im Nebengewerbe betriebene Unternehmen die Vorschriften der Absätze 1 und 2 entsprechende Anwendung.

§ 5 Kaufmann kraft Eintragung

Ist eine Firma im Handelsregister eingetragen, so kann gegenüber demjenigen, welcher sich auf die Eintragung beruft, nicht geltend gemacht werden, dass das unter der Firma betriebene Gewerbe kein Handelsgewerbe sei.

§ 6 Handelsgesellschaften

(1) Die in betreff der Kaufleute gegebenen Vorschriften finden auch auf die Handelsgesellschaften Anwendung.

(2) Die Rechte und Pflichten eines Vereins, dem das Gesetz ohne Rücksicht auf den Gegenstand des Unternehmens die Eigenschaft eines Kaufmanns beilegt, bleiben unberührt, auch wenn die Voraussetzungen des § 1 Abs. 2 nicht vorliegen.

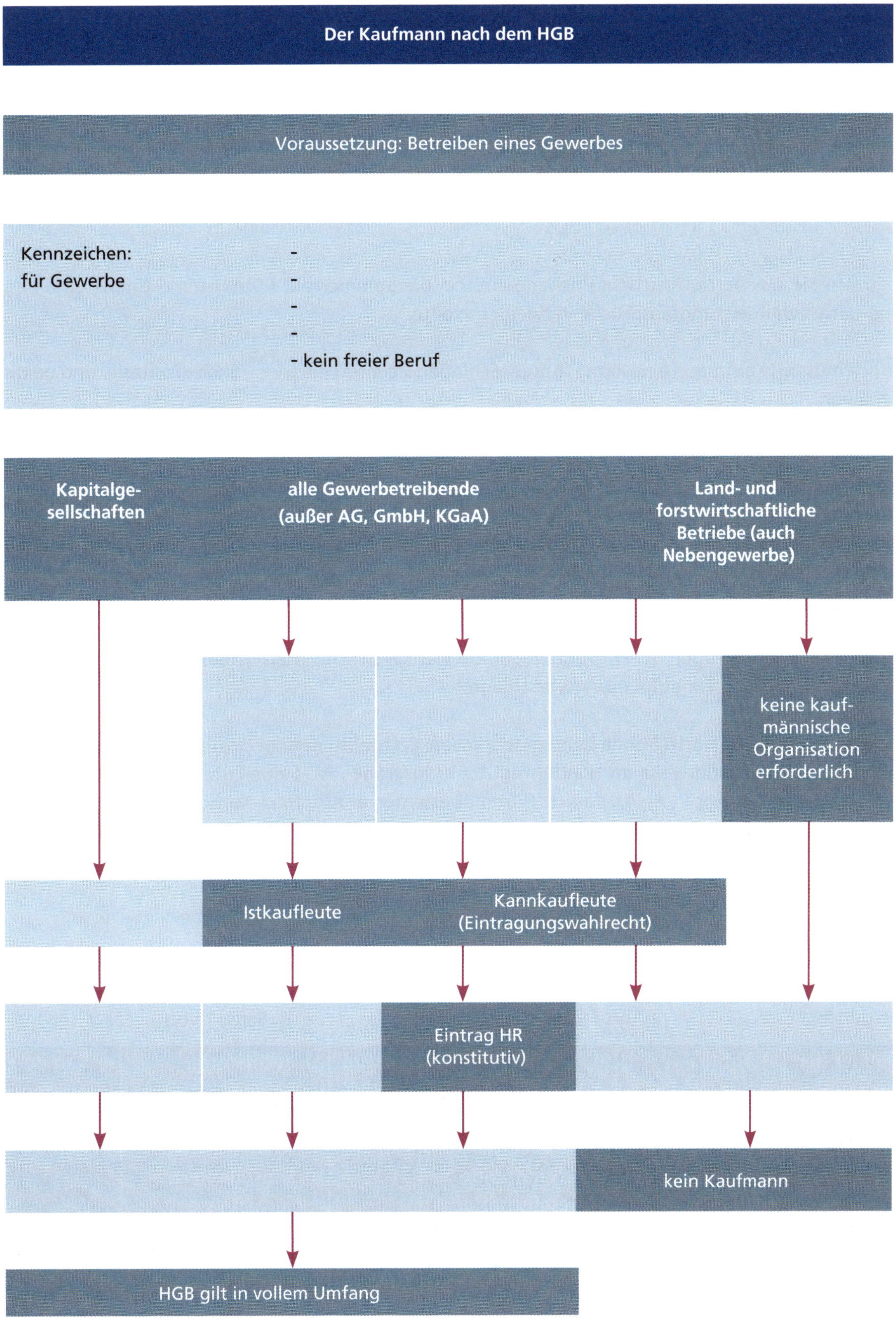

3 Begründen Sie, ob Herr Karlich Kaufmann im Sinne des HGB ist. Beachten Sie dabei die folgende Pressemeldung. Welche Konsequenzen hat die Kaufmannseigenschaft für Herrn Karlich für seine Gewährleistungsansprüche im vorliegenden Fall?

Einzelunternehmer Heinz Karlich eröffnet neues Büromöbelcenter

Heute am 17. März ist es endlich so weit. Heinz Karlich eröffnet sein neues Büromöbelcenter. Am Standort Bochum, Sandstiege 4, werden 35 Mitarbeiter auf über 8.000 Quadratmetern Büromöbel verschiedener namhafter Hersteller an den Endverbraucher verkaufen. „Wir möchten mit unserem Sortiment das Ruhrgebiet bedienen. Viele unserer Kunden kommen aus dieser Region und so war es naheliegend, dass wir in Bochum bleiben und hier unser neues Büromöbelcenter eröffnen.“, so Karlich.

4 Erläutern Sie aus betriebswirtschaftlicher Sicht, ob die Sommerfeld Bürosysteme GmbH eine Regulierung der Gewährleistungsansprüche verweigern sollte.

5 Karlich muss als Kaufmann eine Firma führen. Schlagen Sie eine Personen-, Sach-, Fantasie- und gemischte Firma vor.

6 Bei der Wahl der Firma muss Karlich auch die Firmengrundsätze beachten. Erläutern Sie die verschiedenen Firmengrundsätze.

7 Karlich möchte als „Heinz Karlich Internationaler Büromöbelgroßhandel e. K.“ firmieren. Nehmen Sie Stellung.

8 Bei der Eintragung zum Handelsregister stellt Heinz Karlich fest, dass bereits eine Bäckerei als „Heinz Karlich e. K.“ eingetragen ist. Begründen Sie, ob Karlich sich noch als „Heinz Karlich e. K.“ eintragen lassen kann. Machen Sie ggf. Lösungsvorschläge.

9 Daniela Schaub trifft Herrn Bohne beim monatlichen Vertriebsmeeting. Dort berichtet sie Herrn Bohne, dass Herr Karlich mittlerweile im Handelsregister eingetragen ist. Seine Firma heißt laut Handelsregistereintrag vom 24. April „Heinz Karlich Büromöbelcenter e. K.“. Herr Karlich, geb. am 23. Mai 1980, wohnhaft in Düsseldorf, hat jetzt sogar einen Prokuristen namens Peter Weiß. Dieser wurde am 20. August 1980 geboren, wohnt in Düsseldorf und hat Einzelprokura. „Na, dann hat ja alles seine Ordnung, Daniela.“
Ergänzen Sie den nachfolgenden Registerauszug des „Heinz Karlich Büromöbelcenter e. K.“.

Handelsregister A des Amtsgerichts Essen — **Ausdruck** **Abruf vom 30.04.2... 11:11** — Nummer der Firma: **HR A 123 -456** — Seite 1 von 1

Nummer der Eintragung	a) Firma b) Sitz, Niederlassung, Zweigniederlassungen	a) Allgemeine Vertretungsregelung b) Inhaber, persönlich haftende Gesellschafter (...)	Prokura	a) Rechtsform, Beginn, Satzung oder Gesellschaftsvertrag b) Sonstige Rechtsverhältnisse c) Kommanditisten	a) Tag der Eintragung b) Bemerkungen
1	2	3	4	5	7
1	a) b)	a) ______ b)		a)	a)

10 Begründen Sie, warum Heinz Karlich in Abteilung A eingetragen ist.

11 Erläutern Sie die Öffentlichkeitswirkung des Handelsregisters.

12 Nennen Sie zwei Internetadressen, über die Sie einen Handelsregisterauszug beziehen können.

Ergänzende Übungen

1 Begründen Sie, ob bzw. welche Kaufmannseigenschaft in den folgenden Fällen, vorliegt. Gehen Sie darauf ein, ob die Eintragung in das Handelsregister konstitutive oder deklaratorische Wirkung hat.
a) Textilwerke Müller GmbH
b) Landwirt Albert Overbeck e. K., 20 Angestellte, 1.000 ha Land
c) Vaske & Rhein OHG, Fahrzeugzubehörgroßhandel mit 6.000.000,00 EUR Umsatz
d) Deutsche Telekom AG
e) Thea Weiß, Angestellte bei der Bosch GmbH
f) Michael Ruther, Bäckermeister, eine Angestellte, 180.000,00 EUR Jahresumsatz
g) Theo Meier, Betreiber von 20 Gaststätten, 100 Mitarbeiter
h) Gerburg Fischer, Rechtsanwältin und Notarin

2 Unterscheiden Sie den Kaufmann nach HGB und den Nichtkaufmann anhand der folgenden Kriterien:

	Kaufmann	Nichtkaufmann
Gesetzliche Grundlage		
Handelsregistereintragung		
Führen einer Firma		
Gründung einer OHG, KG, GmbH oder AG		
Prüf- und Rügepflichten		
Ernennung von Prokuristen		
Kaufmännische Buchführung		
Übernahme einer Bürgschaft		
Pflichtangaben auf Geschäftsbriefen		

3 Geben Sie an, um welche Firmenart es sich in den folgenden Fällen handelt.

Firma	Firmenart
MOFUX AG	
Maximilian Eberl e. K.	
Maschinenfabrik Münster GmbH	
Fahrradgeschäft Chrisian Beike KG	

4 Matthias Beike übernimmt die Schreinerei seines bisherigen Chefs Matthias Lüke, der in Rente geht. Begründen Sie, ob Matthias Beike die Firma Matthias Lüke Emsdettener Schreinerei e. K. unter dem bisherigen Namen weiterführen kann.

Lernsituation 11: Einzelunternehmung

Ausgangssituation: Christian Sommer wird Unternehmer

Christian Sommer ist ein Kind seiner Zeit. 1940 in Essen geboren, hatte er eine arbeitsreiche, aber glückliche Kindheit in bescheidenen Verhältnissen. Christian Sommer bewohnte mit seinen Eltern und seinen drei Geschwistern ein kleines Haus in Essen-Kray. Die Eltern waren als Arbeiter bei Thyssen beschäftigt, um der Familie ein bescheidenes, aber ausreichendes Auskommen zu sichern. Schon als Jugendliche mussten er und seine drei Geschwister im eigenen Haushalt helfen. Christian war vor allem mit der Bewirtschaftung des kleinen Gartens betraut, den er verantwortungsvoll pflegte. Emsig baute er Obst und Gemüse an und wenn die Erträge gut waren, tauschte er Obst und Gemüse in der Nachbarschaft gegen andere Waren. In der Grundschule war Christian ein guter Schüler. Er überzeugte durch eine schnelle Auffassungsgabe und das Rechnen bereitete ihm besonders viel Spaß. Gern hätte er das Gymnasium besucht, doch die wirtschaftliche Situation im Hause Sommer ließ das nicht zu. Christian besuchte stattdessen die Hauptschule in Essen-Mitte. Auch hier war er einer der besten Schüler. Wenn es seine Freizeit zuließ, spielte er zudem Fußball bei RW Essen. Auch hier war er erfolgreich. Zwar galt er nicht als begnadeter Techniker, aber er hatte, wie sein Trainer sagte, den nötigen „Biss". Mit 16 Jahren bewarb sich Christian schließlich bei der Tischlerei Schlönhoff um eine Ausbildungsstelle als Tischler. Seine Bewerbung war von Erfolg gekrönt. Schnell stellte Christian während seiner Ausbildung fest, dass ihm der Beruf des Tischlers gefiel. Hier konnte er handwerkliches Geschick und Kreativität mit seinen guten mathematischen Fähigkeiten verbinden. Sicherlich war es nicht immer leicht. Gerade mit seinem Chef Walter Schlönhoff hatte er so manche Meinungsverschiedenheit. Christian hatte eben seinen eigenen Kopf und ließ sich nicht gern einengen. Mit sehr gutem Erfolg schloss Christian schließlich seine Prüfung ab. Da lag es nahe, dass Christian während seiner Gesellenzeit berufsbegleitend 1964 die Tischlermeisterprüfung ablegte. Hier war er sogar Jahrgangsbester. Christian arbeitete noch einige Jahre bei der Tischlerei Schlönhoff. Irgendwann, so fand Christian, war es Zeit, sich zu verändern. Auf der Suche nach neuen Herausforderungen wechselte Christian 1967 zur Brüggeschen Sitzmöbelfabrik nach Oberhausen. Hier war alles ein bisschen größer. Er war in leitender Position vor allem für die Entwicklung, Produktion und den Vertrieb von Stühlen verantwortlich. Der Job war stressig, aber Arbeit scheute Christian nicht und vor allem der Kontakt zu Kunden machte ihm Spaß. Auch die von Christian betreuten Kunden schätzten seine Arbeit sehr. Im Frühjahr 1973 war es dann so weit. Sein Entschluss reifte. Warum sollte er sich nicht selbstständig machen? Risiko scheute er schließlich nicht und Aufträge für einen bescheidenen Anfang hätte er auch, da war er sich ganz sicher. 10.000,00 EUR[1] hatte Christian zudem gespart und eine Tischlerei mit entsprechenden Maschinen gab es in der Nachbarschaft zu pachten. Nur das Wie, das war ihm noch nicht klar.

[1] Alle Geldwerte wurden hier und in den folgenden Lernsituationen von DM in EUR umgerechnet.

Biografische Daten von Christian Sommer

- 1940 in Essen geboren;
- 1946 Besuch der Grundschule in Essen-Kray;
- 1950 Wechsel zur Hauptschule Essen-Mitte
- 1956 Beginn einer Lehre als Tischler bei der Tischlerei Schlönhoff in Essen-Borbeck;
- 1959 Gesellentätigkeit bei der Tischlerei Schlönhoff;
- 1964 Abschluss der Meisterprüfung an der Handwerkskammer Dortmund – beste Prüfung in seinem Jahrgang;
- 1967 Tischlermeister bei der Brüggeschen Sitzmöbelfabrik, Oberhausen
- 1973 Gründung der Sitzmöbeltischlerei Christian Sommer e. K.

Arbeitsaufträge

Helfen Sie Christian Sommer auf dem Weg in seine Selbstständigkeit.

1 Stellen Sie die fachlichen Qualifikationen und die Persönlichkeitsmerkmale von Christian Sommer heraus. Begründen Sie, ob Christian Sommer Ihrer Meinung nach die notwendige Eignung für eine Unternehmertätigkeit hat.

2 Erläutern Sie Chancen und Risiken, die mit einer Unternehmertätigkeit verbunden sind.

3 Christian Sommer ist klar, dass sein Erspartes in Höhe von 10.000,00 EUR nicht für eine Unternehmensgründung ausreicht. Er bittet deshalb seine Hausbank, die Deutsche Bank Essen, um einen Kredit in Höhe von 60.000 EUR. Die Hausbank signalisiert grundsätzlich Interesse, Christian auf seinem Weg in die Selbstständigkeit zu unterstützen und ihn als Geschäftskunden zu gewinnen. Allerdings verlangt sie von Christian Sommer die Aufstellung eines Business-Plans. Erklären Sie, welche Punkte ein Business-Plan enthalten sollte und warum die Hausbank die Aufstellung eines solchen Plans verlangt.

4 Aufgrund der einfachen und kostengünstigen Gründungsmodalitäten möchte Christian Sommer eine Einzelunternehmung betreiben. Stellen Sie die wesentlichen Merkmale dieser Unternehmensform heraus.

5 Erläutern Sie die Vor- und Nachteile, die mit dieser Unternehmensform verbunden sind.

Lernsituation 12: Personengesellschaften

Ausgangssituation: Die Sitzmöbeltischlerei Christian Sommer e. K. wächst und wächst!

Christian Sommer ist im Jahre 1978 mit den Geschäften seiner Tischlerei sehr zufrieden. In den letzten fünf Jahren ist seine Unternehmung rasant gewachsen. Er beschäftigt mittlerweile 20 gewerbliche und fünf kaufmännische Mitarbeiter und die Produktpalette ist in den letzten Jahren stetig erweitert worden. Christian Sommer fertigt nicht nur Stühle, Tische und Schränke nach Maß, sondern er hat auch eigene Standardprodukte, vor allem im Büromöbelbereich, entwickelt. Diese vertreibt er über regionale Büromöbeleinzelhändler. Gerade im Vertrieb hat Christian Sommer seine Stärken weiter ausgebaut. Durch sein sicheres Auftreten und seine kommunikative Art hat er viele neue Kunden gewinnen können. So langsam stößt Christian Sommer aber an seine Grenzen. Entwicklung, Produktion, Einkauf, Buchhaltung, Personalverwaltung und Vertrieb, alles muss Christian Sommer allein managen. Außerdem muss er investieren. Um die gestiegene Nachfrage im Büromöbelbereich befriedigen zu können, sind Modernisierungs- und Erweiterungsinvestitionen in Höhe von 100.000,00 EUR notwendig. Nach Gesprächen mit seiner Hausbank ist klar, dass eine Finanzierung aufgrund des höheren Kapitalbedarfs nur unter verschlechterten Bedingungen möglich ist. Die Hausbank verlangt eine zusätzliche Bürgschaft von Christians Vater und einen höheren Kreditzins. In dieser Situation erinnert sich Christian Sommer an seinen alten Freund Friedrich Feld, mit dem er seinerzeit zusammengearbeitet hat und fragt ihn, ob er nicht bei ihm einsteigen möchte. Zügig wird man sich grundsätzlich einig. Friedrich Feld übernimmt die Leitung von Produktion und Einkauf, Christian Sommer die des Verkaufs, der Buchhaltung und der Personalverwaltung. Die Entwicklung neuer Produkte will man gemeinschaftlich vorantreiben. Es bleibt nur noch die Frage der Rechtsform zu klären. Einzelunternehmer kann Christian Sommer nicht bleiben, schließlich hat er jetzt einen Partner. Schnell ist beiden klar, dass man eine Personengesellschaft gründen möchte. Christian Sommer bringt das Betriebsvermögen seiner Tischlerei in Höhe von 250.000,00 EUR und Friedrich Feld sein gesamtes Erspartes in Höhe von 100.000,00 EUR ein. Doch welche Personengesellschaft soll es werden?

Biografische Daten von Friedrich Feld

- 1938 in Bochum geboren;
- 1944 Besuch der Grundschule in Bochum-Mitte;
- 1948 Wechsel zur Hauptschule Bochum-Langenfeld
- 1954 Beginn einer Lehre als Tischler bei der Tischlerei Schlönhoff in Essen-Borbeck;
- 1957 Gesellentätigkeit bei der Tischlerei Schlönhoff;
- 1963 Abschluss der Meisterprüfung an der Handwerkskammer Dortmund – beste Prüfung in seinem Jahrgang;
- 1964 Produktionsleiter bei der Möbelfabrik te Heesen, Mühlheim

Charakterisierung von Friedrich Feld

Friedrich Feld ist wie Christian Sommer im Ruhrgebiet aufgewachsen. Auch Friedrich Feld stammt aus bescheidenen Verhältnissen. Schon immer hat Friedrich Feld gern getüftelt. Wenn es ein Fahrrad zu reparieren gab oder ein neuer Kaninchenstall zu bauen war, hat er dies mit seinem handwerklichen Geschick gern getan. In der Lehre und auch bei der Meisterprüfung zum Tischler hat Friedrich Feld von seiner Disziplin und seinen mathematischen Fähigkeiten profitiert. Friedrich Feld ist ein ruhiger Typ, der lieber im Hintergrund handelt. Dennoch kann er gut mit Leuten umgehen und wird von seinen Arbeitskollegen geschätzt. Planvolles und strukturiertes Handeln hat Friedrich vor allem bei seinem letzten Arbeitgeber der Möbelfabrik te Heesen gelernt. Hier war er als Produktionsleiter tätig. Auch hat er hier gelernt, Probleme anzupacken und die notwendigen Entscheidungen zu treffen. Sein gesamtes Erspartes in die gemeinsame Gesellschaft zu investieren, ist für Friedrich Feld allerdings ein bedeutender Schritt. So viel Risiko ist Friedrich in seinem bisherigen Leben noch nicht eingegangen und er hat einige Nächte schlecht geschlafen.

Arbeitsaufträge

1 Analysieren Sie zunächst die Ausgangssituation. Erläutern Sie Probleme, mit denen Christian Sommer sich auseinandersetzen muss, und beschreiben Sie mögliche Lösungsansätze.

2 Christian Sommer möchte seinen Freund Friedrich Feld als Gesellschafter gewinnen. Beschreiben Sie anhand der biografischen Daten und der Charakteriesierung die Unternehmerpersönlichkeit von Friedrich Feld.

3 Christian Sommer und Friedrich Feld haben sich für die Gründung einer Personengesellschaft entschieden. Stellen Sie die Merkmale einer OHG und KG in folgender Tabelle gegenüber.

	OHG	KG
Gründung		
Handelsregister		
Firma		
Kapitalaufbringung		
Haftung		

	OHG	KG
Geschäftsführung		
Vertretung		
Wettbewerbsverbot		
Gewinn und Verlust		
Entnahmerecht		
Kündigung und Auflösung		

4 Wägen Sie die Vor- und Nachteile der beiden Unternehmensformen vor dem Hintergrund der Ausgangssituation und der beschriebenen Persönlichkeitsmerkmale gegeneinander ab und geben Sie eine Empfehlung.

5 Formulieren Sie für die von Ihnen empfohlene Unternehmensform einen Gesellschaftsvertrag, der den Bedürfnissen der beiden Gesellschafter Rechnung trägt. Bei einer Internetrecherche werden Sie zahlreiche Mustergesellschaftsverträge finden, an denen Sie sich orientieren können.

Ergänzende Übung: Offene Handelsgesellschaft (OHG)

Carl Hoffmann und Michael Müller sind in leitender Position bei Büromöbelgroßhändlern tätig. Nach reiflicher Überlegung möchten Sie den Schritt in die Selbstständigkeit wagen und eine OHG gründen. Müller bringt ein Grundstück im Wert von 150.000,00 EUR in die Unternehmung ein, Hoffmann sein Erspartes in Höhe von 100.000,00 EUR. Aufgrund ihrer langjährigen Branchenerfahrung bestehen Kontakte zu vielen namhaften Herstellern, so auch der Sommerfeld Bürosysteme GmbH. Als Kunden will man vor allem regionale Büromöbelhändler gewinnen, mit denen man schon Verhandlungen aufgenommen hat. Besondere Vereinbarungen sind bis auf wenige Ausnahmen im Gesellschaftsvertrag nicht getroffen; d. h. die gesetzlichen Regelungen sollen weitestgehend Geltung haben.

1 Die Gesellschafter sind der Meinung, dass eine formfreie Gründung möglich ist. Nehmen Sie Stellung.

2 Schlagen Sie drei mögliche Firmenbezeichnungen vor.

3 Hoffmann und Müller wollen als Bümö OHG firmieren. Beurteilen Sie die Möglichkeit der Kapitalaufbringung einer OHG im Vergleich zu einer KG.

4 Die Sommerfeld Bürosysteme GmbH hat für die Ausstellungsräume zahlreiche Möbel geliefert. Da die Bümö OHG die Rechnung noch nicht bezahlt hat, wendet sich die Sommerfeld Bürosysteme GmbH direkt an den Gesellschafter Hoffmann und bittet um Zahlung der ausstehenden 20.000,00 EUR. Begründen Sie, ob Hoffmann die Rechnung in voller Höhe begleichen muss.

5 Hoffmann begleicht die Rechnung und bittet Müller um Zahlungsausgleich. Nehmen Sie Stellung.

6 Müller bestellt bei der Bürodesign GmbH einen größeren Posten Schreibtische. Begründen Sie, ob er dazu berechtigt ist.

7 Wie wäre der Fall zu beurteilen, wenn Hoffmann der Vornahme des Geschäftes widerspricht?

8 Nach einigen Anlaufschwierigkeiten nimmt die Bümö OHG eine äußerst positive Entwicklung. Müller beauftragt den Bauunternehmer Wollitz mit der Errichtung einer weiteren Produktionshalle. Begründen Sie, ob Müller die notwendige Befugnis für dieses Geschäft hat?

9 Bauunternehmer Wollitz besteht auf der Einhaltung des geschlossenen Vertrages. Erläutern Sie, ob er recht hat.

10 Hoffmann ist über das Verhalten von Müller verärgert. Er möchte kein zusätzliches privates Kapital in die Bümö OHG investieren. Stattdessen beteiligt er sich als Kommanditist an der Bürosystem Schnitzler KG. Erläutern Sie, ob dies erlaubt ist.

11 Im ersten Jahr weist die Gesellschaft einen überraschend hohen Gewinn in Höhe von 85.000,00 EUR aus. Müller erhält für seine Mitarbeit 35.000,00 EUR vorweg, Hoffmann 25.000,00 EUR. Der Rest soll nach den gesetzlichen Vorschriften verteilt werden. Nehmen Sie die Gewinnverteilung vor.

	Kapitalanteil am Anfang des Jahres (EUR)	Vorweg-verteilung (EUR)	4 % Verzinsung (EUR)	Restverteilung nach Köpfen (EUR)	Gesamtgewinn (EUR)
Müller					
Hoffmann					
Gesamt					

12 Hoffmann möchte nicht mehr als selbstständiger Unternehmer tätig sein und aus der Unternehmung ausscheiden. Er kündigt deshalb den Gesellschaftsvertrag. Erklären Sie, welche Fristen er zu beachten hat.

Ergänzende Übung: Kommanditgesellschaft (KG)

Marko Moraldo hat sich schon seit frühester Jugend mit Computern beschäftigt und neben seinem Studium ein kleines Computerhandelgeschäft betrieben. Einige größere Unternehmen der Region zählen schon zu seinem Kundenkreis. Auch beliefert er weitere Einzelhändler mit Beamern, die er von asiatischen Herstellern bezieht. Nach dem erfolgreichen Abschluss des Informatikstudiums möchte er sich ganz seinem Geschäft widmen und expandieren. Sein Patenonkel Franco Manchetti ist bereit, die Expansion des Unternehmens zu finanzieren und möchte 75.000,00 EUR in bar zur Verfügung stellen. Ein weiteres unternehmerisches Risiko möchte Manchetti nicht übernehmen. Moraldo bringt ebenfalls 75.000,00 EUR (hauptsächlich in Sachwerten) in das gemeinsame Unternehmen ein. Die Geschäftsführung soll Moraldo übernehmen.

1 Begründen Sie, welche Personengesellschaft die beiden Gesellschafter gründen und welche Funktionen die beiden Gesellschafter übernehmen sollten.

2 Schlagen Sie eine Firmenbezeichnung vor.

3 Schnell wird man sich über den Gesellschaftsvertrag einig und formuliert ihn hastig auf einem einzigen Blatt Papier. Stellen Sie dar, ob eine solche Gründung den geltenden Formvorschriften entspricht.

4 Bisher hat Manchetti 40.000,00 EUR in die Gesellschaft eingebracht. Erklären Sie die haftungsrechtliche Situation.

5 Moraldo beschließt PCs eines neuen Computerherstellers in sein Sortiment aufzunehmen. Sein Onkel widerspricht, da er die Computer für minderwertig hält. Beurteilen Sie die Rechtslage.

6 Manchetti ist immer noch verärgert über seinen Neffen. Er verlangt deshalb jeden Freitag Einsicht in die Buchführung zu nehmen. Begründen Sie, ob dies möglich ist.

7 Moraldo ist aufgrund der gut laufenden Geschäfte äußerst liquide. Er plant die überschüssigen Mittel in Höhe von 40.000,00 EUR in Aktien eines Automobilherstellers anzulegen. Auch hier widerspricht sein Onkel. Nehmen Sie Stellung.

8 Trotz des Widerspruchs seines Onkels erwirbt Moraldo die Aktien. Sein Onkel verlangt die Rückgängigmachung des Vertrages. Erläutern Sie, ob der Onkel mit seinem Ansinnen Erfolg haben wird.

9 Ein weiterer Neffe von Manchetti betreibt ebenfalls ein Computerhandelsgeschäft in Form einer OHG. Hier möchte sich Manchetti als OHG-Gesellschafter beteiligen. Erklären Sie, ob dies möglich ist.

10 Auf einer Computermesse erwirbt Manchetti einen größeren Posten für die KG. Erläutern Sie, ob die KG aus dem Kaufvertrag rechtlich verpflichtet wird.

11 Zur Bestreitung seines Lebensunterhalts tätigt Moraldo laufende Entnahmen in Höhe von 4 % auf seinen Kapitalanteil. Auch Manchetti möchte Entnahmen tätigen. Begründen Sie, ob er dazu berechtigt ist.

12 Die KG macht im folgenden Jahr einen Gewinn von 56.000,00 EUR. Moraldo erhält für die Leitung der Gesellschaft 20.000,00 EUR vorweg. Danach sind die Kapitalanteile mit 4 % zu verzinsen. Ein verbleibender Rest soll im Verhältnis von 3 : 1 verteilt werden. Entnahmen wurden nicht getätigt und Manchetti hat seinen Kapitaleinlage zu Jahresbeginn voll geleistet. Berechnen Sie die Gewinnanteile der beiden Gesellschafter.

	Kapitalanteil am Anfang des Jahres (EUR)	Vorweg-verteilung (EUR)	4 % Verzinsung (EUR)	Restverteilung im Verhältnis 3 : 1 (EUR)	Gesamtgewinn (EUR)
Moraldo					
Manchetti					
Gesamt					

13 Berechnen Sie die Kapitalanteile von Moraldo und Manchetti nach der Gewinnverteilung.

Lernsituation 13: Gesellschaft mit beschränkter Haftung (GmbH)

Web

Ausgangssituation: Ein Generationenwechsel steht an

Im Jahre 1983 fand ein Wechsel im Gesellschafterbestand der Sitzmöbelfabrik Sommer OHG statt. Aufgrund der guten Wachstumsraten hatte die Gesellschaft weiterhin einen hohen Kapitalbedarf. Auf Anraten einer namhaften Unternehmensberatung sollte das Wachstum vor allem durch Eigenkapital finanziert werden, um die Kreditwürdigkeit der Gesellschaft auch langfristig zu sichern. Zügig reifte die Idee einen weiteren Gesellschafter aufzunehmen. Dies sollte Johannes Farthmann, der langjährige Leiter der allgemeinen Verwaltung sein. Herr Farthmann fühlte sich als „Mann der ersten Stunde“ dem Unternehmen stets verbunden und leistete hervorragende Arbeit. Trotz einiger Abwerbungsversuche der Konkurrenz hielt er dem Unternehmen die Treue. Johannes Farthmann war schließlich bereit, eine Kommanditeinlage zu leisten. Er versprach sich von seiner Einlage eine gute Rendite und wollte seinen Einfluss auf das Unternehmen durch seine Stellung als Kommanditist ebenfalls vergrößern. Ein Eintritt in die Gesellschaft als persönlich haftender Gesellschafter kam für ihn nicht infrage. Er hatte gerade das Elternhaus geerbt und wollte es nicht aufs Spiel setzen. Seitdem firmiert die Gesellschaft als Sitzmöbelfabrik Sommer KG.

Die neue Generation

Im Jahre 1998 stand die nächste größere Veränderung der Gesellschaft an. Christian Sommer, Friedrich Feld und Johannes Farthmann waren fast 60 Jahre alt. In den vergangenen Jahren hatten die Gesellschafter hart gearbeitet und ein nicht unerhebliches Privatvermögen angehäuft. Jetzt, befanden die Gesellschafter, war es an der Zeit, die Früchte ihrer Arbeit zu ernten und das Leben unbesorgt zu genießen. Es reifte also der Entschluss, sich aus dem operativen Geschäft zurückzuziehen. Allenfalls um strategische Entscheidungen der Gesellschaft wollte man sich noch kümmern. Das Unternehmen sollte langfristig weitgehend risikolos in geeignete Hände übergeben werden. So traf es sich gut, dass die Kinder der Gesellschafter schon länger in verantwortlichen Positionen bei der Sitzmöbelfabrik Sommer KG tätig waren und allesamt über eine entsprechende Ausbildung verfügten. Claudia Farthmann war als Diplom-Ingenieurin für die Produktion und Beschaffung verantwortlich. Als Diplom-Kaufmann war Lambert Feld in der allgemeinen Verwaltung des Unternehmens tätig. Hartmut Sommer erbte das Vertriebstalent seines Vaters. Nach dem Wirtschaftsingenieursstudium nahm er verschiedene Aufgaben in der Vertriebs- und Marketingabteilung wahr. Alle drei Gesellschafterkinder verfügten über den notwendigen Ehrgeiz und waren bei ihrer Arbeit erfolgreich.

Auf der letzten Gesellschafterversammlung waren sich Christian Sommer, Friedrich Feld und Johannes Farthmann einig, dass ihre Kinder auf Dauer das Unternehmen führen sollten. Außerdem soll Claudia Farthmann eine stärkere Rechtsstellung bekommen als ihr Vater. Allerdings zweifelten die Gesellschafter daran, dass die Rechtsform der KG noch die richtige sei und prüften, ob die GmbH eine geeignete Alternative sei.

Arbeitsaufträge

Beschäftigen Sie sich zunächst mit der Gründung der Sitzmöbelfabrik Sommer KG.

1 Beschreiben Sie die Motive, die Christian Sommer und Friedrich Feld im Jahre 1983 zur Gründung einer KG veranlasst haben.

2 Erläutern Sie Motive, die Johannes Farthmann dazu bewogen haben, Kommanditist der Gesellschaft zu werden.

Setzen Sie sich nun mit der Situation im Jahre 1998 auseinander.

3 Analysieren Sie die Situation im Jahre 1998 aus der Perspektive der Gesellschafter.

4 Erläutern Sie mögliche Probleme der Rechtsform, falls die Gesellschaft eine KG bleibt.

5 Erarbeiten Sie die Merkmale einer GmbH und ergänzen Sie die Übersicht.

Merkmale einer GmbH

Allgemeine Merkmale	
Gründung	
Firma	
Kapitalaufbringung	
Haftung	

Geschäftsführung	
Vertretung	
Gewinnverteilung	
Publizitäts- und Prüfungspflichten	
Auflösung und Liquidation	
Organe der GmbH	
Gesellschafterversammlung	
Aufsichtsrat	
Geschäftsführung	

6 Begründen Sie, ob die Gründung einer GmbH eine geeignete Alternative für die Gesellschafter ist. Gehen Sie dabei auch auf eine mögliche Besetzung der Organe der GmbH (Gesellschafterversammlung, Geschäftsführung) ein.

Hinweis: Die Gesellschaft benötigt aufgrund ihrer Größe keinen Aufsichtsrat.

Ergänzende Übung: Gesellschaft mit beschränkter Haftung (GmbH)

Die Informatiker Adalbert, Beyer und Clausewitz beabsichtigen, ein EDV-Systemhaus zu gründen. Adalbert und Beyer haben je 25.000,00 EUR in bar zur Verfügung. Clausewitz möchte keine Bareinlage leisten, sondern einen Geschäftswagen im Wert von 30.000,00 EUR einbringen. Um die Kreditwürdigkeit der Gesellschaft zu stärken, soll die Gesellschaft ein möglichst hohes Eigenkapital haben. Alle Gesellschafter leisten auf den Nennbetrag ihres Geschäftsanteils deshalb nur die gesetzlich vorgeschriebene Mindesteinlage.

Nehmen Sie zu den folgenden Sachverhalten begründet Stellung.

a) Adalbert und Beyer überlegen, ihr gesamtes Barvermögen als Mindesteinzahlung auf ihren Geschäftsanteil einbringen, um so einen möglichst großen Geschäftsanteil zu übernehmen. Berechnen Sie den maximal möglichen Nennbetrag des Geschäftsanteils.

b) Ermitteln Sie das maximal mögliche Stammkapital der Gesellschaft.

c) Erläutern Sie die Pflichten der Gesellschafter, wenn Sie ihre Einlage nicht voll leisten.

Adalbert und Beyer haben sich dazu entschieden, ihre Einlage – entgegen der ursprünglichen Übelegung – doch voll zu leisten und einen Geschäftsanteil im Nennbetrag von je 25.000,00 EUR übernommen. Clausewitz hat einen Geschäftsanteil im Nennbetrag von 30.000,00 EUR.

d) Wählen Sie eine Firmenbezeichnung für die Gesellschaft.

e) Legen Sie dar, welches Formerfordernis der Gesellschaftsvertrag erfüllen muss.

f) Adalbert, Beyer und Clausewitz werden laut Gesellschaftsvertrag zu Geschäftsführern bestellt. Es sollen die gesetzlichen Befugnisse gelten. Eine Eintragung der Gesellschaft in das Handelsregister ist noch nicht erfolgt. Aufgrund der günstigen Börsensituation möchten die Geschäftsführer Wertpapiere auf Kredit für die GmbH erwerben. Erläutern Sie die haftungsrechtlichen Risiken.

g) Die Gesellschaft wird ins Handelsregister eingetragen. Erklären Sie, in welcher Abteilung des Handelsregisters die Gesellschaft eingetragen wird und wie die Wirkung dieser Eintragung ist.

h) Beyer mietet für die Gesellschaft Geschäftsräume an, ohne die beiden anderen Gesellschafter hinzuziehen. Begründen Sie, ob der Mietvertrag für die Gesellschaft bindend ist.

i) Das Geschäft floriert. Verteilen Sie den ersten Jahresgewinn in Höhe von 32.000,00 EUR.

j) Adalbert möchte den Gewinn ausschütten. Clausewitz und Beyer möchten den Gewinn einbehalten und in die Gewinnrücklage einstellen. Erläutern Sie, wer sich durchsetzen wird.

k) Um die Expansion des Unternehmens weiter voranzutreiben, möchten Clausewitz und Beyer eine Kapitalerhöhung durchführen. Erklären Sie, ob sie sie gegen den Willen von Adalbert durchsetzen können.

l) Adalbert ist verärgert über die Expansionspläne seiner Mitgesellschafter und möchte deshalb seinen Geschäftsanteil verkaufen. Begründen Sie, ob Clausewitz und Beyer dies verhindern können.

m) Adalbert hat mit Müller mündlich vereinbart, ihm den Geschäftsanteil für 115.000,00 EUR zu verkaufen. Überprüfen Sie, ob der Geschäftsanteil wirksam übereignet ist.

Lernsituation 14: Aktiengesellschaft (AG)

Ausgangssituation: Soll die Sommerfeld Bürosysteme GmbH eine AG werden?

Im Jahre 2006 hatten die Kinder der Altgesellschafter schließlich alle Geschäftsanteile ihrer Väter an der Sommerfeld Bürosystem GmbH übernommen. Hartmut Sommer und Lambert Feld halten Geschäftsanteile im Nennbetrag von je 1.500.000,00 EUR und Claudia Farthmann ist mit einem Geschäftsanteil von 1.000.000,00 EUR an der Sommerfeld Bürosysteme GmbH beteiligt. Die Geschäfte gehen gut und die Sommerfeld Bürosysteme GmbH ist weiterhin auf Expansionskurs. Vor diesem Hintergrund kommt es auf der Gesellschafterversammlung zu folgendem Gespräch.

Lambert Feld:	„Unser Unternehmen entwickelt sich ja in letzter Zeit prächtig, aber ‚leider' dient auch ein Großteil unserer Gewinne zur Finanzierung unserer Expansionsstrategie."
Claudia Farthmann:	„Aber bis jetzt spielt unsere Hausbank ja auch ganz gut mit. Wir hatten mit ihr immer einen verlässlichen Partner."
Hartmut Sommer:	„Das stimmt, aber die Zeiten können sich auch ändern. Habe ich euch schon von meinem alten Freund Ferdinand Fiesel erzählt?"
Lambert Feld:	„Der hat doch mehrere Möbelhäuser, oder?"
Hartmut Sommer:	„Ja, genau der. Er hat seine GmbH in eine AG umgewandelt und langfristig will er sogar an die Börse gehen."
Claudia Farthmann:	„Das war sicherlich nicht einfach."
Lambert Feld:	„So eine AG ist ja schon eine komplexe Unternehmensform."
Hartmut Sommer:	„Er meint, das war gar nicht so schwer. Er hat einen guten Anwalt und Notar, der ihn berät. Auf jeden Fall, so meint Ferdinand, sei er bei der Finanzierung des Unternehmens jetzt flexibler."
Claudia Farthmann:	„Ich weiß nicht, mit einer AG sind bestimmt auch Nachteile verbunden."
Lambert Feld:	„Ich bin da eher auch skeptisch."
Hartmut Sommer:	„Vielleicht habt ihr ja recht mit euren Bedenken, wir sollten das aber einmal prüfen, ob wir nicht auch eine AG werden sollten. Und dann irgendwann, ich sehe die Schlagzeile schon: ‚Die Sommerfeld Bürosysteme geht an die Börse.'"

Kurzbeschreibung der Persönlichkeitsmerkmale und Zielsetzungen der Gesellschafter

Hartmut Sommer ist als gelernter Wirtschaftsingenieur mittlerweile schon seit einigen Jahren Geschäftsführer der Sommerfeld Bürosysteme GmbH und leitet den Bereich „Marketing und Vertrieb". Er ist 36 Jahre alt, ledig und kinderlos. Aufgrund seines Arbeitseinsatzes für die Sommerfeld Bürosysteme GmbH sind seine letzten Beziehungen gescheitert. Kinder spielen in der Lebensplanung von Hartmut Sommer im Moment keine Rolle. Hartmut Sommer liebt die schönen Dinge des Lebens und sein gehobener Lebensstandard erfordert einen erhöhten Finanzierungsbedarf. Wie sein Vater ist auch Hartmut risikobereit. Hartmuts Zielsetzung ist es, mit der Sommerfeld Bürosysteme GmbH Branchenprimus zu werden. Dazu ist Wachstum unbedingt notwendig. Hartmut ist eloquent und kommunikativ und liebt es im Mittelpunkt zu stehen.

Claudia Farthmann leitet als Dipl.-Ing. die Produktion und Beschaffung. Sie ist 38 Jahre alt, verheiratet und hat ein Kind. Ihr gelingt es hervorragend, Familie und Beruf unter einen Hut zu bringen. Im Job ist Claudia sehr engagiert und belastbar und wenn sie nach Hause kommt, widmet sie sich ganz ihrem 6-jährigen Sohn. Er ist ihr ein und alles und soll später einmal in ihre Fußstapfen treten. „Aber so etwas kann man schließlich jetzt noch nicht planen", sagt sie immer. Claudia Farthmann zeichnet sich durch ein hohes Maß an Verantwortungsbewusstsein aus. Sie unterstützt die Expansionsstrategie der Sommerfeld Bürosysteme GmbH, ist aber eine Verfechterin eines „geordneten" Wachstums. Sie ist aufgrund ihrer freundlichen Art bei der Belegschaft beliebt, kann aber auch unliebsame Dinge durchsetzen.

Lambert Feld leitet als Dipl.-Kfm. den Bereich „Allgemeine Verwaltung". Er ist 42 Jahre alt, verheiratet und hat zwei Kinder, die Zwillinge Niklas und Max. Niklas und Max sind 14 Jahre alt und besuchen das Gymnasium, wo ihnen das Lernen leicht fällt. Lambert Feld ist ein Familienmensch und er liebt es, wenn seine Kinder ihn im Betrieb besuchen. Sie sollen einmal seine Nachfolge antreten. Im Job erledigt Lambert Feld seine Aufgaben sehr gewissenhaft. Er handelt rational und wägt geschäftliche Risiken sehr genau ab. Deshalb strebt er ein moderates Wachstum für die Sommerfeld Bürosysteme GmbH an, er möchte aber nicht um jeden Preis wachsen. Lambert Feld ist eher ein bodenständiger Mensch.

Arbeitsaufträge

1 Analysieren Sie die Ausgangssituation, indem Sie die die Probleme der Sommerfeld Bürosysteme GmbH beschreiben, die Persönlichkeitsmerkmale und Zielsetzungen der einzelnen Gesellschafter herausstellen sowie die im Gespräch diskutierte Problemlösung herausarbeiten.

2 Erarbeiten Sie die Merkmale der AG.

3 Beschreiben Sie die Vor- und Nachteile, die mit der Rechtsform der AG verbunden sind.

4 Entscheiden und begründen Sie, ob die Gesellschafter vor dem Hintergrund der Ausgangssituation, der rechtlichen Merkmale sowie ihrer persönlichen Zielsetzungen eine AG gründen sollten.

Hinweis: Nutzen Sie für die Arbeitsaufträge 1, 2, 4 das Bearbeitungsschema „Soll die Sommerfeld Bürosysteme eine AG werden?".

Bearbeitungsschema: „Soll die Sommerfeld Bürosysteme eine AG werden?“

⇒ **Problembeschreibung**

vor dem Hintergrund der Persönlichkeitsmerkmale und Zielsetzungen der Gesellschafter

Hartmut Sommer	Claudia Farthmann	Lambert Feld

⇒ **Problemlösung**

Merkmale der AG

Beurteilung der AG

Vorteile einer AG	Nachteile einer AG

⇒ **Entscheidung**

Begründung

Ergänzende Übungen: Aktiengesellschaft (AG)

Gründung, Aktien, Organe, Gewinnverwendung

Frosch, Gehlhausen und Hüwe möchten die FGH AG gründen, um Herzmedikamente zu produzieren und zu vertreiben. Die Gründer sind seit Jahren im Bereich der Pharmaforschung tätig und zurzeit verfolgen sie vielversprechende Ansätze zur Entwicklung eines neuen Medikamentes zur Senkung von Bluthochdruck. Außerdem sollen andere Herzmedikamente, für die entsprechende Lizenzen zu erwerben sind, produziert und vertrieben werden. Insgesamt wird der Finanzierungsbedarf mit 4,2 Mio. EUR beziffert. Eine Satzung haben die Gesellschafter bereits erstellt. Frosch und Gehlhausen sollen je eine Million Aktien im Ausgabewert von 1,05 Mio. EUR übernehmen. Den Rest der Aktien übernimmt Hüwe. Die Gesellschafter vereinbaren die Ausgabe von Stammaktien im Nennwert von 1,00 EUR. Zudem soll jeder Aktionär im Aktienbuch der Gesellschaft festgehalten werden.

a) Stellen Sie fest, ob das Unternehmen eine ausreichende Zahl von Gründern und ob die Gesellschaft das vorgeschriebene Mindestkapital hat.

b) Frosch, Gehlhausen und Hüwe haben die Satzung schriftlich niedergelegt. Erläutern Sie, ob sie damit schon rechtswirksam erstellt ist.

c) Gehen Sie davon aus, dass die Gesellschafter den Formmangel geheilt und eine ordnungsgemäße Satzung erstellt haben. Berechnen Sie den Ausgabekurs und das Agio für eine Aktie.

d) Weisen Sie das Eigenkapital der FGH AG nach der Ausgabe der Aktien aus. Alle Einlagen werden voll geleistet.

e) Eine Anmeldung der Gesellschaft zum Handelsregister ist noch nicht erfolgt. Frosch, Gehlhausen und Hüwe sind vom ersten Aufsichtsrat zu Vorständen bestellt worden. Gehlhausen und Hüwe erwerben für die AG bei der Kehl AG eine Maschine im Wert von 500.000,00 EUR. Erklären Sie die haftungsrechtlichen Risiken für Gehlhausen und Hüwe.

f) Unterscheiden Sie zwischen einer Vorzugs- und einer Stammaktie und nennen Sie die Rechte, die mit einer Stammaktie verbunden sind.

g) Begründen Sie, ob die FGH AG Inhaber- oder Namensaktien emittiert hat.

h) Die Gesellschaft wird in das Handelsregister eingetragen. Erläutern Sie die Wirkung der Eintragung und geben Sie die entsprechende Abteilung des Handelsregisters an.

i) Frosch und Hüwe staunen nicht schlecht, als die Kehl AG von ihnen persönlich Zahlung verlangt. Erläutern Sie die rechtliche Situation.

j) Im Handelsregister ist eingetragen worden, dass zwei Vorstände gemeinsam die FGH AG vertreten sollen. In der Satzung ist vereinbart, dass eine Kreditaufnahme nur durch Beschluss aller Vorstandsmitglieder erfolgen darf. Gehlhausen und Hüwe nehmen ein Darlehen in Höhe von 500.000,00 EUR für die FGH auf. Erläutern Sie, ob der Darlehensvertrag rechtswirksam zustande gekommen ist.

k) Die Geschäfte der FGH AG laufen erfolgreich. Deshalb überlegen die Aktionäre zur Finanzierung des weiteren Wachstums im nächsten Jahr eine Kapitalerhöhung gegen Ausgabe junger Aktien durchzuführen. Nennen Sie die Organe, die für die Beschlussfassung und die Ausführung des Beschlusses zuständig sind.

l) Erläutern Sie, ob Frosch allein die Kapitalerhöhung verhindern kann.

m) Aus dem ersten Jahresabschluss geht hervor, dass die FGH AG einen Jahresüberschuss von 0,5 Mio. EUR erwirtschaftet hat. Berechnen Sie, wie viel EUR in die gesetzliche Gewinnrücklage eingestellt werden müssen?

n) Ermitteln Sie den Betrag, den Vorstand und Aufsichtsrat noch in die anderen Gewinnrücklagen einstellen können.

o) Im zweiten Geschäftsjahr laufen die Geschäfte der FGH AG nicht mehr so erfolgreich. Die Gesellschaft gerät in Liquiditätsschwierigkeiten. Erläutern Sie die Verantwortlichkeiten für diese Situation.

p) Über Lösungsvorschläge zur Beseitigung der Liquiditätsschwierigkeiten soll auf einer außerordentlichen Hauptversammlung abgestimmt werden. Erklären Sie, wer diese einberufen muss.

Organe der AG
Welche der nachfolgenden Rechte und Pflichten obliegen

(1) dem Aufsichtsrat
(2) dem Vorstand
(3) der Hauptversammlung?

a) Prüfung des Jahresabschluss und des Lageberichtes ☐
b) Beschluss über die Gewinnverwendung ☐
c) Erstellung des Jahresabschlusses und des Lageberichtes ☐
d) Wahl der Abschlussprüfer ☐
e) Bestellung des Leitungsorganes ☐
f) Antrag auf Eröffnung des Insolvenzverfahrens ☐
g) Einberufung der ordentlichen Hauptversammlung ☐
h) Beschlussfassung über Satzungsänderungen ☐

Gewinnverwendung AG
Die Müller AG hat ein gezeichnetes Kapital von 3 Mio. EUR, eine Kapitalrücklage von 100.000,00 EUR und eine gesetzliche Gewinnrücklage von 180.000,00 EUR. Im abgelaufenen Jahr hat die Gesellschaft einen Jahresüberschuss von 300.000,00 EUR erwirtschaftet. Ein Gewinnvortrag bzw. Verlustvortrag existiert nicht.

a) Wie viel EUR sind in die gesetzliche Gewinnrücklage einzustellen?

b) Wie viel EUR können Vorstand und Aufsichtsrat noch in die anderen Gewinnrücklagen einstellen?

Aufgaben zur Prüfungsvorbereitung

Ausbildungsvertrag, Arbeitsschutz und Mitbestimmung

Aufgabe 1

Die Meyer-Werke AG ist ein Zulieferer von Reifen für die Automobilindustrie mit Sitz in Münster. Zurzeit sind Sie in der Personalabteilung eingesetzt und sollen dem Personalleiter Dieter Hermeling bei der Bearbeitung der folgenden Fälle und Fragen unterstützen.

a) Die 17-jährige Auszubildende Martina Bisping weigert sich, ihr Berichtsheft vorzulegen. Sie ist der Meinung, dass das Führen des Berichtsheftes nur eine Schikane des Ausbildungsbetriebes ist. Erläutern Sie, ob Martina recht hat.

b) Marko Müller ist Auszubildender zum Industriekaufmann im 3. Ausbildungsjahr. In der Berufsschule hat er bisher hervorragende Ergebnisse erzielt. Ein Konkurrent der Meyer-Werke AG möchte Marko Müller abwerben. Kurzerhand kündigt er das Ausbildungsverhältnis bei der Meyer-Werke AG und möchte das Ausbildungsverhältnis beim Konkurrenzbetrieb fortsetzen. Begründen Sie, ob die Kündigung rechtens ist.

c) Claudia Cromme ist 16 Jahre alt und Auszubildende im 1. Lehrjahr. Seit einem dreiviertel Jahr wird sie in der Zentrale eingesetzt. Auch im nächsten dreiviertel Jahr soll sie dort eingesetzt werden, da sie dort gute Arbeit geleistet hat und schon alle anfallenden Arbeiten ausführt. Claudia beschwert sich und möchte auch andere Abteilungen des Unternehmens kennenlernen. Erläutern Sie, ob Claudias Beschwerde begründet ist.

d) Max Goldschmid hat die Abschlussprüfung nicht bestanden. Erklären Sie, welche Möglichkeiten Max hat, falls er die Ausbildung fortsetzen möchte.

e) In Martina Bispings Abteilung sind im Moment mehrere Mitarbeiter wegen Krankheit ausgefallen. Martina soll deshalb an den ersten drei Tagen der Woche neun Stunden arbeiten, dafür wird die Arbeitszeit donnerstags und freitags auf sieben Stunden reduziert. Erläutern Sie, ob diese Arbeitszeitregelung nach dem Jugendarbeitsschutz zulässig ist.

f) Die 18-jährigen Auszubildenden Max Goldschmidt und Marko Müller müssen an beiden Berufsschultagen noch arbeiten. Claudia Cromme hat dagegen einen Nachmittag frei, da sie noch minderjährig ist. Erläutern Sie die Regelungen für den Berufsschulbesuch nach dem Jugendarbeitsschutzgesetz.

g) Der Produktionsleiter Martin Koers möchte die Arbeitszeit ausdehnen. Benedikt Raves soll deshalb in der nächsten Woche von Montag bis Freitag elf Stunden am Tag arbeiten. Dabei soll er am Freitag die Schicht wechseln. Am Donnerstag endet die Arbeitszeit um 22:00 Uhr. Am Freitag beginnt die Frühschicht um 6:00 Uhr. Begründen Sie, ob diese Arbeitszeitregelung nach dem Arbeitszeitgesetz möglich ist.

h) Im Mai sollen die Wahlen zum Betriebsrat stattfinden. Erläutern Sie, wer aktives und wer passives Wahlrecht besitzt.

i) Über den Mitarbeiter Thorsten Krüler ist der Produktionsleiter Martin Koers sehr verärgert. Seiner Meinung nach wiegelt Thorsten Krüler als aktives Betriebsratsmitglied durch ständig neue Vorschläge die Belegschaft auf. Er schlägt deshalb vor, Thorsten Krüler zu kündigen. Beurteilen Sie, ob eine Kündigung möglich ist.

j) Die Meyer-Werke AG plant eine neue Arbeitszeitregelung für die Belegschaft einzuführen. Dabei soll die Lage der täglichen Arbeitszeit verändert werden. Erläutern Sie die Mitbestimmungsmöglichkeiten des Betriebsrates.

k) Auch bei der Meyer-Werke AG ist eine Jugend- und Auszubildendenvertretung installiert. Stellen Sie die Aufgaben der Jugend- und Auszubildendenvertretung dar.

l) Die Meyer-Werke AG beschäftigt 750 Mitarbeiter und ist aufgrund ihrer Unternehmensform mitbestimmungspflichtig. Erläutern Sie den Einfluss der Belegschaft bei der Besetzung des Aufsichtsrates.

Rechtliche Grundbegriffe berücksichtigen

Aufgabe 2

Die Möbel Nüsing AG ist ein großer Möbelhersteller mit Sitz in Bochum. Sie stellt neben Wohnmöbeln auch Büromöbel her. In diesem Bereich ist sie ein namhafter Konkurrent der Sommerfeld Bürosysteme GmbH.

Der Verkaufssachbearbeiter Manfred Lange einigt sich nach telefonischen Verhandlungen mit dem Einzelhändler Bürosysteme Müller e. K. über die Abholung von 20 Schreibtischen, experto 500, zum Preis von je 470,00 EUR netto. Sofort schickt Lange eine Auftragsbestätigung per Fax.

a) Unterscheiden Sie zwischen privatem und öffentlichem Recht und begründen Sie, welches Recht im vorliegenden Fall betroffen ist.

b) Erläutern Sie, ob die Möbel Nüsing AG rechts- und geschäftsfähig ist.

c) Inhaber der Bürosysteme Müller e. K. ist der 17-jährige Klaus Müller. Begründen Sie, ob Klaus Müller die Schreibtische überhaupt erwerben kann.

d) Erklären Sie, wie in diesem Fall ein Vertrag zustande kommt.

e) Legen Sie dar, um welche Vertragsart es sich hier handelt.

f) Unterscheiden Sie die verschiedenen Formvorschriften und geben Sie an, ob in diesem Falle eine bestimmte Formvorschrift einzuhalten ist.

g) Begründen Sie, welchen Sinn das Fax hat und welcher Formvorschrift ein Fax genügt.

h) Die Schreibtische sollen von der Bürosysteme Müller e. K. am Werk der Möbel Nüsing AG abgeholt werden. Erklären Sie, wie das Eigentum an den Schreibtischen übertragen wird.

i) Beschreiben Sie weitere Möglichkeiten der Eigentumsübertragung.

j) Damit Klaus Müller die Schreibtische leichter verladen kann, stellt die Möbel Nüsing AG ihm leihweise einen Hubwagen zur Verfügung, der in der nächsten Woche zurückgegeben werden soll. Klaus Müller verkauft den Hubwagen jedoch am nächsten Tag an Günter Kloppenborg, der einen Sanitärgroßhandel betreibt. Günter Kloppenborg geht davon aus, dass Klaus Müller Eigentümer des Wagens ist. Erläutern Sie, ob die Möbel Nüsing AG noch Eigentümer des Hubwagens ist.

k) Angenommen Klaus Müller nimmt die 20 Schreibtische zwar ab, weigert sich aber zu zahlen. Vor welchem Gericht müsste die Möbel Nüsing AG Klage erheben?

l) Die Bürosysteme Müller e. K. hat die Schreibtische an die Emstex GmbH verkauft. Da die Emstex GmbH ein neues Bürogebäude beziehen wollte, hatte sie die Schreibtische bestellt. Aufgrund der konjunkturellen Lage plant die Emstex GmbH nun einen Verbleib am alten Standort. Sie möchte deshalb den Kaufvertrag über die Schreibtische wegen eines Irrtums anfechten. Begründen Sie, ob die Anfechtung Erfolg haben wird.

Aufgabe 3
Beurteilen Sie die folgenden Fälle.

a) Die 16-jährige Heike bekommt von ihrer Tante eine goldene Kette geschenkt. Ihre Eltern sind gegen die Schenkung. Begründen Sie, ob Heike die Kette behalten darf.

b) Wie wäre der Fall zu beurteilen, wenn Sie die Kette für
- 30,00 EUR
- 300,00 EUR

erworben hätte.

c) Heike ist mit Zustimmung ihrer Eltern bei einer Einzelhandelskette beschäftigt und u. a. für den Einkauf von Textilien zuständig. In ihrer Funktion hat sie Hosen im Wert von 500,00 EUR bestellt. Ihrem Chef gefallen die Hosen nicht und er möchte das Geschäft rückgängig machen, da Heike seiner Meinung nach nur beschränkt geschäftsfähig sei.

d) Da Heike von ihrem Chef enttäuscht ist, kündigt sie kurzerhand, ohne ihre Eltern vorher zu informieren.

e) Wie wäre der Fall d) zu beurteilen, wenn es um ein Ausbildungsverhältnis ginge.

Aufgabe 4
Welche Formvorschrift ist den folgenden Fällen jeweils einzuhalten?

a) Kaufvertrag über ein Kraftfahrzeug
b) Bürgschaft unter Privatpersonen
c) Kaufvertrag über ein Grundstück
d) Antrag auf Eintragung in das Handelsregister
e) Kündigung eines Arbeitsvertrages

Aufgabe 5
Beurteilen Sie, ob die folgenden Rechtsgeschäfte anfechtbar, nichtig oder rechtswirksam sind.

a) Karl verkauft sein Auto an seinen Klassenkameraden Dieter. Karl hat wahrheitswidrig behauptet, dass das Auto unfallfrei sei. Leider wurde das Getriebe nach dem Unfall nur schlecht repariert und „streikt" nun.

b) Monika arbeitetet nun schon mehrere Jahre als Sachbearbeiterin im Einkauf. Für ihre Altersvorsorge möchte Sie eine Eigentumswohnung erwerben. Beim Makler hat sie schon einen entsprechenden Kaufvertrag unterschrieben. Kurz vor der Schlüsselübergabe für die Wohnung bekommt Sie Zweifel. Ist sie an den Kaufvertrag gebunden?

c) Der Makler ist enttäuscht. Wenn Monika den Kaufvertrag vor dem Notar nicht unterschreibt, werde er ihrem Freund von dem Verhältnis mit ihrem Arbeitskollegen Peter erzählen.

d) Monika ist von den Geschehnissen noch ganz aufgewühlt. Sie gibt eine Bestellung über 50 Stück des Artikels 6578 auf. Eigentlich wollte sie 50 Stück des Artikels 6587 bestellen.

e) Frau Beimer schickt ihren 6-jährigen Sohn Bennie zum Metzger. Bennie kauft für das bevorstehende Familienfest Filet im Wert von 20,00 EUR ein.

f) Gisela Stroetmeier ist schwer zuckerkrank und benötigt dringend ein lebenswichtiges Medikament. Als sie am Sonntag in der Apotheke erscheint, verlangt die Apothekerin den 5-fachen Preis.

Kaufmannseigenschaft, Firma und Handelsregister

Aufgabe 6

Vera Lohmann betreibt einen Kiosk in Essen-Kray, den sie von Max Mauser übernommen hat. Sofort nach der Übernahme des Kiosks hat sie den Verkaufsraum neu gestaltet. Durch diese Maßnahme und ihr freundliches Wesen ist es ihr gelungen, viele neue Kunden zu gewinnen. Die meiste Arbeit erledigt sie allein. In den Abendstunden und am Wochenende wird sie von vier Mitarbeiterinnen unterstützt, die jeweils einen Teilzeitjob ausüben.

a) Begründen Sie, ob Vera Lohmann ein Handelsgewerbe treibt.

b) Erläutern Sie, ob Vera Lohmann ihren Kiosk ins Handelsregister eintragen lassen muss bzw. eintragen lassen kann.

c) Beschreiben Sie, was man unter einem Handelsregister versteht.

d) Das Handelsregister genießt öffentlichen Glauben. Erläutern Sie, was darunter zu verstehen ist.

e) Was versteht man unter einer Firma?

f) Unterscheiden Sie die verschiedenen Firmenarten und geben Sie jeweils ein Beispiel, wie Frau Lohmann firmieren kann. Frau Lohmann betreibt den Kiosk als e. Kfr.

Rechtsformen der Unternehmung

Aufgabe 7

Begründen Sie kurz, welche Rechtsform in den folgenden Fällen beschrieben wird.

a) Herr Meier betreibt ein Blumengeschäft. Als alleiniger Inhaber hat er sich in das Handelsregister eintragen lassen. Er haftet unbeschränkt.

b) Nach zwei Jahren möchte er seine Haftung beschränken. Er bringt ein Eigenkapital von 25.000,00 EUR ein.

c) Klaus Müller und Dieter Meier betreiben als gleichberechtigte Partner ein Maschinenbauunternehmen. Beide Partner haften unbeschränkt, um Kreditfinanzierung des Unternehmens zu erschweren.

d) Klaus Müller und Dieter Meier nehmen Ewald Strickmann als Gesellschafter in die Gesellschaft auf. Ewald Strickmann arbeitet nicht aktiv mit, für ihn steht die Kapitalbeteiligung im Vordergrund.

e) Aufgrund eines immensen Kapitalbedarfs hat ein Automobilunternehmen eine Vielzahl von Gesellschaftern. Die Haftung der Gesellschafter ist beschränkt. Die Anteile der Gesellschaft werden an der Börse gehandelt.

Aufgabe 8

Stefan Westers möchte den Schritt in die Selbstständigkeit wagen. Als gelernter Drucker hat er seine Meisterprüfung abgelegt und verfügt über gute Kontakte zu potenziellen Kunden. Geeignete Räumlichkeiten und die notwendigen Maschinen kann er von der Druckerei Jörg Breulmann e. K. übernehmen. Jörg Breulmann möchte sein Geschäft aus Altersgründen aufgeben. Stefan Westers möchte sein Erspartes in Höhe von 125.000,00 EUR in das Geschäft einbringen und sein Unternehmen als alleiniger Inhaber betreiben.

a) Aufgrund der geringen Gründungskosten möchte Stefan Westers eine Einzelunternehmung betreiben. Wählen Sie eine geeignet Firma und erläutern Sie haftungsrechtliche Risiken.

b) Nach erfolgreichem Start wächst ihm die Arbeit langsam über den Kopf. Er möchte deshalb Reinhard Wälte als Teilhaber gewinnen. Die beiden wollen das Unternehmen als Personengesellschaft betreiben. Stellen Sie die KG und OHG anhand entscheidungsrelevanter Kriterien gegenüber.

c) Stefan Westers und Reinhard Wälte betreiben die Gesellschaft mittlerweile mit großem Erfolg. Die Kapitalausstattung des Unternehmens ist gut und so entscheiden sich Stefan Westers und Reinhard Wälte, ihre Gesellschaft in eine GmbH umzuwandeln. Stellen Sie die wesentlichen Vor- und Nachteile der Gründung einer GmbH heraus.

d) Stefan Westers und Reinhard Wälte werden als alleinige Gesellschafter auch zu Geschäftsführern der GmbH bestellt. Erläutern Sie, welche Aufgaben die beiden als Geschäftsführer haben.

e) Stefan Westers möchte für die GmbH eine Maschine erwerben. Er unterzeichnet deshalb einen Kaufvertrag und informiert Reinhard Wälte über den Kauf der Maschine. Dieser zeigt sich empört über den Kauf. Erläutern Sie, ob die GmbH wirksam verpflichtet wurde, wenn die gesetzlichen Regelungen gelten.

f) Im Streit über den Kauf der Maschine möchte Stefan Westers einen Beschluss der Gesellschafterversammlung über den Kauf der Maschine herbeiführen. Stefan Westers verfügt über eine Stammeinlage von 350.000,00 EUR, Reinhard Wälte über eine Einlage von 250.000,00 EUR. Begründen Sie, ob Stefan Westers sich durchsetzen wird.

g) Zudem möchte Stefan Westers Heiner Heimann als neuen Gesellschafter gewinnen. Auch hiermit ist Reinhard Wälte nicht einverstanden, da er ihn für ungeeignet hält. Legen Sie dar, ob Reinhard Wälte die Aufnahme des neuen Gesellschafters verhindern kann.

h) Reinhard Wälte schlägt vor, die Gesellschaft in eine AG umzuwandeln. Nach einigem Zögern stimmt Stefan Westers der Umwandlung zu. Die beiden möchten ihr Kapital in Inhaberaktien umwandeln. Erläutern Sie, ob die Gesellschaft über das nötige Kapital für die Gründung einer AG verfügt.

i) Zudem möchte Reinhard Wälte sich aus dem operativen Geschäft der Druckerei zurückziehen. Dies soll von Stefan Westers verantwortlich wahrgenommen werden. Beschreiben Sie die verschiedenen Organe einer AG und begründen Sie, in welchen Organen die beiden tätig werden sollen.

Marktorientierte Geschäftsprozesse eines Industriebetriebes erfassen

Lernsituation 15: Zielsetzung und Zielkonflikte in der Industrieunternehmung berücksichtigen

Ausgangssituation I: Daniela lernt das Zielsystem der Sommerfeld Bürosysteme GmbH kennen

Daniela Schaub hat die ersten Ausbildungstage bei der Sommerfeld Bürosysteme GmbH erfolgreich hinter sich gebracht. Heute kann sie Herrn Nelles im Rechnungswesen (Planung) über die Schulter schauen. Auf dessen Schreibtisch sieht Daniela einen Artikel der IHK Essen, in dem Hartmut Sommer, Geschäftsführer der Sommerfeld Bürosysteme, die Gründe für die Gewinnsteigerung von 4,3 Prozent im Geschäftsjahr 20.. erläutert. Darin heißt es:

> Folgende Faktoren führten dazu, dass sich die Sommerfeld Bürosysteme GmbH im Bereich der Produktgruppe „Konferenz" trotz gestiegener Kosten zum umsatzstärksten Anbieter in diesem Segment entwickelte:
> - konsequenter Einsatz nachwachsender Materialien bei der Produktion,
> - ein damit verbundener hoher Qualitätsstandard,
> - hohe Gebrauchsdauer der Produkte.

Als Herr Nelles sieht, dass sich Daniela mit dem Bericht beschäftigt, spricht er sie darauf an: „Ja, trotz gestiegener Kosten Gewinnsteigerungen um 4,3 Prozent. Die von Herrn Sommer genannten Gründe sind zwar richtig, aber nur die halbe Wahrheit. Tatsächlich müssen wir zahlreiche weitere Faktoren heranziehen, um die Gründe für die positive Entwicklung korrekt einschätzen zu können!" Herr Nelles bemerkt, wie verwundert Daniela auf dessen Aussage reagiert und zeigt ihr deshalb ein paar Unterlagen zur Produktgruppe „Konferenz". „Hier, schauen Sie sich mal Zahlen aus unserem stärksten Segment an, dann verstehen Sie, was ich meine."

Produktgruppe 3: Konferenz		
Linus Sessel (Bestell-Nr.: 373/3)		
Jahr	Vorjahr	20..
Produktions- u. Absatzmenge (Stück)	1.150	1.250
geleistete Arbeitsstunden	9.500	9.200
durchschnittliche Arbeitskosten je Std. – Löhne, Gehälter – Lohnnebenkosten	 12,00 EUR 8,50 EUR	 13,00 EUR 9,50 EUR
Materialkosten je Stück	175,00 EUR	185,00 EUR
sonstige Kosten	85.000,00 EUR	87.000,00 EUR
Stückpreis je Sessel	424,00 EUR	428,50 EUR
Kapitaleinsatz für die Produktionsanlage	125.000,00 EUR	125.000,00 EUR

„Mithilfe dieser Daten können wir überprüfen, ob unsere Produkte den wirtschaftlichen Zielsetzungen gerecht werden und somit zum Erfolg des Unternehmens beitragen. Dabei können Sie u. a. die Wirtschaftlichkeit (= Leistungen/Kosten) als ein Kriterium heranziehen. Die nachfolgende Tabelle können Sie vervollständigen, um den Erfolgsbeitrag unseres Sessels Linus besser einschätzen zu können."

Arbeitsaufträge

1 Unterstützen Sie Daniela Schaub und vervollständigen Sie die nachfolgende Tabelle:

Jahr	Arbeitsproduktivität	Wirtschaftlichkeit	Rentabilität (bezogen auf den Kapitaleinsatz)	Umsatzrentabilität
Vorjahr				
20..				

2 Nachdem Daniela die in der Tabelle genannten Kennzahlen ermittelt hat, geht ihr wieder Herr Nelles Aussage durch den Kopf, dass die von Herrn Sommer genannten Faktoren nur „die halbe Wahrheit" über den Unternehmenserfolg liefern. Beurteilen Sie diese Aussage mithilfe der gerade ermittelten Kennzahlen.

3 Die Kennzahlen werden den wirtschaftlichen Zielen des Unternehmens zugeordnet. Ergänzen Sie in der nachfolgenden Tabelle weitere Unternehmensziele der Sommerfeld Bürosysteme GmbH. Nutzen Sie dabei auch die Aussage von Herrn Sommer.

Zielebene	Beispiele
Sachziele	
Wirtschaftliche Ziele	
Soziale Ziele	
Ökologische Ziele	

4 Die von Ihnen im 3. Arbeitsauftrag benannten Ziele liefern nicht zuletzt nach der Aussage von Herrn Sommer einen wichtigen Beitrag zum Erfolg des Unternehmens. Erläutern Sie zwei mögliche Konflikte, die zwischen den von Ihnen benannten Zielen bestehen.

Ausgangssituation II: Investitionsentscheidungen mithilfe von Kennzahlen begründen

Daniela konnte sich ein Bild über die verschiedenen Zielsetzungen und die damit verbundenen Schwierigkeiten der Sommerfeld Bürosysteme GmbH machen und ihr ist dabei die besondere Bedeutung der wirtschaftlichen Ziele bewusst geworden. Herr Nelles hat gerade einige Unterlagen zusammengestellt, anhand derer eine zukünftige Investition in den Maschinenpark vorbereitet werden soll.

Die positive Absatzentwicklung in der Produktgruppe „Konferenz" macht die Anschaffung einer neuen Multifunktionsanlage erforderlich, auf der ein neu entwickeltes Produkt (Confair Beamerhalterung) gefertigt werden soll. Das Produkt wird die Confair-Produktlinie abrunden und kann laut Herrn Möller (Marketing/Objektplanung) zu einem Verkaufspreis von 272,00 EUR abgesetzt werden. Es liegen bereits Anfragen für das kommende Geschäftsjahr von verschiedenen Stammkunden in einem Gesamtvolumen von 650 Stück vor. Darüber hinaus werden weitere Aufträge prognostiziert, die eine zusätzliche Absatzmenge von 300 Stück erwarten lassen.

Die nachfolgenden Angaben zu zwei möglichen Alternativen liegen Herrn Nelles vor:

	Produktionsanlage 1 (PA 1)	Produktionsanlage 2 (PA 2)
Anschaffungskosten	75.000,00 EUR	105.000,00 EUR
Produktionskapazität (Stück/jährlich)	900	1.250
Maschinenstunde bei Vollauslastung (jährlich)	1.600	2.600
Personalbedarf (Vollzeitkräfte; 8 Arbeitsstunden)	3	2
Maschinenkosten (jährlich)	46.000,00 EUR	70.000,00 EUR
Energiekosten (monatlich)	675,00 EUR	1.175,00 EUR
Materialkosten je Stück	77,50 EUR	77,00 EUR
Ø-Arbeitskosten je Stunde	23,40 EUR	23,40 EUR

Arbeitsaufträge

1 Da Herr Nelles an einem Meeting mit seinem Abteilungsleiter Herrn Effer teilnehmen muss, bittet er Frau Schaub, die vorliegenden Informationen mithilfe der ihr bekannten Kennzahlen auszuwerten, um einen begründeten Investitionsvorschlag abgeben zu können. Unterstützen Sie Frau Schaub und bereiten Sie die Investitionsentscheidung vor.

2 Überlegen Sie, welche weiteren Informationen, die Sie u. a. beim Hersteller der Produktionsanlagen in Erfahrung bringen können, für die Entscheidung noch relevant sein könnten.

Lernsituation 16: Unternehmensphilosophie und -strategie kennenlernen

Ausgangssituation I: Interessengruppen bei der Produktplanung berücksichtigen

Am nächsten Tag kann sich Daniela Schaub genauer mit der Objektplanung für das neue Produkt der Confair-Produktlinie beschäftigen. Die Planungen für die Confair Beamerhalterung werden von Herrn Möller durchgeführt. Von diesem hatte Daniela schon den voraussichtlichen Verkaufspreis erfahren, als sie am Vortag Herrn Nelles bei der Vorauswahl der erforderlichen Produktionsanlage unterstützen durfte.

Daniela: „Hallo Herr Möller! Wissen Sie schon, wann die Produktion unserer Produktneuheit in der Confair-Produktlinie starten wird?“

Herr Möller: „Soweit sind wir noch nicht. Es kann noch ein paar Monate dauern, bis wir den Startschuss geben können.“

Daniela: „Aber wieso? Ich habe gestern mit Herrn Nelles alle wesentlichen Kennzahlen ermittelt und dabei festgestellt, dass wir die wirtschaftlichen Zielsetzungen erreichen können. Also sollten wir doch so schnell wie möglich mit der Produktion beginnen, schließlich liegen ja schon einige Anfragen von unseren Stammkunden vor.“

Herr Möller: „Natürlich, Frau Schaub, die positiven wirtschaftlichen Prognosen und die vorliegenden Kundenanfragen sind wichtige Voraussetzungen, um einen baldigen Produktionsbeginn anzustreben. Aber meine Aufgabe als Projektplaner ist wesentlich umfangreicher, als Sie denken.“

Arbeitsaufträge

1 Unterstützen Sie Daniela Schaub und vervollständigen Sie das nachfolgende Schaubild, indem Sie die verschiedenen Interessengruppen (Stakeholder) ergänzen, die bei Unternehmensentscheidungen Berücksichtigung finden sollten. Dabei ist dies insbesondere bei der Objekt-/Produktplanung von besonderer Bedeutung.

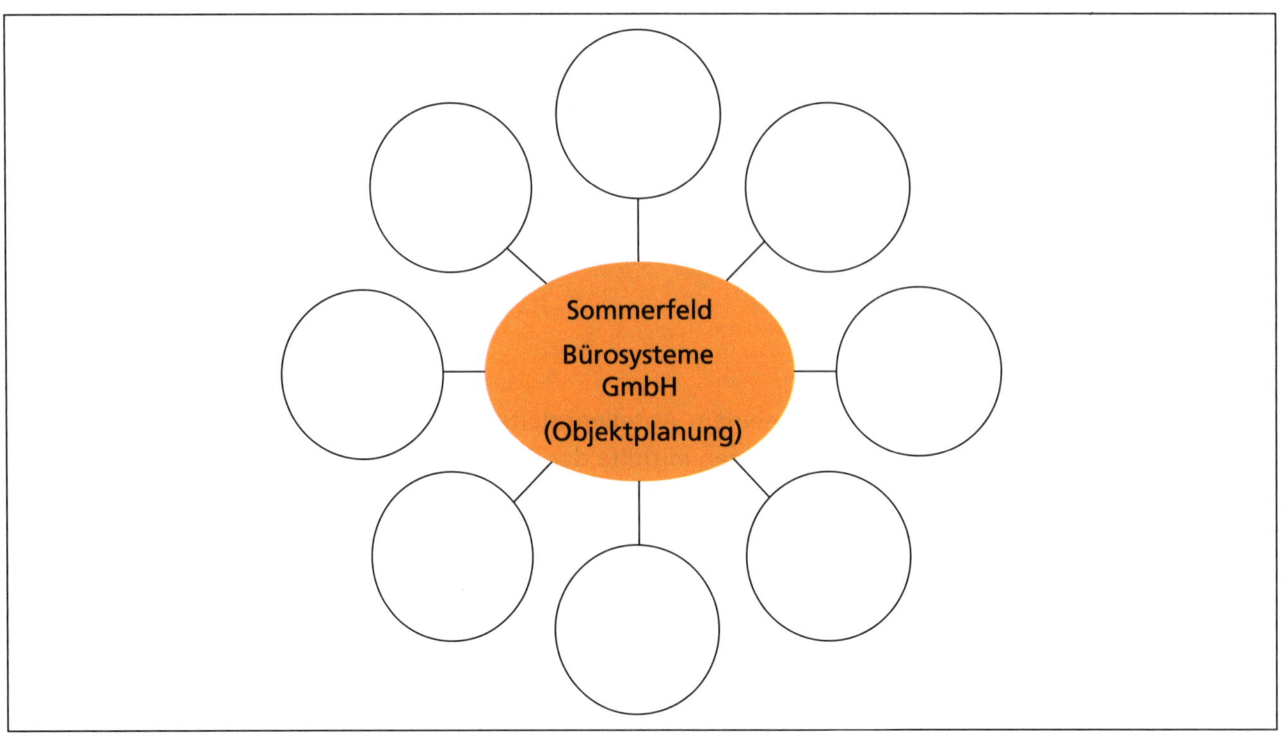

Nachdem Daniela das Schaubild vervollständigt hat, legt sie dieses Herrn Möller vor. Interessiert betrachtet Herr Möller Danielas Darstellung. „Sehr schön, wie ich sehe sind Ihnen noch weitere wichtige Interessengruppen eingefallen, die wir bei der Projektplanung einbeziehen müssen. Jetzt will ich es aber genau wissen. Überlegen Sie, welche konkreten Interessen die von Ihnen aufgeführten Gruppen an die Sommerfeld Bürosysteme GmbH haben."

2 Ergänzen Sie in der nachfolgenden Übersicht die jeweiligen Interessen der verschiedenen Stakeholder.

Interessengruppe (Stakeholder)	Ansprüche an die Sommerfeld Bürosysteme GmbH

Als Daniela ihr Ergebnis genauer betrachtet, ist sie etwas verwirrt. „Jede Interessengruppe für sich betrachtet hat nachvollziehbare Ansprüche, aber wie sollen wir denn dabei jedem gerecht werden?" „Können wir nicht!", erwidert Herr Möller. „Aber es gehört zu unserer Aufgabe, die möglichen Interessenkonflikte gegeneinander abzuwägen und möglichst Kompromisse zu finden, die der Sommerfeld Bürosysteme GmbH entgegenkommen."

3 Formulieren Sie exemplarisch zwei mögliche Interessenkonflikte die zwischen einzelnen Interessengruppen auftreten könnten.

Ausgangssituation II: Daniela lernt den Unterschied zwischen Unternehmensleitbild und -kultur kennen

Nach der Mittagspause fällt Daniela Schaub das Unternehmensleitbild der Sommerfeld Bürosysteme GmbH ins Auge. In der Berufsschule hat sie letzte Woche etwas über Unternehmenskultur erfahren. „Ist das nicht alles das Gleiche?“, fragt sich Daniela.

Arbeitsaufträge

1 Entscheiden Sie, ob es sich bei den nachfolgenden Aussagen um Merkmale der Unternehmenskultur oder des Unternehmensleitbildes handelt.

Aussagen zur Sommerfeld Bürosysteme GmbH	Unternehmenskultur oder Unternehmensleitbild
a) Wir wollen die Kundenwünsche durch eine zusammenwirkende Kommunikation ermitteln und unseren Kunden als kompetenter Problemlöser zur Verfügung stehen.	
b) Wir erachten die Loyalität, Einsatzbereitschaft und Kompetenz unserer Mitarbeiter als wesentlichen Bestandteil für einen dauerhaften Erfolg des Unternehmens.	
c) Zur Verbesserung der Arbeitszufriedenheit unserer Mitarbeiter finden regelmäßig während der Arbeitszeit Abteilungs- bzw. Arbeitsgruppentreffen statt, in denen betriebliche Probleme/Änderungsvorschläge besprochen werden.	
d) Um das Potenzial unserer Mitarbeiter voll ausschöpfen zu können und bei Eignung Aufstiegsmöglichkeiten zu schaffen, wollen wir eine leistungsgerechte Bezahlung und eine angenehme Arbeitsatmosphäre schaffen.	
e) Die im Vertrieb tätigen Mitarbeiter sind verpflichtet, Kundendaten nicht an andere Kunden weiterzugeben, um einen vertrauensvollen Umgang mit Kunden sicherzustellen.	
f) Die Kommunikation unserer Mitarbeiter untereinander ist eine wichtige Komponente für den Erfolg unseres Unternehmens, daher legen wir großen Wert auf höfliche Umgangsformen.	
g) Hochwertige Erzeugnisse für den Büromöbelmarkt herzustellen, ist unser Anspruch, deshalb wollen wir unsere Energie auf die Herstellung von Büromöbeln in höchster Qualität konzentrieren.	

2 Erläutern Sie allgemein den Unterschied zwischen der Unternehmenskultur und einem Unternehmensleitbild.

Lernsituation 17: Organisations- und Managementprozesse zur Zielerreichung einbinden

Ausgangssituation I: Die Organisation der Sommerfeld Bürosysteme GmbH in Vergangenheit und Gegenwart

Am Nachmittag hat Daniela Schaub alle Aufgaben, die ihr von Herrn Möller übertragen wurden, erledigt. „Für heute war es das. Vielen Dank, gute Arbeit!“, so Herr Möller. „Bevor Sie in einer halben Stunde in Ihren wohlverdienten Feierabend starten, habe ich hier noch einen alten Zeitungsartikel für Sie, den ich vor ein paar Wochen zwischen alten Unterlagen gefunden habe. Dieser stammt aus den 1960er-Jahren, also nahezu aus der Zeit, in der die Sommerfeld Bürosysteme GmbH aus der Sitzmöbelfabrik Christian Sommer hervorgegangen ist. Lesen Sie sich die von mir markierten Passagen einmal durch und Sie werden feststellen, dass sich in den letzten 50 Jahren einiges geändert hat. Insbesondere für die Organisation des Unternehmens, aber auch für uns im Marketing, haben sich einige Dinge drastisch verändert!“

Arbeitsauftrag

Lesen Sie die nachfolgenden Auszüge aus Herrn Möllers Zeitungsartikel und beschreiben Sie, wie sich die Situation heute für die Sommerfeld Bürosysteme GmbH darstellt.

Auszüge aus einem Zeitungsartikel aus den 1960er-Jahren	Heutige Situation bei der Sommerfeld Bürosysteme GmbH
… dabei bezieht die Sitzmöbelfabrik Sommer KG schon seit einigen Jahren ihre Rohstoffe aus ausgewählten regionalen Sägewerken, die ausschließlich von Forstbetrieben aus der Region beliefert werden.	
Der Erfolg des Unternehmens beruht nicht zuletzt auf Christian Sommer und Friedrich Feld, den Pionieren des Unternehmens. Die beiden tüfteln, insbesondere in den auftragsschwächeren Herbstmonaten an neuen Produkten, die das Produktprogramm sinnvoll ergänzen könnten. Dabei können sie auf ihre langjährige Berufserfahrung bauen, die ihnen zumeist den richtigen „Riecher“ für die Wünsche der Kunden liefert.	
Die Produktpalette der Sommer KG bietet dabei den Küchenstuhl „Malmö“ in zwei Ausführungen und drei unterschiedlichen Holzarten an.	
Der Küchenstuhl „Malmö“ ist ein Aushängeschild des Unternehmens, das von der Sommer KG bereits seit knapp neun Jahren erfolgreich produziert und vertrieben wird.	
Dabei müssen Kunden gelegentlich mit Lieferzeiten von z. T. mehr als vier Monaten rechnen. Dies wird von den zahlreichen Stammkunden des Unternehmens in Kauf genommen.	
Durch die gute Verarbeitung und Langlebigkeit der Möbel hat sich die Sommer KG einen Namen gemacht, durch den das Unternehmen eine dominierende Position in der Region einnehmen konnte.	

Ausgangssituation II: Die Organisationsformen bei der Sommerfeld Bürosysteme GmbH

Am nächsten Morgen spricht Daniela Schaub Herrn Möller nochmals auf den Zeitungsartikel an. Dieser hat sie neugierig gemacht, welche weiteren Veränderungen sich bis heute bei der Sommerfeld Bürosysteme GmbH ergeben haben.

Daniela Schaub: „Guten Morgen, Herr Möller! Erstaunlich, wie sich die Sommerfeld Bürosysteme entwickelt hat. Es wäre ja heute undenkbar, auf diese Weise erfolgreich Büromöbel produzieren und verkaufen zu können."

Herr Möller: „Hallo Daniela! Da haben Sie natürlich recht, aber seit damals hat sich im Unternehmen auch einiges verändert. Während die Unternehmensgründer damals tagsüber in der Produktion mitgearbeitet haben und abends mit Materialbestellungen, Kundenrechnungen oder Personalabrechnungen beschäftigt waren, ist das Unternehmen heute völlig anders organisiert und strukturiert. Dabei nutzen wir verschiedene Organisationsstrukturen, um die zahlreichen Aufgaben und Tätigkeiten bewältigen zu können."

Aus einer Schreibtischschublade zieht Herr Möller ein Organigramm der Abteilung Vertrieb und Marketing hervor, um Daniela zu verdeutlichen, was er meint. „Hier, Frau Schaub, daran können Sie erkennen, was ich meine."

Organigramm der Abteilung Vertrieb und Marketing der Sommerfeld Bürosysteme GmbH:

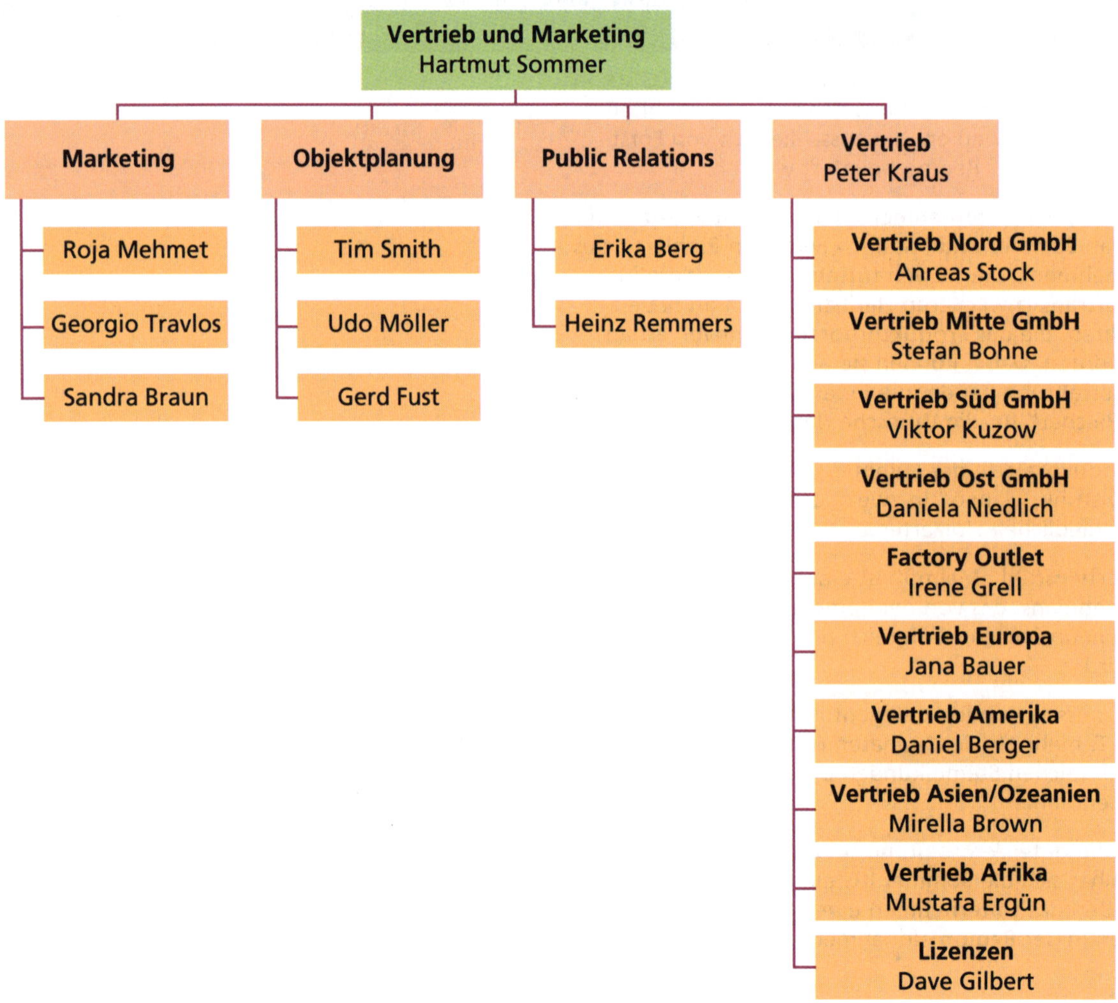

Arbeitsaufträge

1 Erläutern Sie, welche Organisationsform in der Abteilung Vertrieb und Marketing vorliegt und welche Vorteile aber auch mögliche Nachteile mit dieser Organisationsform verbunden sind.

2 Neben der Abteilung Vertrieb und Marketing ist die Sommerfeld Bürosysteme GmbH in zwei weitere Abteilungen unterteilt. Dabei ist die Organisationsform in diesen Abteilungen mit der dargestellten Abteilung Vertrieb und Marketing vergleichbar (vgl. Organigramm auf der S. 8). Überlegen Sie welche möglichen weiteren Organisationsformen zur Strukturierung des Unternehmens gewählt werden könnten.

3 Skizzieren Sie die in Aufgabe 2 genannten Organisationsformen in einzelnen Organigrammen und benennen Sie jeweils die mit den vorgenommenen Veränderungen verbundenen Vorteile bzw. Nachteile, die sich daraus für die Sommerfeld Bürosysteme GmbH ergeben könnten.

Lernsituation 18: Geschäfts- und Wertschöpfungsprozesse verstehen

Ausgangssituation I: Rudolf sorgt für Ordnung im Prozess

Rudolf Heller hat sich in den letzten Tagen mit den Arten und Gestaltungsmöglichkeiten von Geschäftsprozessen beschäftigt und dabei auch die Erstellung von ereignisgesteuerten Prozessketten (EPK) kennengelernt. Damit Rudolf sein erlangtes Wissen festigen und überprüfen kann, hat ihm Herr Lanzetti, Abteilungsleiter Logistik und Materialbeschaffung, das Arbeitsergebnis eines Praktikanten vorgelegt. Herr Lanzetti dazu: „Der Praktikant ist nur noch bis morgen im Haus und möchte eine Rückmeldung zu seiner EPK bekommen. Grundsätzlich sieht es vernünftig strukturiert aus, aber auf den ersten Blick sind mir ein paar Fehler aufgefallen.“

Arbeitsauftrag

Erstellen Sie für Herrn Lanzetti eine Fehlerliste für sein Gespräch mit dem Praktikanten.

EPK zum Prozessablauf in der Materialbeschaffung der Sommerfeld Bürosysteme GmbH:

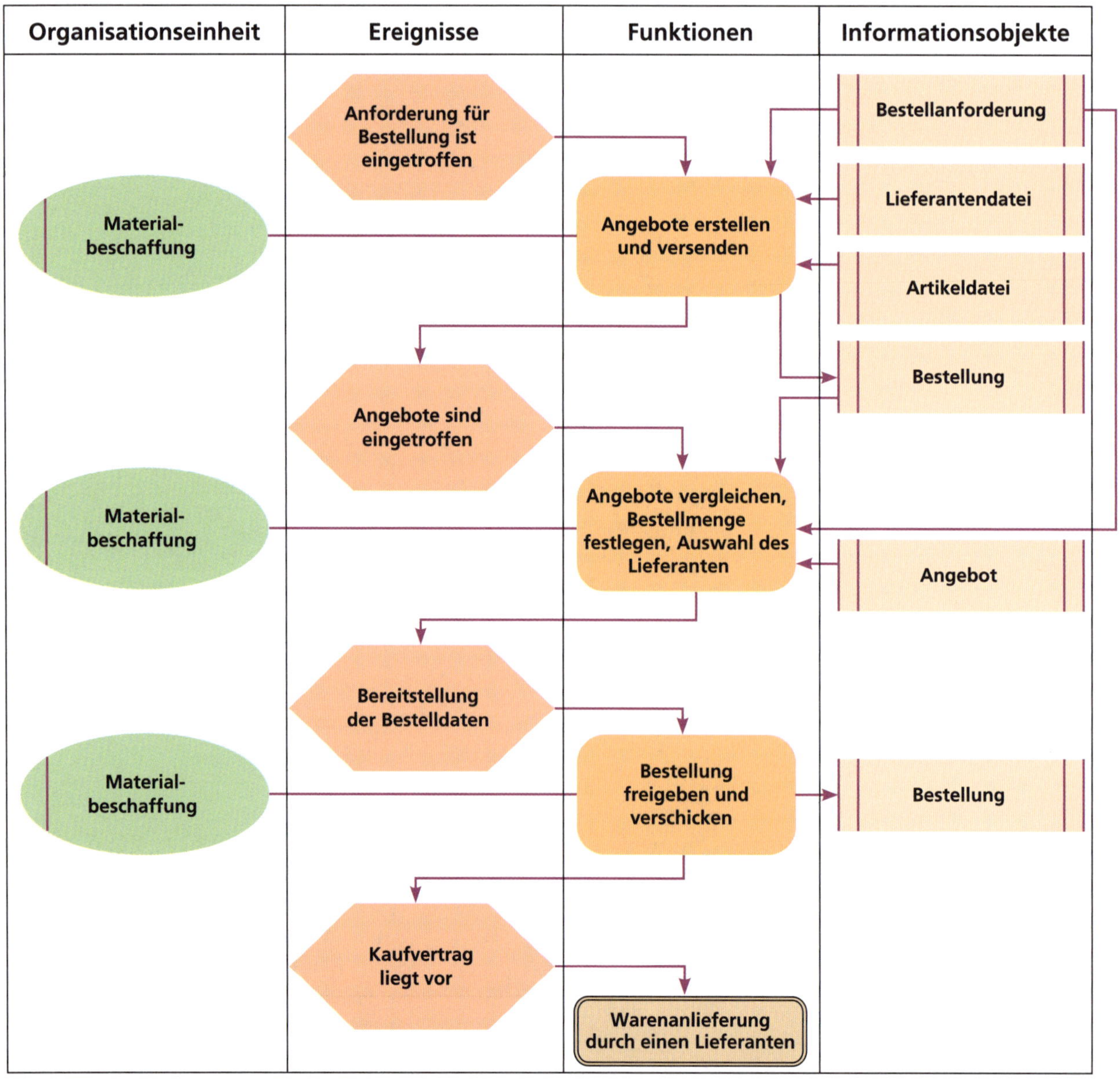

Ausgangssituation II: Warenannahme mit System – Rudolf erstellt eine EPK

Nachdem Herr Lanzetti das Abschlussgespräch mit dem Praktikanten geführt hat, kehrt er zufrieden ins Büro zurück. „Vielen Dank für die Fehlerliste, Herr Heller! Wie ich sehe, haben Sie den Aufbau einer EPK verstanden. Deshalb glaube ich, dass Sie mir bei einer anderen EPK weiterhelfen können. In unserer Warenannahme kommt es häufig zu Schwierigkeiten bei der Anlieferung von Rohstoffen. Ich habe mir schon ein paar Gedanken gemacht, welche Schritte bei der Annahme neuer Lieferungen erfolgen müssen. Besonders wichtig ist, dass z. B. bei der Anlieferung von Tischplatten geprüft wird, ob zu viel oder zu wenig geliefert wurde. Sollte eine Fehlmenge vorliegen, so muss ein Vermerk auf dem Lieferschein vorgenommen werden, wovon der Fahrer eine Kopie erhält. Außerdem muss die Lieferung unverzüglich auf offensichtliche Schäden geprüft werden. Sind einzelne Paletten beschädigt, so muss dies vom Fahrer bestätigt werden. Ich habe mit der Erstellung einer entsprechenden EPK bereits begonnen, habe aber momentan zu viele andere Dinge zu erledigen, sodass ich Sie bitten möchte, die EPK zu vervollständigen."

Arbeitsaufträge

1 Unterstützen Sie Rudolf Heller und ergänzen Sie im nachfolgenden EPK die fehlenden Einträge.

2 Überlegen Sie, welche Gründe Herrn Lanzetti dazu bewogen haben, eine EPK für die Warenannahme zu erstellen? Welche Verbesserungen verspricht er sich davon?

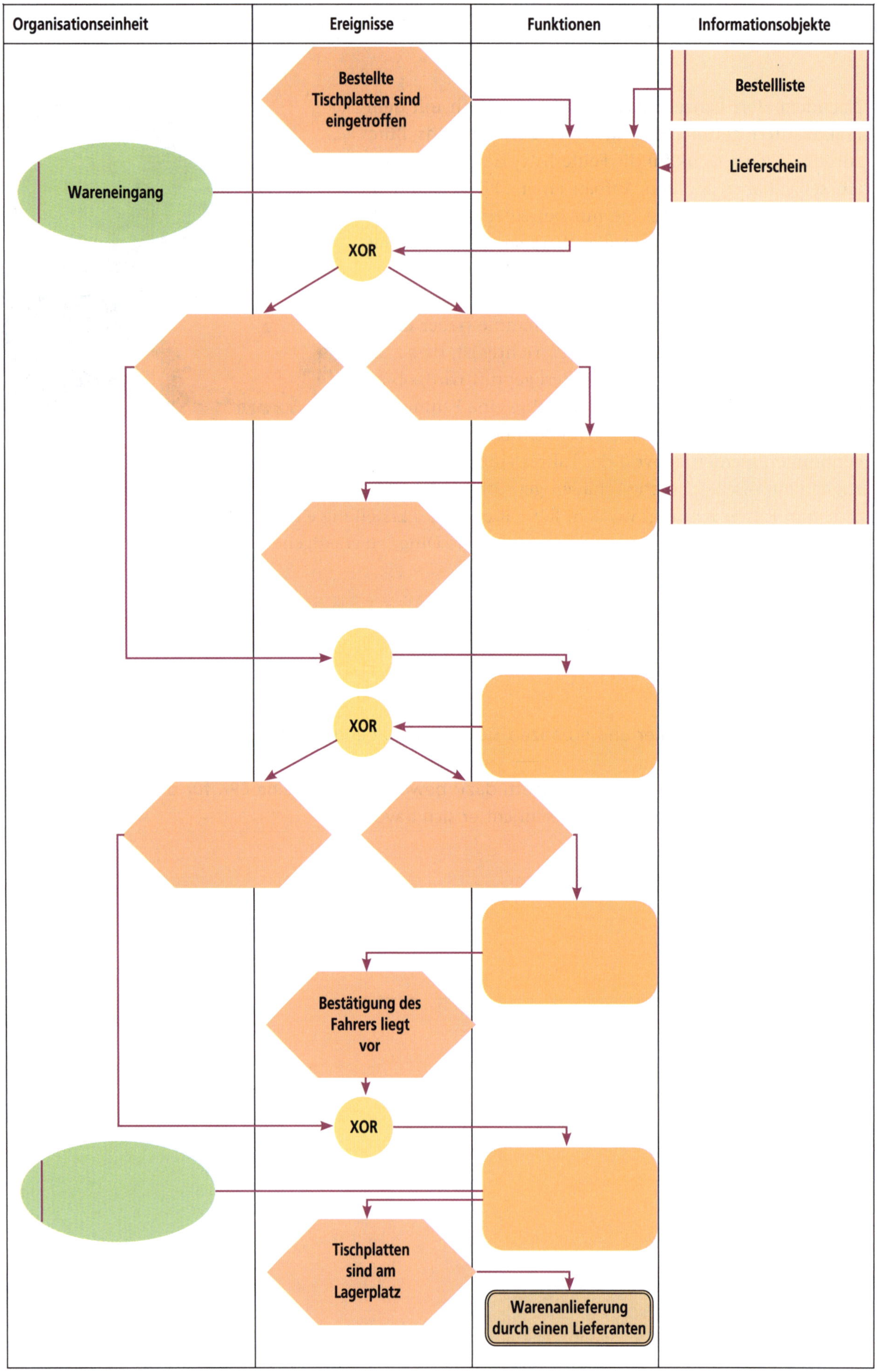
Organisationseinheit
Ereignisse
Funktionen
Informationsobjekte
Bestellte Tischplatten sind eingetroffen
Bestellliste
Lieferschein
Wareneingang
XOR
XOR
Bestätigung des Fahrers liegt vor
XOR
Tischplatten sind am Lagerplatz
Warenanlieferung durch einen Lieferanten

Aufgaben zur Prüfungsvorbereitung

Aufgabe 1

Sie sind Mitarbeiter der Küchenmaschinen Meier GmbH und Ihnen stehen nachfolgende Daten aus dem abgelaufenen Geschäftsjahr und dem Vorjahr zur Verfügung:

	Vorjahr	Geschäftsjahr 20..
Eigenkapital	990.000,00 EUR	1.205.000,00 EUR
Fremdkapital	210.000,00 EUR	215.000,00 EUR
Aufwendungen für Zinsen	11.000,00 EUR	11.500,00 EUR
Gewinn	75.000,00 EUR	135.000,00 EUR
Arbeitskräfteeinsatz	5.240 Stunden	5.380 Stunden
Produktionsergebnis	48.500 Stück	62.000 Stück

1.1 Berechnen Sie die Rentabilität des Eigenkapitals und des Gesamtkapitals für das abgelaufene Geschäftsjahr 20...

1.2 Welche Bedeutung hat diese Kennzahl für den Unternehmer Meier (Kapitalgeber)?

1.3 Berechnen Sie die Arbeitsproduktivität für das Vorjahr und das Geschäftsjahr 20...

1.4 Nennen Sie zwei mögliche Gründe für die Veränderung der Arbeitsproduktivität.

Aufgabe 2

Die Küchenmaschinen Meier GmbH verfolgt verschiedene Formal- und Sachziele.

2.1 Nennen Sie für beide der oben genannten Kategorien zwei typische Beispiele für die Küchenmaschinen Meier GmbH.

2.2 Beschreiben Sie mögliche Zielbeziehungen, die zwischen einzelnen Zielen bestehen können.

2.3 Im kommenden Geschäftsjahr möchte die Küchenmaschinen Meier GmbH das Ziel „Kostensenkung" verfolgen. Formulieren Sie diese Zielsetzung so, dass eine messbare Überprüfung am Ende des Geschäftsjahres möglich ist.

Aufgabe 3

Für die Produktgruppe Rührgeräte stehen Ihnen die nachfolgenden Daten für die ersten beiden Quartale des laufenden Geschäftsjahres zur Verfügung:

	1. Quartal 20..	2. Quartal 20..
Produktionsmenge/Absatzmenge	12.000 Stück	18.000 Stück
Gesamtkosten (fixe und variable Kosten)	172.000,00 EUR	208.000,00 EUR
Gesamterlöse	180.000,00 EUR	270.000,00 EUR

3.1 Unterscheiden Sie variable und fixe Kosten und nennen Sie jeweils zwei Beispiele der Küchenmaschinen Meier GmbH.

3.2 Berechnen Sie die variablen Kosten je Stück, die Fixkosten, den Verkaufspreis und die Gewinnschwelle, bei unveränderten fixen Kosten im 1. und 2. Quartal.

Aufgabe 4

Die Küchenmaschinen Meier GmbH, ein europaweit agierender Hersteller für Küchengeräte und Aufbewahrungssysteme für die Küche, ist durch die im nachfolgenden Organigramm dargestellte Aufbauorganisation organisiert.

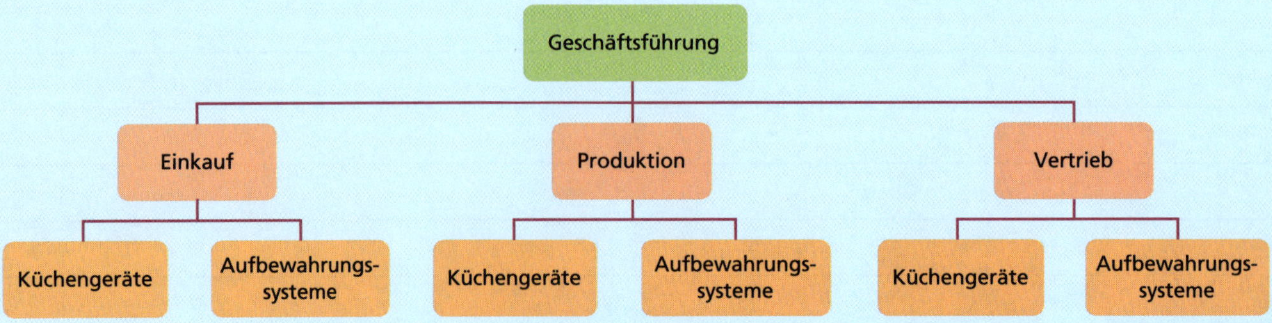

4.1 Welches Leitungssystem liegt bei der Küchenmaschinen Meier GmbH vor?

4.2 Führen Sie je einen Vor- und einen Nachteil dieses Leitungssystems an.

4.3 Welche weiteren Leitungssysteme gibt es?

Lernsituation 19: Grundlagen des Rechnungswesens kennen

Ausgangssituation: Rudolf rätselt

Rudolf Heller hat sich mittlerweile in der Abteilung Rechnungswesen gut eingelebt. Sowohl mit seinem Chef, Herrn Effer, als auch mit den anderen Mitarbeitern versteht er sich. Bevor Rudolf aber mit der eigentlichen Arbeit beginnen soll, hat Herr Effer ihm ein Rätsel vorgelegt, mit dessen Hilfe Rudolf einige wichtige Begriffe und Definitionen aus dem Rechnungswesen wiederholen kann.

Arbeitsauftrag

Lösen Sie das Rätsel, indem Sie die korrekten Begriffe in das Raster auf der nachfolgenden Seite eintragen.

1 Verkaufen der Sommerfeld Bürosysteme GmbH Werkstoffe und Betriebsmittel

2 Eine der Hauptaufgaben der Finanzbuchhaltung

3 Dauert zwölf Monate und ist in der Regel identisch mit dem Kalenderjahr

4 Wird alle zwölf Monate vom Rechnungswesen erstellt

5 Diese Behörde ermittelt auf Grundlage des Jahresabschlusses die Steuerlast der Sommerfeld Bürosysteme GmbH

6 Negatives Ergebnis der betrieblichen Tätigkeit

7 Ein zentrales Unternehmensziel

8 Ein anderes Wort für Liquidität

9 Eine der Hauptaufgaben der Kosten- und Leistungsrechnung

10 Ein Hilfsmittel zur Durchführung der Finanzbuchhaltung in Unternehmen

11 Stellen den Unternehmen Geld als Fremdkapital zur Verfügung

12 Ein Funktionsbereich des Rechnungswesens

13 Als Mitglied der Geschäftsleitung für die Allgemeine Verwaltung zuständig

14 Ein anderer Begriff für Buchführung

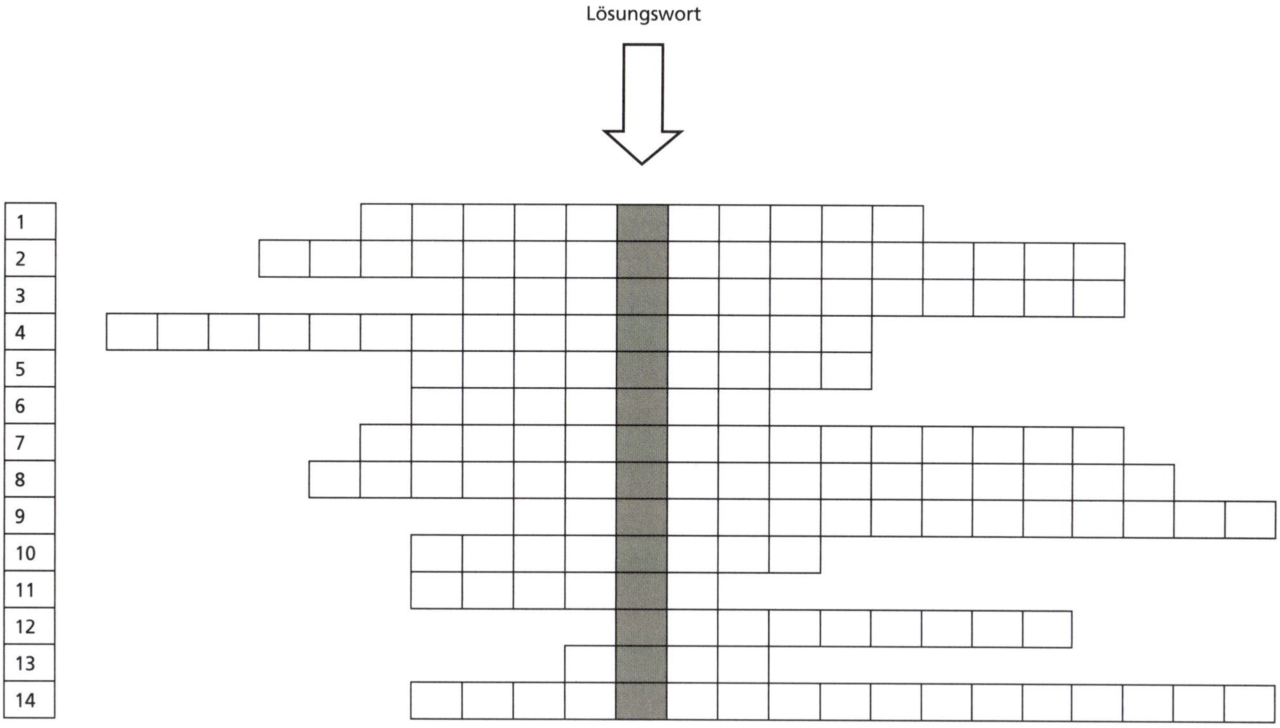

Lernsituation 20: Rechtsrahmen der Finanzbuchhaltung beachten

Ausgangssituation: Rudolf räumt auf

Rudolf Heller hat sich langsam an sein neues Leben als Auszubildender in der Sommerfeld Bürosysteme GmbH gewöhnt und bereits leichte Kopiertätigkeiten für die anderen Mitarbeiter der Abteilung Rechnungswesen übernommen, als ihn Herr Effer erneut in sein Büro zitiert. Er möchte, dass Rudolf sein Aufgabengebiet schrittweise erweitert und bittet ihn daher, einen schon längere Zeit nicht mehr genutzten Büroraum aufzuräumen und die Unterlagen, welche er dort findet, zu überprüfen. Danach könne er Yvonne Peters bei ihrer Tätigkeit in der Finanzbuchhaltung über die Schultern schauen.
„Aufgabengebiet erweitern?“, denkt sich Rudolf. „Ich will doch Industriekaufmann werden, was soll ich da ein Büro aufräumen? Na ja, mal schauen, was dort so herumliegt. Vielleicht ist ja etwas Interessantes dabei.“

Arbeitsaufträge

Unterstützen Sie Rudolf Heller bei seiner Tätigkeit und beurteilen Sie die folgenden Fälle.

1 In einem Aktenschrank entdeckt Rudolf Ordner mit Buchungsbelegen und Geschäftsbriefen aus den Jahren 2001 und 2002. Kann Rudolf diese Fundstücke vernichten oder müssen sie noch aufbewahrt werden?

2 Noch älter ist der Ordner, den Rudolf hinter dem Aktenschrank hervorzieht. Es handelt sich um die Handelsbücher aus dem Jahr 1992. „Damals wurden die Buchungen ja noch mit der Hand vorgenommen“, wundert sich Rudolf und entdeckt eine Eintragung aus dem März 1992. Der damalige Buchhalter Karl-Heinz Brand hatte sich offensichtlich verschrieben und die entsprechenden Ziffern ausradiert und

neu geschrieben. Hat Karl-Heinz Brand damals im Einklang mit heute geltendem Recht gehandelt? Wie hat man vorzugehen, wenn einem im Zeitalter der Buchhaltungsprogramme ein Fehler bei der Buchung eines Geschäftsfalles unterläuft?

3 Nach den Aufräumarbeiten fragt Rudolf Yvonne Peters, ob er ihr helfen könne. Yvonne Peters ist schwer im Stress: „Du könntest mal die Belege aus der vergangenen Woche sortieren. Weil ich im Urlaub war, bin ich noch gar nicht dazu gekommen, sie zu buchen." Rudolf macht sich an die Arbeit und erinnert sich dabei an das, was er über die Grundsätze ordnungsgemäßer Buchführung (GoB) gelernt hat: Buchungen sind zeitnah vorzunehmen. Handelt Yvonne Peters noch gemäß den GoB und was ist von dem Vorschlag Rudolfs zu halten, „für kleinere Umsätze unter 500,00 EUR gar keine Rechnung auszustellen und somit nicht in der Buchhaltung zu erfassen"?

4 Nachdem Rudolf nunmehr einen ersten Einblick in die Buchführung bekommen hat, stellt er sich die Frage, ob der Besitzer des Kiosks, bei dem er sich morgens immer eine Zeitung und einen Kaffee kauft, wohl auch eine so komplizierte Finanzbuchhaltung durchzuführen hat. Was glauben Sie? Ab wann ist ein Kaufmann zur Buchführung verpflichtet?

Lernsituation 21: Inventur, Inventar und Bilanz unterscheiden

Ausgangssituation I: Eine Inventur planen und durchführen

Auf dem Weg zur Kantine entdeckt Rudolf Heller am Schwarzen Brett folgenden Aushang:

Betriebsvereinbarung zur diesjährigen Inventur

Unsere diesjährige Inventur findet
am Samstag, den 21. Dezember von 09:00 Uhr bis 15:00 Uhr und
am Sonntag, den 22. Dezember von 10:00 Uhr bis ca. 13:00 Uhr statt.

Wir bitten Sie, sich für diesen Zeitraum bereitzuhalten.
Sie werden in den nächsten Tagen von Ihren Abteilungsleitern angesprochen werden.

Geschäftleitung
Lambert Feld

Betriebsrat
Ute Stefer

„Da würde ich gerne dabei sein; endlich einmal etwas wirklich Sinnvolles tun und lernen kann ich dort bestimmt auch etwas", denkt Rudolf Heller, als ihm Frau Nolden, die als Mitarbeiterin aus der Finanzbuchhaltung für die Planung der diesjährigen Inventur verantwortlich ist, begegnet. „Herr Heller, gut, dass ich Sie sehe. Ich wollte Sie gerade bitten, sich für das Wochenende des 21. und 22. Dezembers nichts vorzunehmen, da wir an diesen Tagen unsere Inventur durchführen werden. Die zusätzlichen Arbeitsstunden, die Sie dort leisten, werden selbstverständlich durch Freizeit an anderer Stelle wieder ausgeglichen."

Pünktlich erscheint Rudolf am Samstag im Unternehmen und nimmt an der Inventur teil. Er wird im Rohstofflager eingesetzt, wo er den Bestand an Spanplatten zu erfassen hat und folgende Liste erstellt:

INVENTURLISTE

Rohstoffgruppe: 2 Bezeichnung: Spanplatten Datum der Aufnahme:__________

Nr.	Art.-Nr.	Bezeichnung	Bestand (Stück)	Wert je Einheit (EUR)	Beschaffenheit	Gesamtwert (EUR)	Festgestellte Wertminderung (EUR)
1	2-200	Spanplatte 1m x 2m	520	2,90	-		
2	2-800	Spanplatte 2m x 4m	480	3,80	-		
3	2-3200	Spanplatte 3m x 6m	590	7,50	40 Platten feucht, nicht mehr verwertbar		
4	2-X-200	Spanplatte extra (1x2)	120	5,50	-		
5	2-X-800	Spanplatte extra (2x4)	140	9,50	-		

RG 2: Spanplatten	Verwertbare Gesamtmenge: Stück	Gesamtwert: EUR

Arbeitsaufträge

1 Erläutern Sie, welche Art der Inventur die Sommerfeld Bürosysteme GmbH durchführt. Welche anderen Inventurarten kennen Sie?

2 Vervollständigen Sie die Inventurliste. Was bedeutet es für die Sommerfeldbürosysteme GmbH, wenn 40 Spanplatten durch Feuchtigkeit unbrauchbar geworden sind?

Ausgangssituation II: Ein Inventar erstellen

In den Tagen nach der Inventur geht es bei der Sommerfeld Bürosysteme GmbH weiterhin hektisch zu. Besonders Frau Nolden hat alle Hände voll zu tun: Einzelwerte müssen aufsummiert und Inventurlisten überprüft werden. Schließlich soll das Inventar rechtzeitig erstellt sein. Hierbei bittet Frau Nolden Rudolf Heller erneut um Mithilfe. Als Muster stellt sie das Inventar aus dem Vorjahr zur Verfügung.

Arbeitsauftrag

Fassen Sie die folgenden, den Inventurlisten entnommenen Inventurwerte zusammen und erstellen Sie so das Inventar für das aktuelle Geschäftsjahr (Berichtsjahr) der Sommerfeld Bürosysteme GmbH.

- Grundstück (Gladbecker Str. 85–91) 765.000,00 EUR
- Produktions-, Lager- und Bürogebäude (Gladbecker Str.) 2.455.000,00 EUR
- Technische Anlagen, Maschinen 3.800.000,00 EUR
- Andere Anlagen, Betriebs- und Geschäftsausstattung 600.000,00 EUR
- Rohstoffgruppe 1 (Stahlrohrprofile und -gestelle) 795.000,00 EUR
- Rohstoffgruppe 2 (Spanplatten) vgl. Inventurliste
- Rohstoffgruppe 3 (Massivholzteile) 612.000,00 EUR
- Rohstoffgruppe 4 (Alugussteile) 295.000,00 EUR
- Hilfsstoffe 212.900,00 EUR
- Betriebsstoffe 78.000,00 EUR
- Unfertige Erzeugnisse 425.000,00 EUR
- Erzeugnisse der Produktgruppe 1 62.500,00 EUR
- Erzeugnisse der Produktgruppe 2 151.625,00 EUR
- Erzeugnisse der Produktgruppe 3 76.000,00 EUR
- Erzeugnisse der Produktgruppe 4 28.775,00 EUR
- Forderungen gegenüber Raumkultur Nicolai 75.399,00 EUR
- Forderungen gegenüber Bürofachhandel Bosch 98.000,00 EUR
- Forderungen gegenüber Bürobedarfsgroßhandel Peters 145.500,00 EUR
- weitere Forderungen gemäß Anlage 12 875.655,00 EUR
- Guthaben bei der Deutschen Bank Essen 557.339,00 EUR
- Guthaben bei der Postbank Dortmund 126.000,00 EUR
- Hypothek der Deutschen Bank Essen 2.542.000,00 EUR
- Darlehen der Raiffeisenbank Essen 3.812.700,00 EUR
- Verbindlichkeiten gegenüber Metallwerke Bauer 459.000,00 EUR
- Verbindlichkeiten gegenüber Schneider Holzwerke 325.000,00 EUR
- weitere Verbindlichkeiten gemäß Anlage 17 817.326,00 EUR

INVENTAR DER SOMMERFELD BÜROSYSTEME GMBH				
Vermögensgegenstände und Schulden	VORJAHR		BERICHTSJAHR	
	Einzelwerte (EUR)	Gesamtwerte (EUR)	Einzelwerte (EUR)	Gesamtwerte (EUR)
A. Vermögen				
I. Anlagevermögen				
1. Grundstücke und Gebäude		3.270.000,00		
2. Maschinen		3.560.000,00		
3. Andere Anlagen, BGA		670.000,00		
II. Umlaufvermögen				
1. Roh-, Hilfs- und Betriebsstoffe				
Rohstoffe	1.787.500,00			
Hilfsstoffe	232.500,00			
Betriebsstoffe	90.000,00	2.110.000,00		
2. Unfertige Erzeugnisse		440.000,00		
3. Fertige Erzeugnisse				
Produktgruppe 1	61.125,00			

INVENTAR DER SOMMERFELD BÜROSYSTEME GMBH				
Vermögensgegenstände und Schulden	VORJAHR		BERICHTSJAHR	
	Einzelwerte (EUR)	Gesamtwerte (EUR)	Einzelwerte (EUR)	Gesamtwerte (EUR)
Produktgruppe 2	145.250,00			
Produktgruppe 3	79.375,00			
Produktgruppe 4	31.750,00	317.500,00		
4. Forderungen a. LL		1.371.000,00		
5. Bankguthaben				
Deutsche Bank Essen	625.000,00			
Postbank Dortmund	136.500,00	761.500,00		
Summe der Vermögensteile		12.500.000,00		
B. Schulden				
I. Langfristige Schulden				
1. Hypothek der Dt. Bank		2.880.000,00		
2. Darlehen der Raiffeisenbank		3.994.650,00		
II. Verbindlichkeiten a. LL		1.625.350,00		
Gesamtschulden		8.500.000,00		
C. Errechnung des Reinvermögens				
Gesamtvermögen		12.500.000,00		
- Gesamtschulden		8.500.000,00		
Reinvermögen (Eigenkapital)		4.000.000,00		

Ausgangssituation III: Eine Bilanz erstellen

Die Inventurarbeiten sind abgeschlossen, das Inventar erstellt. „Jetzt noch schnell die Bilanz aufstellen und dann brauche ich erst einmal ganz dringend Urlaub!“, stöhnt Frau Nolden.

Arbeitsauftrag

Unterstützen Sie Frau Nolden, indem Sie auf Basis des von Ihnen erstellten Inventars die Bilanz der Sommerfeld Bürosysteme GmbH für das Berichtsjahr aufstellen.

Aktiva	Bilanz der Sommerfeld Bürosysteme GmbH zum 31.12.20.. Passiva
Anlagevermögen	Eigenkapital
Umlaufvermögen	Fremdkapital

Lernsituation 22: Wertänderungen des Vermögens und des Kapitals in der Bilanz anhand von Belegen begründen

Ausgangssituation: Die Bilanz verändert sich

Nachdem Rudolf Heller bei der Durchführung der Inventur und der Aufstellung des Inventars sowie der Bilanz geholfen hat, soll er sich nach dem Willen vom Leiter des Rechnungswesens, Herrn Effer, nunmehr damit auseinandersetzen, wie und wodurch sich Werte in der Bilanz verändern. Als Ausgangsbasis dient die aus dem Inventar abgeleitete Bilanz des vergangenen Geschäftsjahres:

Aktiva	Bilanz der Sommerfeld Bürosysteme GmbH zum 31.12.20..		Passiva
I. Anlagevermögen		I. Eigenkapital	4.288.114,00
1. Grundstücke und Gebäude	3.220.000,00		
2. Techn. Anlagen u. Masch.	3.800.000,00	II. Fremdkapital	
3. Andere Anlagen, BGA	600.000,00	1. langfristig	
		Hypothekenschulden	2.542.000,00
II. Umlaufvermögen		Darlehensschulden	3.812.700,00
1. Roh-, Hilfs- und Betriebsstoffe	2.002.347,00		
2. unfertige Erzeugnisse	425.000,00	2. kurzfristig	
3. fertige Erzeugnisse	318.900,00	Verbindlichkeiten a. LL	1.601.326,00
4. Forderungen a. LL	1.194.554,00		
5. Bankguthaben	683.339,00		
	12.244.140,00		**12.244.140,00**

Essen, 10. Januar 20.. *Lambert Feld* *Hartmut Sommer* *Claudia Farthmann*

Arbeitsaufträge

1 Beantworten Sie für jeden der aufgeführten Geschäftsfälle folgende Fragen:
   a) Welche Bilanzpositionen werden berührt?
   b) Handelt es sich um Positionen auf der Aktiv- oder auf der Passivseite der Bilanz?
   c) Werden diese Positionen durch den Geschäftsfall größer oder kleiner?
   d) Um welche der vier Arten der Bilanzänderung handelt es sich demnach?

2 Stellen Sie nach jedem Geschäftsfall die Bilanz neu auf, um so die Wertänderungen in der Bilanz zu verdeutlichen.

Geschäftsfall 1

Die Sommerfeld Bürosysteme GmbH kauft ein Grundstück im Wert von 250.000,00 EUR und nimmt zur Finanzierung der Kaufsumme eine langfristige Hypothekenschuld auf.

Bilanz-position	Aktiv- oder Passivseite	Mehrung oder Minderung	Art der Bilanzänderung

Aktiva	Bilanz der Sommerfeld Bürosysteme GmbH zum 31.12.20..		Passiva
I. Anlagevermögen		I. Eigenkapital	
1. Grundstücke und Gebäude			
2. Techn. Anlagen u. Masch.		II. Fremdkapital	
3. Andere Anlagen, BGA		1. langfristig	
		Hypothekenschulden	
II. Umlaufvermögen		Darlehensschulden	
1. Roh-, Hilfs- und Betriebsstoffe			
2. unfertige Erzeugnisse		2. kurzfristig	
3. fertige Erzeugnisse		Verbindlichkeiten a. LL	
4. Forderungen a. LL			
5. Bankguthaben			

Geschäftsfall 2

Die Sommerfeld Bürosysteme GmbH kauft einen neuen Lackierautomaten für 99.000,00 EUR und bezahlt diesen per Banküberweisung.

Bilanz-position	Aktiv- oder Passivseite	Mehrung oder Minderung	Art der Bilanzänderung

Aktiva	Bilanz der Sommerfeld Bürosysteme GmbH zum 31.12.20.. Passiva
I. Anlagevermögen	I. Eigenkapital
1. Grundstücke und Gebäude	
2. Techn. Anlagen u. Masch.	II. Fremdkapital
3. Andere Anlagen, BGA	1. langfristig
	Hypothekenschulden
II. Umlaufvermögen	Darlehensschulden
1. Roh-, Hilfs- und Betriebsstoffe	
2. unfertige Erzeugnisse	2. kurzfristig
3. fertige Erzeugnisse	Verbindlichkeiten a. LL
4. Forderungen a. LL	
5. Bankguthaben	

Geschäftsfall 3

Ein Kunde der Sommerfeld Bürosysteme GmbH, der Bürofachhandel Ergoline, begleicht eine offene Rechnung in Höhe von 28.500,00 EUR per Banküberweisung.

Bilanz-position	Aktiv- oder Passivseite	Mehrung oder Minderung	Art der Bilanzänderung

Aktiva	Bilanz der Sommerfeld Bürosysteme GmbH zum 31.12.20.. Passiva
I. Anlagevermögen	I. Eigenkapital
1. Grundstücke und Gebäude	
2. Techn. Anlagen u. Masch.	II. Fremdkapital
3. Andere Anlagen, BGA	1. langfristig
	Hypothekenschulden
II. Umlaufvermögen	Darlehensschulden
1. Roh-, Hilfs- und Betriebsstoffe	
2. unfertige Erzeugnisse	2. kurzfristig
3. fertige Erzeugnisse	Verbindlichkeiten a. LL
4. Forderungen a. LL	
5. Bankguthaben	

Geschäftsfall 4

Die Sommerfeld Bürosysteme GmbH wandelt eine kurzfristige Lieferantenverbindlichkeit in Höhe von 200.000,00 EUR in eine langfristige Darlehensschuld um.

Bilanz-position	Aktiv- oder Passivseite	Mehrung oder Minderung	Art der Bilanzänderung

Aktiva	Bilanz der Sommerfeld Bürosysteme GmbH zum 31.12.20..	Passiva
I. Anlagevermögen 1. Grundstücke und Gebäude 2. Techn. Anlagen u. Masch. 3. Andere Anlagen, BGA II. Umlaufvermögen 1. Roh-, Hilfs- und Betriebsstoffe 2. unfertige Erzeugnisse 3. fertige Erzeugnisse 4. Forderungen a. LL 5. Bankguthaben		I. Eigenkapital II. Fremdkapital 1. langfristig Hypothekenschulden Darlehensschulden 2. kurzfristig Verbindlichkeiten a. LL

Geschäftsfall 5

Die Sommerfeld Bürosysteme GmbH tilgt ein aufgenommenes Darlehen in Höhe von 25.000,00 EUR per Banküberweisung.

Bilanz-position	Aktiv- oder Passivseite	Mehrung oder Minderung	Art der Bilanzänderung

Aktiva	Bilanz der Sommerfeld Bürosysteme GmbH zum 31.12.20..	Passiva
I. Anlagevermögen 1. Grundstücke und Gebäude 2. Techn. Anlagen u. Masch. 3. Andere Anlagen, BGA II. Umlaufvermögen 1. Roh-, Hilfs- und Betriebsstoffe 2. unfertige Erzeugnisse 3. fertige Erzeugnisse 4. Forderungen a. LL 5. Bankguthaben		I. Eigenkapital II. Fremdkapital 1. langfristig Hypothekenschulden Darlehensschulden 2. kurzfristig Verbindlichkeiten a. LL

Lernsituation 23: Bilanz in Bestandskonten auflösen, Wertänderungen auf Bestandskonten buchen und Bestandskonten abschließen

Ausgangssituation: Einen beleggebundenen Geschäftsgang vollständig bearbeiten

Rudolf Heller hat nunmehr verstanden, dass jeder Beleg Auswirkungen auf mindestens zwei verschiedene Bilanzpositionen hat. „Aber das permanente Aufstellen einer neuen Bilanz kann ja wohl nicht der Weisheit letzter Schluss sein. Das ist ja doch unglaublich viel Arbeit. Außerdem heißt es doch, dass eine Bilanz nur einmalig am Geschäftsjahresende erstellt werden muss", meint Rudolf. „Da haben Sie völlig recht", erwidert Herr Effer. „Es ging mir nur darum, dass Sie verstehen, wie die Geschäftsprozesse, die sich jeden Tag bei uns im Unternehmen abspielen, einzelne Vermögens- und Kapitalpositionen in der Bilanz verändern. Diese Veränderungen werden auf Grundlage von unterschiedlichsten Belegen von uns im Rechnungswesen gebucht. Natürlich erstellen wir nicht nach jeder Buchung eine neue Bilanz, aber wir behalten schon den Überblick über unsere Vermögens- und Kapitalpositionen. Schließlich gibt es ja im Hauptbuch für jede Bilanzposition ein eigenes Konto und die Buchungen werden zusätzlich im Grundbuch chronologisch mithilfe von Buchungssätzen erfasst. Ich glaube, es ist sinnvoll, dass wir einmal ein Geschäftsjahr mithilfe von den Belegen, die hier vor mir liegen, simulieren."

Aktiva	**Eröffnungsbilanz der Sommerfeld Bürosysteme GmbH zum 01.01.20..**		**Passiva**
I. Anlagevermögen		I. Eigenkapital	4.288.114,00
1. Grundstücke und Gebäude	3.470.000,00		
2. Techn. Anlagen u. Masch.	3.899.000,00	II. Fremdkapital	
3. Fuhrpark	225.000,00	Langfristige Darlehensschulden	6.779.700,00
4. Büromaschinen	375.000,00		
		Verbindlichkeiten a. LL	1.401.326,00
II. Umlaufvermögen			
1. Rohstoffe	2.022.347,00		
2. Hilfsstoffe	395.000,00		
3. fertige Erzeugnisse	328.900,00		
4. Forderungen a. LL	1.166.054,00		
5. Bankguthaben	475.439,00		
6. Kassenbestand	112.400,00		
	12.469.140,00		12.469.140,00

Arbeitsaufträge

1 Erstellen Sie für jede Bilanzposition ein Bestandskonto in T-Kontenform und übernehmen Sie die Anfangsbestände im SOLL (Aktivkonten) bzw. im HABEN (Passivkonten).

2 Ergänzen Sie die Kontobezeichnung um die korrekte Kontonummer, welche Sie bitte dem Industrie-Kontorahmen (IKR) entnehmen.

3 Buchen Sie die abgebildeten Belege im Grundbuch (Buchungssatz) und im Hauptbuch (Eintragung in die T-Konten). Orientieren Sie sich dabei an folgender Checkliste zur buchhalterischen Erfassung von Belegen:

Checkliste zur Buchung von Belegen

1. Welcher Geschäftsfall wird durch den Beleg abgebildet?
2. Welche Konten sind von dem Geschäftsfall betroffen?
3. Um welche Kontoart (Aktiv- oder Passivkonto) handelt es sich?
4. Wie wirkt sich der Geschäftsfall auf das Konto aus (Mehrung oder Minderung)?
5. Auf welcher Kontoseite (SOLL oder HABEN) muss demnach gebucht werden?

SOLL	HABEN
AB	

SOLL	HABEN
AB	

SOLL	HABEN
AB	

SOLL	HABEN
AB	

SOLL HABEN

AB

SOLL HABEN

AB

SOLL HABEN

AB

SOLL HABEN

AB

SOLL HABEN

AB

SOLL HABEN

AB

SOLL	HABEN
AB	

SOLL	HABEN
AB	

SOLL	HABEN
AB	

1. Beleg

BÜRO-CENTER
Erich Scholle E.K

Erich Scholle e. K., Bürgerstraße 3, 45329 Essen

Sommerfeld Bürosysteme GmbH
Gladbecker Str. 85-91
45141 Essen

Anschrift: Bürgerstraße 3, 45329 Essen
Telefon: 0201 564702
Telefax: 0201 564782
E-Mail: info@buero-center.de
Internet: www.buero-center.de

Ihr Auftrag:

Lieferdatum:
16.01.20..

RECHNUNG

Kunden-Nr.	Rechnungs-Nr.	Datum
4857	772	15.01.20..

Bei Zahlung bitte angeben

Pos.	Artikel-Nr.	Artikel-bezeichnung	Menge	Einzelpreis EUR	Gesamtpreis EUR
1	1900	Kopiergerät	1	1.998,00	1.998,00

Zahlbar innerhalb von 30 Tagen

Bankverbindung: Commerzbank Essen BLZ 360 400 39 Kto-Nr.: 67 070 685
IBAN: DE40360400390067070685 SWIFT-BIC: COBADEFF360
Steuer-Nr.: 110/120/9384 USt-IDNr.: DE758403927

Konto (SOLL)	Konto (HABEN)	Betrag (SOLL)	Betrag (HABEN)

2. Beleg

Konto	Kontoauszug		Auszug	Blatt
25 203 488	DEUTSCHE BANK ESSEN	BLZ 360 700 50	241	1

Buch.-Tag	Wert	PN	Erläuterung/Verwendungszweck	Umsätze	
23.01.	23.01	0815	BÜRO-CENTER Erich Scholle e.K. Re.Nr. 772	1.998,00	S
			KREDITZUSAGE EUR	200.000	

IHR AKTUELLER KONTOSTAND UM 10.30 UHR EUR 473.441,00 H

BS	Letzter Auszug	Auszugsdatum		Alter Kontostand		Neuer Kontostand
44	05.01.20..	23.01.20..	EUR	475.439,00 H	EUR	473.441,00 H

SOMMERFELD BÜROSYSTEME GMBH, GLADBECKER STRASSE 85-91, 45141 ESSEN
IBAN: DE96260700500025203488 SWIFT-BIC: DEUTDEDEXXX

Konto (SOLL)	Konto (HABEN)	Betrag (SOLL)	Betrag (HABEN)

3. Beleg

Motor Rabeck e. K.

Motor Rabeck e. K., Fellenstraße 17, 45141 Essen

Sommerfeld Bürosysteme
GmbH
Gladbecker Straße 85-91
45141 Essen

Motor Rabeck e. K.
Fellenstr. 17
45141 Essen
Tel.: 0201 685943
Fax: 0201 685922
info@motor-rabeck.de
www.motor-rabeck.de

RECHNUNG/AUFTRAGSBESTÄTIGUNG

Bei Zahlung/Rücksendung/Gutschrift unbedingt angeben

Rechnung Nr.	Datum	Kunden-Nr.
2853	28.01.20..	3872

Pos.	Bezeichnung	Gesamtpreis EUR
	Neuwagen VW up! (Sonderausstattung lt. Preisliste)	12.000,00

Zahlbar sofort ohne Abzug

Bankverbindung: **Postbank Dortmund**
BLZ: 440 100 46 Kto-Nr.: 100 767 65
IBAN DE14440100460010076765 SWIFT-BIC PBNKDEFF440
Steuer-Nr. 110/130/8462 USt-IDN-Nr.: DE860321931

Konto (SOLL)	Konto (HABEN)	Betrag (SOLL)	Betrag (HABEN)

4. Beleg

Konto	Kontoauszug		Auszug	Blatt
25 203 488	DEUTSCHE BANK ESSEN	BLZ 360 700 50	3	1

Buch.-Tag	Wert	PN	Erläuterung/Verwendungszweck	Umsätze
05.02.	05.02.	007	Motor Rabek e. K. Re.Nr. 2853	12.000,00 S
			KREDITZUSAGE EUR	200.000
			IHR AKTUELLER KONTOSTAND UM 10.30 UHR EUR	466,441,00 H

BS	Letzter Auszug	Auszugsdatum	EUR Alter Kontostand	EUR Neuer Kontostand
44	23.01.20..	05.02.20..	473.441,00 H	466.441,00 H

SOMMERFELD BÜROSYSTEME GMBH, GLADBECKER STRASSE 85-91, 45141 ESSEN
IBAN: DE96260700500025203488 SWIFT-BIC: DEUTDEDEXXX

Konto (SOLL)	Konto (HABEN)	Betrag (SOLL)	Betrag (HABEN)

5. Beleg

Stefan Westers e. K.
Flurstraße 36, 45355 Essen, Tel: 0201 662196
Fachgeschäft für Druckfarben und Industrielacke

KASSENBELEG (QUITTUNG)

Sommerfeld Bürosysteme GmbH
Essen

	Datum *11.02.20..*	Einzelpreis EUR	Gesamtpreis EUR
1	20 Dosen Lackfarbe grün	7,95	159,00

Vielen Dank für Ihren Besuch

Verk. 3	Lfde. Nr. 37	Betrag dankend erhalten: *Westers*

Konto (SOLL)	Konto (HABEN)	Betrag (SOLL)	Betrag (HABEN)

6. Beleg

Konto	Kontoauszug		Auszug	Blatt
25 203 488	DEUTSCHE BANK ESSEN	BLZ 360 700 50	4	1

Buch.-Tag	Wert	PN	Erläuterung/Verwendungszweck	Umsätze
13.02.	13.02.	8244	Ergonomische Büromöbel Müller GmbH Re.Nr. 5643	2.785,00 H
15.02.	15.02.	7765	Tilgung Darlehen Nr. 1900-MG (Deutsche Bank Essen)	7.000,00 S
			KREDITZUSAGE EUR	200.000

IHR AKTUELLER KONTOSTAND UM 10.30 UHR EUR 457.226,00 H

BS	Letzter Auszug	Auszugsdatum	EUR Alter Kontostand	EUR Neuer Kontostand
44	05.02.20..	15.02.20..	466.441,00 H	457.226,00 H

SOMMERFELD BÜROSYSTEME GMBH, GLADBECKER STRASSE 85-91, 45141 ESSEN
IBAN: DE96260700500025203488 SWIFT-BIC: DEUTDEDEXXX

Konto (SOLL)	Konto (HABEN)	Betrag (SOLL)	Betrag (HABEN)

Konto (SOLL)	Konto (HABEN)	Betrag (SOLL)	Betrag (HABEN)

4 Schließen Sie alle Bestandskonten im Grundbuch (Buchungssätze) und im Hauptbuch (T-Konten) ab und erstellen Sie das Schlussbilanzkonto (SBK).

Konto (SOLL)	Konto (HABEN)	Betrag (SOLL)	Betrag (HABEN)

Aktiva	Schlussbilanzkonto der Sommerfeld Bürosysteme GmbH zum 31.12.20..	Passiva

Lernsituation 24: Geschäftsprozesse als Geschäftsfälle auf Erfolgskonten buchen

Ausgangssituation: Rudolf führt Erfolgsbuchungen durch

Als Rudolf sich morgens mit Daniela in der Kantine zur Frühstückspause trifft, erzählt er ihr von seinen ersten Tagen in der Abteilung Rechnungswesen. „Also, die Leute sind ganz nett, sie erklären mir immer alles, wenn ich mal etwas nicht verstehe, und Belege buchen durfte ich auch schon. Aber was ich bis heute nicht begreife ist, wie wir eigentlich einen Gewinn erzielen. Bis jetzt habe ich immer nur gesehen und gebucht, wie wir Darlehen aufgenommen oder Rechnungen bezahlt haben. Aber glaubst Du, ich hätte schon einmal einen Beleg über verkaufte Bürostühle oder so in die Finger bekommen? Nichts da, dabei müsste so etwas doch mehrmals täglich zu buchen sein." Daniela: „Das ist schon seltsam, aber vielleicht kommt das ja noch. Frag doch am besten gleich mal nach." Nach der Frühstückspause wartet Yvonne Peters am Schreibtisch schon auf Rudolf. „Ah, da sind Sie ja. Heute würde ich Ihnen gerne erklären, wie wir bei der Sommerfeld Bürosysteme GmbH die unterschiedlichen Aufwendungen erfassen. Wie Sie vielleicht wissen, buchen wir den Einkauf von Rohstoffen aufwandsorientiert, weil wir uns diese im Regelfall nach dem Just-In-Time-Prinzip anliefern lassen. Vor allen Dingen möchte ich Ihnen aber ein paar unserer Ausgangsrechnungen zeigen. Ich habe die Belege bereits durchnummeriert, damit wir sie in der richtigen Reihenfolge bearbeiten können."

Arbeitsaufträge

1 Vervollständigen Sie den Lückentext.

Damit ein Industrieunternehmen Produkte herstellen kann, muss es unterschiedliche betriebswirtschaftliche Produktionsfaktoren beschaffen. Den Verbrauch dieser Produktionsfaktoren bezeichnet man als Werteverzehr, der als ______________________ erfasst wird. Typische Aufwendungen für ein Industrieunternehmen sind z. B. ______________________

____

____

____

______________________.

Alle Aufwendungen mindern das ______________________ eines Unternehmens. Um eine bessere Übersicht über die unterschiedlichen Aufwandsarten zu ermöglichen, wird für jede Aufwandsart ein ______________________ des Eigenkapitalkontos eingerichtet. Sämtliche Aufwendungen werden somit als Eigenkapitalminderung im ______________________ gebucht und in den Kontenklassen ______________________ und ______________________ des Industriekontenrahmens erfasst. Das Ergebnis des Wertschöpfungsprozesses sind die fertigen Erzeugnisse (Produkte) des Industrieunternehmens. Durch den Verkauf dieser Produkte werden ______________________ erzielt, welche in Form von Forderungen, Banküberweisungen oder Barzahlungen als Einnahmen in das Unternehmen zurückfließen. Die so erzielten Wertzuwächse werden als ______________________ bezeichnet, die zu einer ______________________ des Eigenkapitals führen. Neben eigenen Erzeugnissen können Industrieunternehmen auch sogenannte Handelswaren verkaufen, bei der Sommerfeld Bürosysteme GmbH sind dies ______________________ und ______________________. Ebenso wie die Aufwandskonten sind auch die Ertragskonten Unterkonten des Kontos ______________________, im IKR sind sie der Kontoklasse ______________________ zugeordnet. Sämtliche Erträge werden im

____________________ gebucht. Alle Aufwendungen und Erträge einer Rechnungsperiode werden auf dem ____________________ gegenübergestellt. Übersteigen die Erträge die Aufwendungen, so hat das Unternehmen einen ____________________ erzielt, ausgewiesen durch einen Saldo auf der ____________________-Seite des GUV-Kontos. Sind die Aufwendungen größer als die Erträge, steht der Saldo auf der ____________________-Seite und das Unternehmen hat ____________________gemacht. Abgeschlossen wird das GuV-Konto über das Konto ____________________, ein Gewinn ____________________ das Eigenkapital auf der ____________________-Seite, ein Verlust ____________________ das Eigenkapital auf der ____________________-Seite.

2 Lesen Sie den Abschnitt 3.3 über die bestandsorientierte und die aufwandsorientierte Beschaffung von Werkstoffen in Ihrem Lehrbuch.

3 Buchen Sie die abgebildeten Belege im Grundbuch und im Hauptbuch.

4 Schließen Sie die Erfolgskonten ab, erstellen Sie das GuV-Konto und ermitteln Sie den Gewinn bzw. Verlust der Rechnungsperiode.

5 Schließen Sie die Bestandskonten ab.

1. Beleg

Andreas Schneider
Holzwerke KG

Palzstraße 16
59073 Hamm

Andreas Schneider Holzwerke KG, Palzstr. 16, 59073 Hamm

Sommerfeld Bürosysteme GmbH
Gladbecker Straße 85-91
45141 Essen

Telefon: 02381 417118
Telefax: 02381 985410
E-Mail: info@schneider-holzwerke.de
Internet: www.schneider-holzwerke.de
St.-Nr.: 322/543/8349
Ust.-ID-Nr.: DE109465935

Beleg-Nr. 1

Rechnung

	Kunden-Nr.	Rechnung Nr.	Datum
Ihre Bestellung:			
Lieferdatum:	9284	5784	01.03.20..

Bei Zahlung bitte angeben

Pos.	Artikel-Nr.	Artikelbezeichnung	Menge/ Stück	Einzelpreis EUR/m²	Gesamtpreis EUR
1	27bR	Spanplatten (3 x 6 m)	1.000	7,50	7.500,00

Zahlbar innerhalb von 14 Tagen ohne Abzug

Bankverbindung: Volksbank Hamm, BLZ 410 601 20, Kto-Nr. 98 789 723
IBAN DE26410601200098789723 **SWIFT-BIC** GENODEM1HMN

2. Beleg

EEW
Essener Elektrizitätswerke AG · Postfach 1760 · 45157 Essen

EEW AG, Postfach 1760, 45157 Essen

Beleg-Nr. 2

Kundennummer 24-6946844
bei Zahlung und Rückfragen bitte angeben

Sommerfeld Bürosysteme GmbH
Gladbecker Straße 85-91
45141 Essen

Steuernumer: 110/311/4220
USt-IDNr.: DE137492007
Essen, den 05.03.20..

Stromlieferung nach Tarif A2

		Zeitraum	Preis	Betrag/EUR
Zähler Nr. 92164352				
Zählerstand 01.02.	836.457			
Zählerstand 28.02.	868.846			
Unterschied	32.389	28 Tage		
Strombezug:	32.389 kWh		14,73 Ct/kWh	4.770,90
Grundgebühr/Monat			12,50 EUR	12,50
			Rechnungs-betrag	4.783,40

Der Rechnungsbetrag ist bis zum 15.03.2011 zu begleichen.
Vielen Dank!

3. Beleg

Motor Rabeck e. K.

Motor Rabeck e. K., Fellenstraße 17, 45141 Essen

Sommerfeld Bürosysteme GmbH
Gladbecker Straße 85-91
45141 Essen

Beleg-Nr. 3

Motor Rabeck e. K.
Fellenstr. 17
45141 Essen
Tel.: 0201 685943
Fax: 0201 685922
info@motor-rabeck.de
www.motor-rabeck.de

RECHNUNG/AUFTRAGSBESTÄTIGUNG		
Bei Zahlung/Rücksendung/Gutschrift unbedingt angeben		
Rechnung Nr.	**Datum**	**Kunden-Nr.**
2902	07.03.20..	3872

Pos.	Bezeichnung	Gesamtpreis EUR
	Jahresinspektion VW Polo	950,00

Zahlbar sofort ohne Abzug

Bankverbindung: **Postbank Dortmund**
BLZ: 440 100 46 Kto-Nr.: 100 767 65
IBAN DE14440100460010076765 **SWIFT-BIC** PBNKDEFF440
Steuer-Nr. 110/130/8462 USt-IDN-Nr.: DE860321931

4. Beleg

Sommerfeld
Bürosysteme GmbH
Ein ökologisch orientiertes Unternehmen mit Zukunft

Sommerfeld Bürosysteme GmbH,
Gladbecker Str. 85-91, 45141 Essen

Raumkultur
Peter Nicolai e. K.
Erlenstr. 38
22529 Hamburg

Anschrift: Gladbecker Str.
45141 Essen
Telefon: 0201 163456-0
Telefax: 0201 1634589
E-Mail: info@sommerfeld.de
Web: www.sommerfeld.de

Beleg-Nr. 4

RECHNUNG

Ihre Bestellung vom:

Lieferdatum

Kunden-Nr.	Rechnungs-Nr.	Rechnungstag
24010	11235	08.03.20..
Bei Zahlung bitte angeben		

Pos.	Artikel Nr.	Artikelbezeichnung	Menge	Einzelpreis EUR	Gesamtpreis EUR
1	330/15	Kendo Tisch rechteckig	10	633,00	6.330,00
2	281/7	Modus Besucherstuhl	20	942,50	18.850,00
3	277/7	Modus Freischwinger	20	375,00	7.500,00

Warenwert EUR	Verpackung EUR	Fracht EUR	Entgelt netto EUR		Gesamtbetrag EUR
			32.680,00		**32.680,00**

Zahlbar innerhalb 30 Tagen netto

Bankverbindungen:
Deutsche Bank Essen BLZ 360 700 50 Kto-Nr.: 25 203 488
IBAN DE96360700500025203488 **SWIFT-BIC** DEUTDEDEXXX
Postbank Dortmund BLZ 440 100 46 Kto-Nr.: 286 778-341
IBAN DE81440100460286778341 **SWIFT-BIC** PNBKDEFF440

Steuer-Nr.: 110/120/0189 USt-ID-Nr.: DE129666846

5. Beleg

Beleg-Nr. 5

JFC

J. F. CASPERS e. K.

Flurstraße, 45355 Essen, Tel: 0201 662196

Seit über 135 Jahren

Fachgeschäft für Büroausstattung, Buch und Offsetdruckerei, Adressbuch- und Telefonbuchverlag

Sommerfeld Bürosysteme GmbH
Essen

	Datum: 24.05.20..	EUR	EUR	Ct
2	Datumstempel	2,75	5	50
10	Ordner	1,39	13	90
			19	**40**

Betrag dankend erhalten
Essen, den 10. März 20..
J. F. CASPERS

Vielen Dank für Ihren Einkauf

Verk. 3	4557-8	

6. Beleg

TANKSTELLE
Matthias Wolf e. K.
Georg-Melches-Straße 55
45141 ESSEN
Tel.: 0201 413263

Beleg-Nr. 6

SUPER BLEIFREI 79,50 EUR
50 Liter

Betrag dankend erhalten

M. Wolf

69022 14.03.20.. 13:53

7. Beleg

Sommerfeld
Bürosysteme GmbH
Ein ökologisch orientiertes Unternehmen mit Zukunft

Sommerfeld Bürosysteme GmbH,
Gladbecker Str. 85-91, 45141 Essen

Deutsche Versicherungs AG
Am Brunnen 18-22
45133 Essen

Anschrift: Gladbecker Str.
45141 Essen
Telefon: 0201 163456-0
Telefax: 0201 1634589
E-Mail: info@sommerfeld.de
Web: www.sommerfeld.de

Beleg-Nr. 7

RECHNUNG

Ihre Bestellung vom:

Lieferdatum:

Kunden-Nr.	**Rechnungs-Nr.**	**Rechnungstag**
24004	11236	16.03.20..
Bei Zahlung bitte angeben		

Pos.	Artikel Nr.	Artikelbezeichnung	Menge	Einzelpreis EUR	Gesamtpreis EUR
1	442/1	Confair Flipchart faltbar	5	362,00	1.810,00
2	443/1	Confair Pinwand	5	345,50	1.727,50

Warenwert EUR	Verpackung EUR	Fracht EUR	Entgelt netto EUR		**Gesamtbetrag EUR**
			3.537,50		**3.537,50**

Zahlbar innerhalb 30 Tagen netto

Bankverbindungen:
Deutsche Bank Essen BLZ 360 700 50 Kto-Nr.: 25 203 488
IBAN DE96360700500025203488 **SWIFT-BIC** DEUTDEDEXXX

Postbank Dortmund BLZ 440 100 46 Kto-Nr.: 286 778-341
IBAN DE81440100460286778341 **SWIFT-BIC** PNBKDEFF440

Steuer-Nr.: 110/120/0189 **USt-ID-Nr.: DE129666846**

8. Beleg

Konto	Kontoauszug		Auszug	Blatt
25 203 488	DEUTSCHE BANK ESSEN	BLZ 360 700 50	5	1

Buch.-Tag	Wert	PN	Erläuterung/Verwendungszweck	Umsätze
12.03.	12.03.	0901	ANDREAS SCHNEIDER HOLZWERKE KG Kd-Nr 9284, RG-NR 5784 v. 01.03.20..	7.500,00 S
14.03.	14.03.	0902	EEW Kd.Nr. 24-6946844 Rechnung v. 05.03.20..	4.783,40 S
15.03.	15.03.	0903	Motor Rabeck e.K. Re.Nr. 2902 v. 07.03.20..	950,00 S
20.03.	20.03.	0904	Raumkultur Peter Nicolai (Kd.Nr. 24010) Re.Nr. 11235 vom 08.03.20..	32.680,00 H
21.03.	21.03.	0905	Deutsche Versicherungs AG (Kd.Nr. 24004) Re.Nr. 11236 vom 16.03.20..	3.537,50 H

Beleg-Nr. 8

KREDITZUSAGE EUR 200.000

IHR AKTUELLER KONTOSTAND UM 10.30 UHR EUR 480.210,10 H

BS	Letzter Auszug	Auszugsdatum		Alter Kontostand		Neuer Kontostand
44	28.02.20..	22.03.20..	EUR	457.226,00 H	EUR	480.210,10 H

SOMMERFELD BÜROSYSTEME GMBH, GLADBECKER STRASSE 85-91, 45141 ESSEN
IBAN: DE96260700500025203488 SWIFT-BIC: DEUTDEDEXXX

Grundbuch

Beleg-Nr.	Konto (SOLL)	Konto (HABEN)	Betrag (SOLL)	Betrag (HABEN)
1				
2				
3				
4				
5				
6				
7				
8				

Abschluss-buchungen				

Hauptbuch

SOLL	HABEN

SOLL	HABEN

SOLL	HABEN

SOLL	HABEN

SOLL	HABEN

SOLL	HABEN

2400 Ford. a. LL

SOLL		HABEN	
AB	1.163.269,00		

2800 Bank

SOLL		HABEN	
AB	457.226,00		

2880 Kasse

SOLL		HABEN	
AB	112.241,00		

4400 Verb. a. LL

SOLL		HABEN	
		AB	1.401.326,00

SOLL	8020 GuV	HABEN

SOLL	3000 EK	HABEN
	AB	4.288.114,00

Lernsituation 25: Abschreibungen erfassen

Ausgangssituation I: Zeitanteilige Abschreibung

Als Rudolf am Schreibtisch sitzend aus dem Fenster schaut, sieht er, wie der Außendienstmitarbeiter Andreas Stock mit seinem neuen Firmenwagen vom Hof fährt. „Schickes Auto“, meint Rudolf, „Was mag der wohl gekostet haben?“ „Das kann ich Ihnen genau sagen“, ruft ihm Sonja Nolden zu, „hier liegt nämlich die Eingangsrechnung. Die müssten Sie ohnehin buchen. Und dann können Sie sich mal Gedanken darüber machen, wie wir die Wertminderung des Fahrzeuges zukünftig buchhalterisch berücksichtigen sollen.“

Jost Wulf
Automobile KG

Wulf Automobile, Sternstraße 96, 30195 Hannover

Sommerfeld Bürosysteme GmbH
Gladbecker Str. 85-91
45141 Essen

USt-IDNr.: NL334428825

Tel: 04780 866350
Fax: 04780 866401
E-Mail: info@wulf-automobile.de
Internet: www.wulf-automobile.de

Ihre Bestellung vom	Unser Zeichen	Kundennr.	Lieferdatum	Rechnungsdatum
25.02.20..	jw	1896	05.03.20..	05.03.20..

Rechnung Nr. 1992

Artikel-Nr.	Artikel-bezeichnung	Preis in EUR
1344	PKW „Touring“	45.500,00
0047	Sonderlackierung	1.800,00

		47.300,00
	Rabatt (10%)	4.730,00

	Rechnungsendbetrag	**42.570,00**

Zahlungsziel innerhalb von 10 Tagen ohne Abzug

Bankverbindung
Sparkasse Hannover BLZ 250 501 80 Kto-Nr.: 92 233 723
IBAN: DE23673525658697452 SWIFT-BIC: SOLADES1TBB

Arbeitsaufträge

1 Buchen Sie die vorliegende Eingangsrechnung.

Konto (SOLL)	Konto (HABEN)	Betrag (SOLL)	Betrag (HABEN)

2 Buchen Sie die Begleichung der Eingangsrechnung per Banküberweisung am 05.03.

Konto (SOLL)	Konto (HABEN)	Betrag (SOLL)	Betrag (HABEN)

3 Erläutern Sie kurz, auf welche Weise Unternehmen den Werteverfall für Gegenstände des Anlagevermögens erfassen.

4 Was versteht man unter zeitanteiliger Abschreibung?

5 Ermitteln Sie nunmehr die Höhe der Abschreibungsbeträge (bei linearer Abschreibung) für die einzelnen Jahre der Nutzung. Gehen Sie dabei von einer betriebsüblichen Nutzungsdauer von sechs Jahren (= 72 Monate) für Pkw aus.

Jahr	Nutzungsdauer (in Monaten)	Abschreibungsbetrag

6 Bilden Sie den Buchungssatz für die Abschreibung im ersten Jahr der Nutzung.

Konto (SOLL)	Konto (HABEN)	Betrag (SOLL)	Betrag (HABEN)

7 Nehmen Sie die auf Grundlage Ihrer Buchungen notwendigen Eintragungen in den hier abgebildeten Hauptbuch-Konten vor. Schließen Sie die Konten 0840 Fuhrpark und 6520 Abschreibungen ab.

SOLL	0840 Fuhrpark	HABEN

SOLL	6520 Abschreibungen	HABEN

SOLL	8020 GuV	HABEN

Ausganssituation II: Geringwertige Wirtschaftsgüter (GWG)

Nachdem Rudolf die Buchungsarbeiten zum Kauf und zur Abschreibung des neuen Fahrzeuges erledigt hat, soll er eine weitere Eingangsrechnung bearbeiten. Yvonne Peters: „Buchen Sie bitte noch schnell die Rechnung über den neuen Tischkopierer. Und nicht vergessen: Bei geringwertigen Wirtschaftsgütern wenden wir das ‚Pool-Verfahren' an."

Hinweis: Kurz-Info GWG/Pool-Verfahren

1 GWG, deren AK oder HK max. 150,00 EUR betragen, können im Jahr der Anschaffung bzw. Herstellung in voller Höhe als Aufwand angesetzt werden.

2 GWG mit AK oder HK, die 150,00 EUR übersteigen und 1.000,00 EUR nicht übersteigen, können in einem Sammelpool erfasst und über die Nutzungsdauer von fünf Jahren abgeschrieben werden. Außer der Zugangserfassung sind keine weiteren Aufzeichnungen und keine Einzelbewertung mehr erforderlich. So entsteht für jedes Geschäftsjahr ein GWG-Sammelkonto, in welchem sämtliche GWG-Zugänge erfasst und „gesammelt" mit 20 % p. a. abgeschrieben werden.

BÜRO-CENTER
Erich Scholle E.K

Erich Scholle e. K., Bürgerstraße 3, 45329 Essen

Sommerfeld Bürosysteme GmbH
Gladbecker Str. 85-91
45141 Essen

Anschrift: Bürgerstraße 3, 45329 Essen
Telefon: 0201 564702
Telefax: 0201 564782
E-Mail: info@buero-center.de
Internet: www.buero-center.de

Ihr Auftrag:

Lieferdatum:

RECHNUNG

Kunden-Nr.	Rechnungs-Nr.	Datum
4857	1970	16.03.20..

Bei Zahlung bitte angeben

Pos.	Artikel-Nr.	Artikelbezeichnung	Menge	Einzelpreis EUR	Gesamtpreis EUR
1	2745	Tischkopierer	1	599,00	599,00

Betrag dankend erhalten.
Lippens (16.03.20..)

Zahlbar innerhalb von 30 Tagen

Bankverbindung: Commerzbank Essen, BLZ: 36040039, Kto-Nr.: 67 070 685
IBAN: DE40360400390067070685 SWIFT-BIC: COBADEFF360
Steuer-Nr.: 110/120/9384 USt-IDNr.: DE758403927

Arbeitsaufträge

1 Buchen Sie die vorliegende Eingangsrechnung.

Konto (SOLL)	Konto (HABEN)	Betrag (SOLL)	Betrag (HABEN)

2 Vervollständigen Sie das abgebildete Hauptbuchkonto.

SOLL		0890 GWG (Jahr 01)	HABEN
24.01. Zugang	475,00		
18.02. Zugang	249,00		

3 Gehen Sie davon aus, dass nach dem Kauf keine weiteren geringwertigen Wirtschaftsgüter angeschafft werden. Buchen Sie daher die Abschreibung auf den GWG-Sammelpool des Geschäftsjahres 01 und schließen Sie das Konto ab.

Buchung der Abschreibung:

Konto (SOLL)	Konto (HABEN)	Betrag (SOLL)	Betrag (HABEN)

Abschlussbuchung:

Konto (SOLL)	Konto (HABEN)	Betrag (SOLL)	Betrag (HABEN)

Lernsituation 26: Umsatzsteuer buchen und entrichten

Ausgangssituation I: Die Umsatzsteuerzahllast

Rudolf Heller flucht leise vor sich hin. Gerne würde er sich einen neuen Laptop kaufen, aber von seinem Azubi-Gehalt lässt sich das vorerst nicht realisieren. „Das liegt auch daran, dass das Finanzamt so viel Umsatzsteuer verlangt: 19 %! Das ist ganz schön happig. Ich frage mich, wie die Sommerfeld Bürosysteme GmbH damit klar kommt." Sonja Nolden, die Rudolfs kleinen Gefühlsausbruch mitbekommen hat, erklärt: „Nun ja, die Umsatzsteuer ist eine Verbrauchssteuer, die ausschließlich vom Endkunden getragen werden soll. Für Unternehmen ist die beim Einkauf gezahlte Umsatzsteuer als Vorsteuer abzugsfähig. Kommen Sie, ich erkläre Ihnen das mal an diesen beiden Rechnungen hier."

Andreas Schneider
Holzwerke KG

Palzstraße 16
59073 Hamm

Andreas Schneider Holzwerke KG, Palzstr. 16, 59073 Hamm

Sommerfeld Bürosysteme GmbH
Gladbecker Straße 85-91
45141 Essen

Telefon: 02381 417118
Telefax: 02381 985410
E-Mail: info@schneider-holzwerke.de
Internet: www.schneider-holzwerke.de
St.-Nr.: 322/543/8349
Ust.-ID-Nr.: DE-109465935

Rechnung

Ihre Bestellung:

Lieferdatum:

Kunden-Nr.	Rechnung Nr.	Datum
9284	6354	07.04.20..

Bei Zahlung bitte angeben

Pos.	Artikel-Nr.	Artikelbezeichnung	Menge/ Stück	Einzelpreis EUR/m²	Gesamtpreis EUR
1	732	Sperrholzplatten 1.000 x 2.000 x 50	250	125,00	31.250,00

Warenwert, netto	Verpackung	Fracht	Entgelt netto	19 % USt	Gesamtbetrag
31.250,00	-	-	31.250,00	5.937,50	**37.187,50**

Zahlbar innerhalb von 14 Tagen ohne Abzug

Bankverbindung: Volksbank Hamm, BLZ 410 601 20, Kto-Nr. 98 789 723
IBAN DE26410601200098789723 **SWIFT-BIC** GENODEM1HMN

Arbeitsaufträge

1 Buchen Sie die vorliegende Eingangsrechnung.

Konto (SOLL)	Konto (HABEN)	Betrag (SOLL)	Betrag (HABEN)

2 Buchen Sie die Begleichung der Eingangsrechnung per Banküberweisung am 12.04.

Konto (SOLL)	Konto (HABEN)	Betrag (SOLL)	Betrag (HABEN)

Sommerfeld
Bürosysteme GmbH
Ein ökologisch orientiertes Unternehmen mit Zukunft

Sommerfeld Bürosysteme GmbH, Gladbecker Str. 85-91, 45141 Essen

Ergonomische Büromöbel
Müller GmbH
Brodstraße 24
81829 München

Anschrift: Gladbecker Str. 85-91
45141 Essen
Telefon: 0201 163456-0
Telefax: 0201 1634589
E-Mail: info@sommerfeld.de
Web: www.sommerfeld.de

RECHNUNG

Ihre Bestellung vom:
Lieferdatum

Kunden-Nr.	Rechnungs-Nr.	Rechnungstag
24011	112358	25.04.20..
Bei Zahlung bitte angeben		

Pos.	Artikel Nr.	Artikelbezeichnung	Menge	Einzelpreis EUR	Gesamtpreis EUR
1	530/11	Contas Systemtisch rechteckig	250	561,50	140.375,00

Warenwert EUR	Verp. EUR	Fracht EUR	Entgelt, netto EUR	USt-%	USt EUR	Gesamtbetrag EUR
140.375,00	-	-	140.375,00	19	26.671,25	**167.046,25**

Zahlbar innerhalb 30 Tagen netto

Bankverbindungen:
Deutsche Bank Essen BLZ 360 700 50 Kto-Nr.: 25 203 488
IBAN DE96360700500025203488 **SWIFT-BIC** DEUTDEDEXXX
Postbank Dortmund BLZ 440 100 46 Kto-Nr.: 286 778-341
IBAN DE81440100460286778341 **SWIFT-BIC** PNBKDEFF440

Steuer-Nr.: 110/120/0189 **USt-ID-Nr.: DE129666846**

3 Buchen Sie die vorliegende Ausgangsrechnung.

Konto (SOLL)	Konto (HABEN)	Betrag (SOLL)	Betrag (HABEN)

4 Buchen Sie die Begleichung der Ausgangsrechnung durch den Kunden per Banküberweisung am 30.04.

Konto (SOLL)	Konto (HABEN)	Betrag (SOLL)	Betrag (HABEN)

5 Nehmen Sie die auf Grundlage Ihrer Buchungen erforderlichen Eintragungen in den abgebildeten Hauptbuchkonten vor.

SOLL	6000 Rohstoffaufwand	HABEN

SOLL	5000 Umsatzerlöse	HABEN

SOLL	2600 Vorsteuer	HABEN

SOLL	4800 Umsatzsteuer	HABEN

6 Ermitteln Sie die Umsatzsteuerzahllast, indem Sie Forderungen an das Finanzamt (ausgewiesen im Konto 2600 Vorsteuer) und die Verbindlichkeiten gegenüber dem Finanzamt (ausgewiesen im Konto 4800 Umsatzsteuer) miteinander verrechnen. Schließen Sie hierzu das betragsmäßig kleinere Konto über das betragsmäßig größere Konto ab.

Konto (SOLL)	Konto (HABEN)	Betrag (SOLL)	Betrag (HABEN)

7 Welchen Betrag haben Sie nunmehr noch an das Finanzamt zu überweisen? Bilden Sie den Buchungssatz zur Überweisung der Umsatzsteuerzahllast.

Konto (SOLL)	Konto (HABEN)	Betrag (SOLL)	Betrag (HABEN)

8 Bis zu welchem Datum müssen Sie die Überweisung der Umsatzsteuerzahllast an das Finanzamt vornehmen? ______________________________

Ausgangssituation II: Der Vorsteuerüberhang

Im Monat Mai soll Rudolf die Konten 2600 Vorsteuer und 4800 Umsatzsteuer erneut abschließen und feststellen, ob eine Umsatzsteuerzahllast oder ein Vorsteuerüberhang entstanden ist.

Arbeitsauftrag

Ermitteln Sie den Vorsteuerüberhang Umbuchung) und buchen Sie die den Eingang der Überweisung des Finanzamtes auf dem Bankkonto.

SOLL	2600 Vorsteuer		HABEN
07.05.	950,00		
13.05.	2.280,00		
22.05.	7.600,00		
28.05.	2.850,00		

SOLL	4800 Umsatzsteuer		HABEN
		10.05.	171,00
		18.05.	4.750,00
		27.05.	1.615,00

Konto (SOLL)	Konto (HABEN)	Betrag (SOLL)	Betrag (HABEN)

Lernsituation 27: Inventurbestände (IST) und Buchbestände (SOLL) abgleichen

Ausgangssituation I: Materialbestandsveränderungen buchen

Jens Effer, der Leiter des Rechnungswesens, bittet Rudolf Heller noch einmal zu sich ins Büro. „Bis jetzt bin ich sehr zufrieden mit Ihnen und Ihrer Arbeit, Rudolf. Auch Frau Nolden und Frau Peters haben mir fast nur Gutes berichtet. Sogar bei der Inventur am Wochenende haben Sie ja geholfen. Nun wollte ich Sie mal fragen, ob es noch irgendwelche Unklarheiten gibt.“ Rudolf denkt kurz nach und sagt: „Wo Sie gerade die Inventur ansprechen, ist mir doch noch etwas eingefallen. Ich weiß ja, dass wir, wenn wir Hilfsstoffe einkaufen, diese zunächst einlagern und somit bestandsorientiert buchen, während wir Rohstoffe aufwandsorientiert buchen, weil uns diese fertigungssynchron nach dem Just-In-Time-Prinzip angeliefert werden. Aber was passiert eigentlich, wenn nicht alle angelieferten Rohstoffe verbraucht werden? Ich meine, wir haben doch kleinere Mengen Rohstoffe im Lager liegen, sodass offensichtlich nicht alle Span- und Sperrholzplatten sofort in der Produktion Verwendung finden.“ Jens Effer: „Sie haben recht, Rudolf. Wir lassen uns nicht immer alle Rohstoffe fertigungssynchron anliefern. Von diesem Prinzip weichen wir auch schon einmal ab, z. B. wenn wir uns Preisvorteile sichern wollen. Das ändert aber nichts daran, dass wir den Zugang an Rohstoffen stets aufwandsorientiert buchen. Und was am Jahresende passiert, das erkläre ich Ihnen jetzt in aller Ruhe. Am besten fangen wir mit der bestandsorientierten Buchung von Hilfsstoffen an, bevor wir uns dann die aufwandsorientierte Methode bei den Rohstoffen ansehen."

Metallwerke Bauer & Söhne OHG

Metallwerke Bauer & Sohne GmbH,, Baststr. 188,
44265 Dortmund

Sommerfeld Bürosysteme GmbH
Gladbecker Str. 85-91
45141 Essen

Anschrift: Baststr. 188
44265 Dortmund
Telefon: 0231 6683550
Telefax 0231 668357
info@metallwerke.de
www.metallwerke.de

Rechnung/Auftragsbestätigung		
Bei Zahlung/Rücksendung unbedingt angeben		
Kunden-Nr.	Rechnungs-Nr.	Datum
2836	7756	09.06.20..

Artikel-Nr.	Artikelbezeichnung	Menge	Preis (EUR)	Gesamtpreis (EUR)
2775	Metallwinkel X3-100 (Karton zu 100 Stück)	50	45,00	2.250,00

Warenwert	Versandkosten	Nettoentgelt	USt (EUR)	Rechnungsendbetrag
2.250	-	2.250,00	427,50	2.677,50

Zahlbar innerhalb von zehn Tagen ohne Abzüge

Bankverbindung: Postbank Dortmund BLZ 440 100 46 Kto-Nr.: 324 066-506
IBAN: DE86440100460324066506 **SWIFT-BIC**: PBNKDEFF440
Steuer-Nr.: 107/867/0122 **USt-IDNr.:** DE956434226

Arbeitsaufträge

1 Buchen Sie die vorliegende Eingangsrechnung (bestandsorientiert).

Konto (SOLL)	Konto (HABEN)	Betrag (SOLL)	Betrag (HABEN)

2 Buchen Sie die Begleichung der Eingangsrechnung per Banküberweisung am 12.06.

Konto (SOLL)	Konto (HABEN)	Betrag (SOLL)	Betrag (HABEN)

Sommerfeld Bürosysteme GmbH	**Material-Entnahmeschein** (Für Hilfsstoffe) **Nr. 171**	Ausgestellt: *Tecklenborg*	Datum:
		Ausgegeben: Albers	14.06.20..

Interne Artikel-Nr.	Menge	Einheit	Bezeichnung	EUR/Einheit	Betrag (EUR)
2315	5 Packungen	100 Stck/Pckg.	Metallwinkel X3-100	45,00	225,00
				Summe	225,00

3 Buchen Sie den vorliegenden Materialentnahmeschein.

Konto (SOLL)	Konto (HABEN)	Betrag (SOLL)	Betrag (HABEN)

4 Nehmen Sie die auf Grundlage Ihrer Buchungen erforderlichen Eintragungen in den abgebildeten Hauptbuchkonten vor und schließen Sie die Konten ab.

SOLL	2020 Hilfsstoffe	HABEN

SOLL	6020 Hilfsstoffaufwand	HABEN

5 Lesen Sie das Kapitel „Materialbestandsminderungen buchen“ in Ihrem Lehrbuch.

6 Buchen Sie die vorliegende Eingangsrechnung (aufwandsorientiert).

Andreas Schneider
Holzwerke KG

Palzstraße 16
59073 Hamm

Andreas Schneider Holzwerke KG, Palzstr. 16, 59073 Hamm

Sommerfeld Bürosysteme GmbH
Gladbecker Straße 85-91
45141 Essen

Telefon: 02381 417118
Telefax: 02381 985410
E-Mail: info@schneider-holzwerke.de
Internet: www.schneider-holzwerke.de
St.-Nr.: 322/543/8349
Ust.-ID-Nr.: DE-109465935

Rechnung

	Kunden-Nr.	Rechnung Nr.	Datum
Ihre Bestellung:			
Lieferdatum:	9284	5992	17.06.20..
	Bei Zahlung bitte angeben		

Pos.	Artikel-Nr.	Artikelbezeichnung	Menge/ Stück	Einzelpreis EUR/m²	Gesamtpreis EUR
1	100	Tischlerplatten 2.000 x 4.000 x 30	400	80,00	32.000,00

Warenwert, netto	Verpackung	Fracht	Entgelt netto	19 % USt	Gesamtbetrag
32.000,00	-	-	32.000,00	6.080,00	38.080,00

Zahlbar innerhalb von 14 Tagen ohne Abzug

Bankverbindung: Volksbank Hamm, BLZ 410 601 20, Kto-Nr. 98 789 723
IBAN DE26410601200098789723 **SWIFT-BIC** GENODEM1HMN

Konto (SOLL)	Konto (HABEN)	Betrag (SOLL)	Betrag (HABEN)

7 Buchen Sie die Begleichung der Eingangsrechnung per Banküberweisung am 19.06.

Konto (SOLL)	Konto (HABEN)	Betrag (SOLL)	Betrag (HABEN)

8 Nehmen Sie die auf Grundlage Ihrer Buchungen erforderlichen Eintragungen in den abgebildeten Hauptbuchkonten vor und schließen Sie die Konten ab.

SOLL	2000 Rohstoffe		HABEN
AB	1.200.000,00		
		SB (lt. Inventur)	1.205.000,00

SOLL	6000 Rohstoffaufwand	HABEN

Vorbereitende Abschlussbuchung am Jahresende:

Konto (SOLL)	Konto (HABEN)	Betrag (SOLL)	Betrag (HABEN)

9 Interpretieren Sie die von Ihnen durchgeführten Buchungen.

10 Wodurch hätte eine Bestandsminderung auf dem Konto 2000 Rohstoffe verursacht werden können und welche Auswirkungen hätte das auf das Konto 6000 Rohstoff-Aufwand gehabt?

Ausgangssituation II: Bestandsveränderungen an unfertigen und fertigen Erzeugnissen buchen

„Ok, das mit den Roh- und Hilfsstoffen habe ich jetzt verstanden. Aber da gibt es doch noch dieses seltsame Konto 5200 Bestandsveränderungen. Wann verwende ich das denn?“, fragt Rudolf. Jens Effer antwortet: „Nun, dieses Konto benutzen wir, um die Bestandsveränderungen bei den fertigen und unfertigen Erzeugnissen zu dokumentieren. Kommen Sie, das zeige ich Ihnen auch noch und dann haben wir es für heute auch geschafft.“

Arbeitsaufträge

1 Lesen Sie das Kapitel 6.2 „Bestandsveränderungen an unfertigen und fertigen Erzeugnissen buchhalterisch erfassen“ in Ihrem Lehrbuch.

2 Ermitteln Sie die Salden auf den Konten 2100 Unfertige Erzeugnisse und 2200 Fertige Erzeugnisse.

3 Buchen Sie die Bestandsmehrungen bzw. Bestandsminderungen auf das Konto 5200 Bestandsveränderungen.

SOLL		2100 UFE	HABEN
AB	150.000,00		
		SB	170.000,00

SOLL	2200 FE		HABEN
AB	250.000,00		
		SB	220.000,00

SOLL	5200 BVÄ		HABEN

Umbuchungen:

Konto (SOLL)	Konto (HABEN)	Betrag (SOLL)	Betrag (HABEN)

4 Bilden Sie die Abschlussbuchungssätze für die drei Konten.

Abschlussbuchungen:

Konto (SOLL)	Konto (HABEN)	Betrag (SOLL)	Betrag (HABEN)

5 Erläutern Sie, wodurch die Bestandveränderungen zustande kommen und welche Auswirkungen diese auf die Gewinn- und Verlustrechnung des Unternehmens haben.

Aufgaben zur Prüfungsvorbereitung

Aufgabe 1

Sie sind Mitarbeiter im Rechnungswesen der Schreinerei Fahrmeier und haben folgenden Beleg zu bearbeiten:

Autohandel Fichtel GmbH • Rheinaustr. 83-87 • 97941 Tauberbischofsheim

Schreinerei
Fahrmeier GmbH
Leostraße 22 - 28
97941 Tauberbischofsheim

Ihre Bestellung vom	Unser Auftrag Nr.	Zeit der Leistung
05.02.20..	Tz-345.81	27.02.20..

Rechnung Nr. 2997/9001

Position	Gegenstand	Menge	Stückpreis EUR	Gesamtpreis EUR
1	PKW	1	9.900,--	9.900,--
2	Sonderlackierung	1	1.900,--	1.900,--
3	Überführungskosten	1	250,--	250,--
				12.050,--
4	Umsatzsteuer	19 %		2.289,50
	Gesamtpreis			**14.339,50**

Zahlungstermin: spätestens 30 Tage nach Erhalt der Rechnung

1.1 Buchen Sie den Beleg im Grundbuch.

Konto (SOLL)	Konto (HABEN)	Betrag (SOLL)	Betrag (HABEN)

1.2 Buchen Sie die Überweisung des Rechnungsbetrages am 05.03.

Konto (SOLL)	Konto (HABEN)	Betrag (SOLL)	Betrag (HABEN)

1.3 Ermitteln Sie die Höhe des Abschreibungsbetrages (Nutzungsdauer: sechs Jahre) im ersten Jahr der Nutzung bei linearer Abschreibung.

1.4 Buchen Sie die Abschreibung im ersten Jahr der Nutzung.

Konto (SOLL)	Konto (HABEN)	Betrag (SOLL)	Betrag (HABEN)

1.5 Ermitteln Sie den Restwert des PKW am Ende des zweiten Jahres der Nutzung.

1.6 Der PKW wird im April des dritten Nutzungsjahres verkauft.

1.6.1 Ermitteln Sie die Anzahl der Monate, die er im Jahr des Verkaufs noch abgeschrieben wird.

1.6.2 Ermitteln Sie die Höhe des Abschreibungsbetrages im Jahr des Verkaufs.

1.6.3 Buchen Sie den Verkauf des PKW gegen Barzahlung (Kaufpreis: 7.500,00 EUR netto) am 20.04.

Konto (SOLL)	Konto (HABEN)	Betrag (SOLL)	Betrag (HABEN)

1.6.4 Buchen Sie den PKW anschließend aus dem Anlagevermögen aus.

Konto (SOLL)	Konto (HABEN)	Betrag (SOLL)	Betrag (HABEN)

1.6.5 Ermitteln Sie den Erfolg, den die Schreinerei Fahrmeier GmbH durch den Verkauf erzielt hat. Handelt es sich um einen Gewinn oder einen Verlust?

Aufgabe 2

Sie sind Mitarbeiter im Rechnungswesen der Schreinerei Fahrmeier und haben den folgenden Beleg im Grundbuch zu buchen:

Balduin Bürbedarf GmbH • Goethestr. 8 • 50823 Köln

Schreinerei
Fahrmeier GmbH
Leostraße 22 - 28
97941 Tauberbischofsheim

Ihre Bestellung vom	Unser Auftrag Nr.	Zeit der Leistung
05.02.20..	BB-45-83	10.02.20..

Rechnung Nr. 97/09

Position	Gegenstand	Menge	Stückpreis EUR	Gesamtpreis EUR
1	Fotokopiergerät	5	950,--	4.750,--
2	Druckerpapier	50 Pakete	3,99	199,50
3	Regalsystem	2	1.195,--	2.390,--
				7.339,50
	Umsatzsteuer	19 %		1.394,51
	Gesamtpreis			**8.734,01**

Zahlungstermin: spätestens 30 Tage nach Erhalt der Rechnung

2.1 Buchen Sie den Beleg im Grundbuch!

Konto (SOLL)	Konto (HABEN)	Betrag (SOLL)	Betrag (HABEN)

2.2 Welche der folgenden Aussagen trifft im Zusammenhang mit der vorliegenden Eingangsrechnung zu? Kreuzen Sie an.

a) Durch den Einkauf des Druckerpapiers erhöht sich das Anlagevermögen der Schreinerei Fahrmeier. ☐

b) Durch den Rechnungseingang erhöhen sich die langfristigen Verbindlichkeiten der Schreinerei Fahrmeier. ☐

c) Die Überweisung des Rechnungsbetrages bewirkt eine Verminderung der Bilanzsumme beim Metallwerk Berg. ☐

d) Die Rechnung muss spätestens am 28. Februar bezahlt werden. ☐

e) Das Regalsystem kann als geringwertiges Wirtschaftsgut sofort im ersten Jahr der Nutzung komplett abgeschrieben werden. ☐

Aufgabe 3

Sie sind Mitarbeiter im Rechnungswesen der Schreinerei Fahrmeier und haben den folgenden Beleg im Grundbuch zu buchen:

SCHREINEREI FAHRMEIER E.K.
LEOSTR. 22 – 28, 97941 TAUBERBISCHOFSHEIM

Schreinerei fahrmeier e.K. Leostr. 22 - 28, 97941 Tauberbischofsheim

Büromöbel Götz GmbH
Piusstr. 35
88400 Biberach

Telefon:
Telefax:
E-Mail:
Internet:

Steuer-Nr.: 110/120/0189

KOPIE

RECHNUNG

USt-IDNr.: DE129666846

Ihr Auftrag vom 12.02.20..

Kunden-Nr.	Rechnungs-Nr.	Rechnungstag
13425	271	25.02.20..
(bei Zahlung bitte angeben)		

Pos.	Artikel-Nr.	Artikelbezeichnung	Menge	Einzelpreis EUR	Gesamtpreis EUR
1	27-03	Wandkommode	15	145,00	2.175,00
2	38-06	Regalwand	20	95,00	1.900,00

Warenwert EUR	Verpackung EUR	Fracht EUR	Entgelt, netto EUR	USt-%	USt EUR	Gesamtbetrag EUR
4.075,00	-	-	4.075,00	19	774,25	**4.849,25**

Bankverbindung:
Sparkasse Tauberfranken, BLZ 67352565, Kto. 8697452
IBAN: DE23673525658697452 SWIFT-BIC: SOLADES1TBB

3.1 Buchen Sie den Beleg im Grundbuch.

Konto (SOLL)	Konto (HABEN)	Betrag (SOLL)	Betrag (HABEN)

3.2 Welche der folgenden Aussagen trifft im Zusammenhang mit der in Rechnung gestellten Vorsteuer zu? Kreuzen Sie an.

a) Das Konto Umsatzsteuer ist ein aktives Bestandskonto. ☐
b) Die Umsatzsteuer stellt eine Forderung gegenüber dem Finanzamt dar. ☐
c) Die Umsatzsteuerzahllast ist zum Jahresende für das komplette Geschäftsjahr an das Finanzamt zu überweisen. ☐
d) Die vereinnahmte Umsatzsteuer ist an das Finanzamt weiterzuleiten. ☐
e) Die Büromöbel Götz GmbH kann die ausgewiesene Umsatzsteuer ignorieren und muss sie nicht überweisen, da die Umsatzsteuer für Kaufleute einen durchlaufenden Posten darstellt. ☐

Aufgabe 4

Welche der folgenden Aussagen zur Inventur ist richtig? Kreuzen Sie an.

a) Die Inventur muss nicht am Bilanzstichtag durchgeführt werden. ☐
b) Die Inventur ist ein Bestandsverzeichnis aller Vermögensteile und Schulden eines Unternehmens. ☐
c) Die Inventur wird an einem vom Finanzamt festgelegten Termin durchgeführt. ☐
d) Eine zeitlich verlegte Inventur kann innerhalb von zwei Monaten vor und drei Monaten nach dem Bilanzstichtag durchgeführt werden. ☐
e) Bei Neugründung eines Unternehmens ist die Durchführung einer Inventur zu Beginn der Geschäftstätigkeit nicht erforderlich. ☐

Aufgabe 5

Welche der folgenden Aussagen zum GuV-Konto trifft nicht zu? Kreuzen Sie an.

a) Im GuV-Konto werden Aufwendungen und Erträge gegenübergestellt. ☐
b) Überwiegen auf dem GuV-Konto die Erträge, steht der Saldo auf der SOLL-Seite. ☐
c) Das GuV-Konto wird über das Konto Eigenkapital abgeschlossen. ☐
d) Bei einem Verlust lautet der Abschlussbuchungssatz: 8020 GuV an 3000 EK. ☐
e) Ein Gewinn wird auf die HABEN-Seite des Kontos Eigenkapital gebucht. ☐

Aufgabe 6

Welcher der folgenden Abschlussbuchungssätze kann keinesfalls zutreffen? Kreuzen Sie an.

a) 8010 SBK an 2800 Bank ☐
b) 4400 Verb. a. LL an 8010 SBK ☐
c) 3000 EK an 8020 GuV ☐
d) 5200 BVÄ an 8020 GuV ☐
e) 8010 SBK an 5000 Umsatzerlöse ☐

Aufgabe 7

Bilden Sie den Buchungssatz zu folgendem Beleg.

Kontonummer 499 200 300	KONTOAUSZUG Sparkasse Stuttgart		Auszug 123	Blatt 1
Buchungsanlass	Verwendungszweck	Buchungstag	Tag der Wertstellung	Umsätze Angaben in EUR
Tilgung für Darlehen Nr. 4435		21.02.	21.02.20..	2.800,00
Zinszahlung für Darlehen Nr. 4435		21.02.	21.02.20..	400,00
Auszugsdatum 22.02.2007	Alter Kontostand 44.987,00 H		Neuer Kontostand 41.787,00 H	
Schreinerei Fahrmeier e. K. 97941 Tauberbischofsheim				

Konto (SOLL)	Konto (HABEN)	Betrag (SOLL)	Betrag (HABEN)

Lernsituation 28: Notwendigkeit der Kosten- und Leistungsrechnung begründen

Ausgangssituation: Rudolf recherchiert

Als Rudolf abends nach Hause kommt, ist er müde und etwas niedergeschlagen. „Was ist denn los?", fragt ihn seine Mutter. „Das war ein ganz schön anstrengender Tag heute. Wir haben die Gewinn- und Verlustrechnungen der letzten beiden Jahre analysiert und was dabei herausgekommen ist, sah nicht gut aus", antwortet Rudolf. „Ich weiß gar nicht, ob ich dir das erzählen darf, aber unser Gewinn ist deutlich eingebrochen. Herr Önder und Herr Lage haben mich zwar beruhigt und mir erklärt, dass das alles nicht so dramatisch sei, weil die Gewinn- und Verlustrechnung allein nicht aussagekräftig sei und man wirkliche Rückschlüsse auf die wirtschaftlich Lage erst durch die Kosten- und Leistungsrechnung ziehen könne, aber verstanden habe ich das alles nicht so ganz." „Vielleicht wäre es gut, wenn du dich einmal ganz allgemein über die Kosten- und Leistungsrechnung informierst. Ich habe das früher ja auch mal lernen müssen und habe sogar noch ein paar alte Unterlagen."

Arbeitsauftrag

Unterstützen Sie Rudolf bei seinen Recherchen und ergänzen die unvollständigen Unterlagen seiner Mutter.

Mithilfe der Finanzbuchhaltung wird durch die Gegenüberstellung von ____________________ und ____________________ das Gesamtergebnis eines Unternehmens, der ________________ oder der ______________ ermittelt. Allerdings werden die Aufwendungen der gesamten Unternehmung in einer Summe ausgewiesen, sodass keinerlei Aussagen über die ________________________ und die ______________________________ einzelner Teilbereiche getroffen werden können.

Die Kosten- und Leistungsrechnung hingegen konzentriert sich auf die Aufwendungen und Erträge, die im Zusammenhang mit dem unmittelbaren Sachziel, dem Betriebszweck der Unternehmung stehen. Diese bezeichnet man als ______________________________ bzw. ____________________________________.

Stellt man diese gegenüber, so erhält man das ____________________________________.

Die Kosten- und Leistungsrechnung dient somit der innerbetrieblichen Kontrolle sowie der Vorbereitung von Änderungen und neuen Entscheidungen. Sie ist ein zentrales ______________________________ ______________ innerhalb des betrieblichen Rechnungswesens, welche wichtige Daten für die ______________________________ der Produkte im Inventar und für die ______________________ __________ der Verkaufspreise liefert.

Durch die ______________________________ wird geklärt, welche Kosten entstanden sind. Die ______________________________ verdeutlicht, wo diese Kosten entstanden sind und die ______________________________ klärt, welcher Kostenanteil auf die einzelnen Produkte entfällt.

Lernsituation 29: Abgrenzungsrechnung zur Ermittlung des Betriebsergebnisses

Ausgangssituation I: Anna Overninger und die kalkulatorischen Kosten

Anna Overninger hat sich nach ihrer Schneiderlehre als Modedesignerin selbstständig gemacht. Ideen für preisgünstige, aber exklusive Mode hat sie zuhauf, mit der praktischen Umsetzung hat sie auch keine Probleme und selbst die Finanzbuchhaltung würde sie bewältigen können. Aber sie hat noch die Worte ihres Großvaters im Ohr, der immer gesagt hat, dass das alles Entscheidende für den Erfolg einer Unternehmung ist, dass es gelingt, bei der Kalkulation der Verkaufspreise sämtliche anfallende Kosten in der richtigen Höhe zu berücksichtigen.

Arbeitsaufträge

1 Zunächst muss Anna die Gewinn- und Verlustrechnung analysieren, um festzustellen, welche Aufwendungen und Erträge betriebsbedingt sind und regelmäßig anfallen. Kreuzen Sie an, in welcher Spalte der Ergebnistabelle die folgenden Positionen erfasst werden müssen:

Rechnungskreis I			Rechnungskreis II					
Erfolgsbereich			Abgrenzungsbereich				KLR - Bereich	
			Unternehmensbezogene Abgrenzung		Betriebsbezogene Abgrenzungsrechnung		Kosten- und Leistungsarten	
Kontobezeichnung	Aufwendungen	Erträge	Betriebsfremde Aufwendungen	Betriebsfremde Erträge	Betr. a. o. Aufwendungen	Betr. a. o. Erträge	Kosten	Leistungen
	1	2	3	4	5	6	7	8
Umsatzerlöse								
Bestandsmehrungen								
Bestandsminderungen								
Mieterträge								
Zinserträge								
Aufwendungen f. Rohstoffe								
Fertigungslöhne								
Abschreibungen auf SA								
Aufwendungen für Büromaterial								
Kraftfahrzeugsteuer								
Verluste aus dem Abgang von Wertpapieren des UV								
Gewerbesteuernachzahlung für das vergangene Jahr								

2 Richtig glücklich ist Anna Overninger mit den Ergebnissen ihrer ersten Abgrenzungsrechnung jedoch nicht. Rudolf Heller, den Anna noch aus dem Kindergarten kennt, ist bereit, ihr zu helfen. „Die Kosten müssen in der richtigen Höhe berücksichtigt werden, hat mein Opa immer gesagt. Aber ein Firmenwagen wird bilanziell über sechs Jahre abgeschrieben, danach hat er einen Buchwert von 0,00 EUR, obwohl er dann doch zweifelsfrei nicht wertlos ist. Die bilanziellen Abschreibungsbeträge drücken also nicht den wahren Wertverlust des Pkw aus." „Das stimmt, Anna. Deshalb musst du auch sogenannte kalkulatorische Abschreibungen bilden, bei denen du die tatsächliche betriebsindividuelle Nutzungsdauer zugrunde legst. Außerdem musst du in der Lage sein, am Ende der Nutzungsdauer einen neuen Firmenwagen anzuschaffen. Da wegen der Inflation alles teurer wird, solltest du die kalkulatorischen

Abschreibungen vom Wiederbeschaffungswert berechnen", erklärt Rudolf. „Machen wir das mal für deinen Geschäftswagen: Anschaffungskosten: 42.000,00 EUR, Nutzungsdauer laut AfA-Tabelle: sechs Jahre, tatsächliche betriebsindividuelle Nutzungsdauer: neun Jahre, geschätzter Wiederbeschaffungswert in neun Jahren: 49.500,00 EUR."

Ermittlung der bilanziellen Abschreibung:

Ermittlung der kalkulatorischen Abschreibung:

Übernahme der Werte in die Ergebnistabelle:

Rechnungskreis I			Rechnungskreis II					
Erfolgsbereich			Abgrenzungsbereich				KLR - Bereich	
			Unternehmensbezogene Abgrenzung		Betriebsbezogene Abgrenzungsrechnung		Kosten- und Leistungsarten	
Kontobezeichnung	Aufwendungen	Erträge	Betriebsfremde Aufwendungen	Betriebsfremde Erträge	Betr. a. o. Aufwendungen	Betr. a. o. Erträge und kostenrechnerische Korrekturen	Kosten	Leistungen
	1	2	3	4	5	6	7	8
Summe								
Saldo								
Summe								

3 „Was ist eigentlich mit meinen Zinsaufwendungen?", fragt Anna. „Neben dem Darlehen in Höhe von 150.000,00 EUR, das ich zu 7 % p. a. bei der Bank aufgenommen habe, steckt ja auch Eigenkapital in meinem kleinen Unternehmen. Wenn ich das bei der Bank angelegt hätte, würde ich doch Zinsen erhalten. Kann man diesen entgangenen Zinsgewinn nicht auch in der Kostenrechnung berücksichtigen?" Rudolf weiß Rat: „So etwas berücksichtigt man, indem kalkulatorische Zinsen vom betriebsnotwendigen Kapital berechnet werden."

Anlagevermögen laut Bilanz	250.000,00 EUR
– nicht betriebsnotwendig	–42.000,00 EUR
= betriebsnotwendiges Anlagevermögen	
+ betriebsnotwendiges Umlaufvermögen	+107.000,00 EUR
= betriebsnotwendiges Vermögen	
– Abzugskapital	–26.000,00 EUR
= betriebsnotwendiges Kapital	

Ermittlung des bilanziellen Zinsaufwandes:

Ermittlung der kalkulatorischen Zinsen (marktüblicher Zinssatz 7 %):

Übernahme der Werte in die Ergebnistabelle:

Rechnungskreis I			Rechnungskreis II					
Erfolgsbereich			Abgrenzungsbereich				KLR - Bereich	
			Unternehmens-bezogene Abgrenzung		Betriebsbezogene Abgrenzungsrechnung		Kosten- und Leistungsarten	
Kontobezeichnung	Aufwendungen	Erträge	Betriebsfremde Aufwendungen	Betriebsfremde Erträge	Betr. a. o. Aufwendungen	Betr. a. o. Erträge und kostenrechnerische Korrekturen	Kosten	Leistungen
	1	2	3	4	5	6	7	8
Summe								
Saldo								
Summe								

4 Anna ist zufrieden: „Vielen Dank, Rudolf. Du hast mir schon sehr geholfen. Ich habe nun auch verstanden, was es mit kalkulatorischen Wagnissen, der kalkulatorischen Miete und dem kalkulatorischen Unternehmerlohn auf sich hat, aber ein großes Problem habe ich noch: Meine Rohstoffaufwendungen für die Stoffe, die ich für die Herstellung meiner Kleider benötige, schwanken doch sehr stark, weil es mir manchmal gelingt, Sonderposten sehr günstig zu erwerben, ich manchmal aber auch darauf angewiesen bin, genau dieselben Stoffe zu unfassbar hohen Preisen zu kaufen. Wenn ich die Rohstoffaufwendungen aus der Finanzbuchhaltung als Kosten in die Kosten- und Leistungsrechnung übernehme, wirkt sich das doch auf meine Materialkosten und somit auf meine Kalkulation aus. Ich müsste permanent meine Preise erhöhen oder senken, sodass meine Kunden total irritiert über die sich ständig verändernden Preise wären und letztlich woanders kaufen würden." „Oh, das ist kein Problem. Du ermittelst

einfach einen gewogenen Durchschnittspreis und setzt diesen dann als Verrechnungspreis in der Kosten- und Leistungsrechnung an."

In der aktuellen Abrechnungsperiode wurde Kaschmirwolle relativ teuer zu 98,00 EUR/kg eingekauft. Zur Ermittlung des Verrechnungspreises sollen aber die Einkäufe der letzten vier Abrechnungsperioden berücksichtigt werden, um Preisschwankungen kalkulatorisch ausgleichen zu können:

- 180 kg zu 85,00 EUR/kg
- 210 kg zu 82,00 EUR/kg
- 450 kg zu 69,00 EUR/kg
- 150 kg zu 98,00 EUR/kg

Tatsächlicher Rohstoffaufwand:

150 kg • 98,00 EUR/kg =

Ermittlung des Verrechnungspreises als gewogener Durchschnittspreis:

Übernahme der Werte in die Ergebnistabelle:

Rechnungskreis I			Rechnungskreis II					
Erfolgsbereich			Abgrenzungsbereich				KLR - Bereich	
			Unternehmens-bezogene Abgrenzung		Betriebsbezogene Abgrenzungsrechnung		Kosten- und Leistungsarten	
Kontobezeichnung	Aufwendungen	Erträge	Betriebsfremde Aufwendungen	Betriebsfremde Erträge	Betr. a. o. Aufwendungen	Betr. a. o. Erträge und kostenrechnerische Korrekturen	Kosten	Leistungen
	1	2	3	4	5	6	7	8
Summe								
Saldo								
Summe								

Ergänzende Übungen

1 Kennzeichnen Sie die unten stehenden Aussagen mit einem (J), wenn die Aussage zutrifft und mit einem (N), wenn die Aussage nicht zutrifft.

a) Die Höhe der fixen Kosten ist unabhängig vom Beschäftigungsgrad. ☐
b) Einzelkosten lassen sich den Kostenträgern direkt zuordnen. ☐
c) Bei den Gehältern für die Mitarbeiter der Personalabteilung handelt es sich um Einzelkosten. ☐
d) Gemeinkosten können den Kostenträgern direkt zugerechnet werden. ☐

e) Bei fallender Beschäftigung sinken die fixen Stückkosten. ☐
f) Ein kalkulatorischer Unternehmerlohn kann bei Kapitalgesellschaften nicht berücksichtigt werden. ☐
g) Kalkulatorische Abschreibungen sind Anderskosten. ☐
h) Die variablen Kosten steigen mit zunehmendem Beschäftigungsgrad. ☐
i) Die kalkulatorischen Zinsen werden vom Gesamtkapital der Unternehmung berechnet. ☐

2 Eine Unternehmung stellt nur ein Produkt her. Die Maximalkapazität beträgt 50.000 Stück pro Periode, die fixen Gesamtkosten betragen 135.000,00 EUR, die proportional verlaufenen variablen Gesamtkosten 780.000,00 EUR pro Periode. Aktuell werden 45.000 Stück hergestellt.

Ermitteln Sie die
a) variablen Stückkosten beim aktuellen Beschäftigungsgrad,
b) fixen Stückkosten beim aktuellen Beschäftigungsgrad,
c) variablen Stückkosten bei voller Kapazitätsauslastung,
d) fixen Stückkosten bei voller Kapazitätsauslastung.

Ausgangssituation II: Die Abgrenzungsrechnung der Metallwerke Bauer & Söhne OHG

Die Metallwerke Bauer & Söhne OHG ist ein kleines mittelständisches Unternehmen mit Sitz in Dortmund und einer der Hauptlieferanten der Sommerfeld Bürosysteme GmbH. Sie stellt neben Stahlrohrgestellen und Alugussteilen auch Alupressprofile und Schrauben her.

Die Abteilung Finanzbuchhaltung der Metallwerke Bauer & Söhne OHG hat für das abgelaufene Geschäftsjahr folgende Gewinn- und Verlustrechnung erstellt:

SOLL	8020 GuV		HABEN
6000 Aufw. für Rohstoffe	445.000,00	5000 Umsatzerlöse	625.000,00
6050 Energie-Aufwand	107.000,00	5200 Bestandsmehrungen	218.000,00
6200 Löhne	214.000,00	5400 Mieterträge	221.000,00
6300 Gehälter	118.000,00	5410 Sonstige Erlöse	199.500,00
6520 Afa	126.500,00	5700 Zinsen u. ähnliche Erträge	123.000,00
6990 Anlagenabgänge	100.000,00		
7000 Unternehmenssteuern	26.000,00		
7510 Zinsaufwendungen	38.000,00		
3000 EK	212.000,00		
	1.386.500,00		**1.386.500,00**

Zu der Gewinn- und Verlustrechnung liegen weiterhin folgende Informationen vor:

- **5400:** Sämtliche Mieterträge sind Erträge aus der Vermietung von Wohnungen an Werksangehörige und ihre Familienmitglieder.
- **5410:** Die Erträge stammen aus dem Verkauf nicht mehr benötigter Fertigungsanlagen über Buchwert.
- **5710:** Die Erträge stammen aus Wertpapiergeschäften.
- **6000:** Insgesamt sind Rohstoffe im Wert von 12.800,00 EUR durch unsachgemäße Lagerung verdorben.
- **6200:** Es wurden Löhne in Höhe von 17.000,00 EUR für Arbeitsleistungen an vermieteten Wohngebäuden bezahlt.
- **6300:** Von den Gehältern entfielen 26.500,00 EUR auf die Verwaltung vermieteter Wohngebäude.
- **6520:** 28.000,00 EUR entfallen auf die vermieteten Wohngebäude.
- **7000:** 11.000,00 EUR mussten an Grundsteuer für vermietete Wohngebäude entrichtet werden.
- Des Weiteren sind folgende kalkulatorische Kosten anzusetzen:
  - kalkulatorische Abschreibungen 105.000,00 EUR
  - kalkulatorische Zinsen 41.000,00 EUR
  - kalkulatorischer Unternehmerlohn 48.000,00 EUR

Arbeitsaufträge

1 Führen Sie die Abgrenzungsrechnung durch und stimmen Sie die Ergebnisse miteinander ab. Nutzen Sie hierzu die beigefügte Ergebnistabelle.

2 Analysieren Sie das von Ihnen ermittelte Ergebnis der Abgrenzungsrechnung, indem Sie Unternehmensergebnis, neutrales Ergebnis und Betriebsergebnis miteinander vergleichen. Erläutern Sie, wie sich die wirtschaftliche Situation der Metallwerke Bauer & Söhne OHG aus Ihrer Sicht darstellt. Nennen Sie mögliche Ursachen und gehen Sie dabei auf einzelne, markante Positionen der Abgrenzungsrechnung ein.

Aufwands- und Ertragspositionen	Abgrenzungsrechnung		I. Werte der Finanzbuchhaltung		II. Unternehmensbezogene Abgrenzungsrechnung		III. Betriebsbezogene Abgrenzungsrechnung/KLR-Korrekturen		IV. Kosten- und Leistungsarten	
			1	2	3	4	5	6	7	8
Zeile	Konto	Bezeichnung	Aufwendungen	Erträge	Betriebsfremde Aufwendungen	Betriebsfremde Erträge	Betriebliche a. o. Aufwendungen	Betriebliche a. o. Erträge	Kosten	Leistungen
1										
2										
3										
4										
5										
6										
7										
8										
9										
10										
11										
12										
13										
14										
15										
16										
17	Summe									
18	Saldo									
19	Summe									

Lernsituation 30: Gemeinkosten mithilfe der Kostenstellenrechnung auf die Kostenstellen verteilen

Ausgangssituation I: Anna Overninger und die Verteilungsrechnung

Rudolf Heller ist zufrieden. Es hat sich gezeigt, dass er das im Ausbildungsbetrieb und in der Berufsschule erworbene Wissen anwenden konnte, um seiner Bekannten Anna Overninger bei der Abgrenzung der neutralen Aufwendungen und Erträge ihrer kleinen Schneiderei zu helfen. Im nächsten Schritt müssen nun die Kosten näher analysiert werden. „Was mache ich denn zum Beispiel mit den kalkulatorischen Abschreibungen auf meinen Geschäftswagen? Den benötige ich hauptsächlich, um meine Kunden zu besuchen, aber ich fahre auch zu Lieferanten oder transportiere kleinere Mengen Stoff. Und hier meine Stromrechnung: Strom habe ich ja immer und überall verbraucht", fragt Anna. Rudolf erläutert: „Ziel ist es, die angefallenen Kosten verursachungsgerecht auf Kostenträger, also die Produkte, zu verteilen. Keinerlei Probleme bereiten in diesem Zusammenhang die Material- und die Lohnkosten. Das sind Einzelkosten, die sich direkt den Produkten zuordnen lassen. Schwieriger wird es bei den Gemeinkosten. Um diese am Ende den verschiedenen Produkten zuordnen zu können, musst Du zunächst feststellen, in welchen Betriebsbereichen sie in welcher Höhe angefallen sind."

Arbeitsauftrag

Die folgenden Gemeinkosten sollen exemplarisch auf die Hauptkostenstellen der Schneiderei Overninger verteil werden.

a) Stromkosten, Höhe: 2.527,00 EUR jährlich
   ➔ Verteilung auf die Kostenstellen gem. Stromverbrauch laut Zählerstand:

Material	1.900 kWh
Fertigung	7.800 kWh
Verwaltung	1.500 kWh
Vertrieb	2.100 kWh

b) Kalkulatorische Abschreibungen auf den Geschäftswagen, Höhe: 5.500,00 EUR jährlich ➔ Verteilung auf die Kostenstellen Material und Vertrieb im Verhältnis 1 : 3

Ergänzende Übung

Kennzeichnen Sie die unten stehenden Aussagen mit einem (J), wenn die Aussage zutrifft und mit einem (N), wenn die Aussage nicht zutrifft.

a) Mithilfe der Abgrenzungsrechnung werden die Einzelkosten verursachungsgerecht auf die Kostenstellen verteilt. ☐
b) Die Kosten für das Fertigungsmaterial bilden die Zuschlagsgrundlage zur Ermittlung des Fertigungsgemeinkostenzuschlagssatzes. ☐
c) Neutrale Aufwendungen finden in der Kostenstellenrechnung keine Berücksichtigung. ☐
d) Dividiert man die Fertigungsgemeinkosten durch die Fertigungslöhne, so erhält man den Fertigungsgemeinkostenzuschlagssatz. ☐
e) Die Herstellkosten des Umsatzes bilden die Zuschlagsgrundlage für die Vertriebsgemeinkosten. ☐
f) Bei der Bildung der Kostenstellen ist es nicht sinnvoll, eine Übereinstimmung von Funktions- und Verantwortungsbereich zu erzielen. ☐
g) Beim mehrstufigen BAB unterscheidet man zwischen Hilfskostenstellen und Hauptkostenstellen. ☐
h) Ein Gemeinkostenzuschlagssatz wird ausschließlich für die Hauptkostenstellen gebildet. ☐
i) Die Gemeinkosten der Hauptkostenstellen werden verursachungsgerecht auf die Hilfskostenstellen verteilt. ☐

Ausgangssituation II: Die Kostenstellenrechnung der Metallwerke Bauer & Söhne OHG (Fortsetzung der LS 29.II)

Nachdem die Metallwerke Bauer & Söhne OHG die Abgrenzungsrechnung mithilfe einer Ergebnistabelle durchgeführt und die Ergebnisse analysiert hat, sollen Sie nunmehr auf Basis der durchgeführten Abgrenzungsrechnung einzelne Betriebsbereiche im Rahmen der Kostenstellenrechnung näher analysieren. Dazu liegen folgende Angaben zur Verteilung der Gemeinkosten auf die einzelnen Kostenstellen vor:

Gemeinkostenarten	Kostenstellen				
	Material	Fertigung I	Fertigung II	Verwaltung	Vertrieb
6050 Energieaufwand	Verbrauch: 975.000 kWh	Verbrauch: 1.695.000 kWh	Verbrauch: 1.940.000 kWh	Verbrauch: 350.000 kWh	Verbrauch: 390.000 kWh
6300 Gehälter	11.000,00 EUR lt. Gehaltsliste	15.900,00 EUR lt. Gehaltsliste	12.600,00 EUR lt. Gehaltsliste	29.000,00 EUR lt. Gehaltsliste	23.000,00 EUR lt. Gehaltsliste
7000 Betriebliche Steuern	Verteilung auf die Kostenstellen im Verhältnis 2 :	5 :	6 :	4 :	3
Kalkulatorische Abschreibungen	Verteilung auf die Kostenstellen im Verhältnis 8 :	13 :	17 :	2 :	2
Kalkulatorische Zinsen (Zinssatz: 8 % p. a.)	Betriebsnotwendiges Vermögen: 100.000,00 EUR	Betriebsnotwendiges Vermögen: 140.000,00 EUR	Betriebsnotwendiges Vermögen: 170.000,00 EUR	Betriebsnotwendiges Vermögen: 32.500,00 EUR	Betriebsnotwendiges Vermögen: 70.000,00 EUR
Kalkulatorischer Unternehmerlohn	–	–	–	48.000,00 EUR	–

Arbeitsauftrag

Ermitteln Sie die auf die einzelnen Kostenstellen zu verteilenden Gemeinkosten gemäß den oben angeführten Angaben und nehmen Sie die Verteilung der Gemeinkosten auf die einzelnen Kostenstellen vor. Nutzen Sie hierzu den beigefügten Betriebsabrechnungsbogen (BAB).

Betriebsabrechnungsbogen (BAB)						
Gemeinkostenart	Betrag	Kostenstellen				
		Material	Fertigung I	Fertigung II	Verwaltung	Vertrieb

Lernsituation 31: Kosten in der Kostenträgerrechnung den Kostenträgern zurechnen

Ausgangssituation: Eine Kostenträgerstückrechnung in der Metallwerke Bauer OHG (Fortsetzung der LS 30.II)

Nach Durchführung der Kostenartenrechnung (Lernsituation 29) und der Kostenstellenrechnung (Lernsituation 30) müssen bei Metallwerke Bauer & Söhne OHG nun die Preise für unterschiedliche Produkte bzw. Aufträge ermittelt werden. Dafür müssen Sie auf Ihre Ergebnisse der vorangegangenen Lernsituationen zurückgreifen.

Arbeitsaufträge

1 Ermitteln Sie die jeweilige Zuschlagsgrundlage und die jeweiligen Gemeinkostenzuschlagssätze (auf zwei Nachkommastellen runden) für die einzelnen Kostenstellen. Berücksichtigen Sie hierbei die folgenden Angaben:

- Die in der Produktion angefallenen Fertigungslöhne (Kontonummer 6000) lassen sich über Lohnabrechnungen und Einsatzpläne zu 40 % der Kostenstelle „Fertigung I" und zu 60 % der Kostenstelle „Fertigung II" zuordnen.
- Aus der Finanzbuchhaltung werden darüber hinaus folgende Daten übermittelt (vgl. Gewinn und Verlustrechnung der Lernsituation 29):

2100 UFE

AB	122.000,00	BVÄ	2.000,00
		SB	120.000,00
	122.000,00		122.000,00

2200 FE

AB	35.000,00		
BVÄ	20.000,00	SB	255.000,00
	255.000,00		255.000,00

Ermittlung der Zuschlagsgrundlagen:

MEK	
MGK	
FEK I	
FGK I	
FEK II	
FGK II	
= HK (Rechnungsperiode)	
+ AB 2100 UFE	
– SB 2100 UFE	
= HK (Produktion)	
+ AB 2200 FE	
– SB 2200 FE	
= HK (Umsatz)	

Betriebsabrechnungsbogen (BAB)					
	Kostenstellen				
	Material	Fertigung I	Fertigung II	Verwaltung	Vertrieb
Summe Gemeinkosten					
Zuschlagsgrundlage					
GKZS					

2 Für die Produktion eines Alupressprofils wird Fertigungsmaterial zum Preis von 19,00 EUR netto benötigt. In der Kostenstelle „Fertigung I" verdienen die Mitarbeiter 16,00 EUR/Stunde und produzieren zwei Alupressprofile je Stunde. In der Kostenstelle „Fertigung II" verursacht die Produktion eines Alupressprofils Lohnkosten in Höhe von 9,00 EUR. Ermitteln Sie den Zielverkaufspreis für ein Alupressprofil, wenn ein Gewinnzuschlag von 10 % realisiert und den Kunden die Möglichkeit zur Zahlung unter Abzug von 2 % Skonto gewährt werden soll.

	Zuschlagssatz in %	Betrag in EUR
MEK		
MGK		
MK		
FEK I		
FGK I		
FK I		
FEK II		
FGK II		
FK II		
FK gesamt		
HK (MK + FK)		
VwGK		
VtGK		
Selbstkosten		
Gewinnzuschlag		
Barverkaufspreis		
Skonto		
Zielverkaufspreis		

3 Wie viel EUR dürften die Selbstkosten maximal betragen, wenn bei identischer Preisgestaltung ein Gewinnzuschlag von 15 % realisiert werden soll?

Ergänzende Übungen

Maschinenstundensatzrechnung

1 Der BAB einer Industrieunternehmung weist im Monat November für die Fertigungshauptkostenstelle „Lackiererei" bei Normalbeschäftigung (300 Stunden) folgende Werte aus:

Maschinenabhängige Fertigungsgemeinkosten		Restfertigungsgemeinkosten	Summe
variabel	fix		
25.500,00 EUR	45.000,00 EUR	9.500,00 EUR	80.000,00 EUR

Die Fertigungseinzelkosten im November betragen 72.500,00 EUR.

a) Ermitteln Sie den Maschinenstundensatz und den Restgemeinkostenzuschlagssatz bei Normalbeschäftigung.

b) Ermitteln Sie den Maschinenstundensatz bei Unterbeschäftigung (280 Sunden) und bei Überbeschäftigung (310 Stunden).

Divisionskalkulation mit Äquivalenzziffern

2 Ein Joghurthersteller produziert fünf unterschiedliche Sorten Frucht-Sahne-Joghurt. Die insgesamt angefallenen Produktionskosten betrugen im Monat November 38.642,50 EUR.

Ermitteln Sie mithilfe der folgenden Angaben die Selbstkosten je Produktionseinheit.

Joghurtsorte	Produktionsmenge	Äquivalenzziffer	Recheneinheiten
Ananas	10.000 Becher	1,3	
Birne	8.000 Becher	0,9	
Erdbeere	15.000 Becher	1,0	
Kiwi	9.500 Becher	1,5	
Zitrone	12.500 Becher	0,8	
Summe		-	

Selbstkosten je Recheneinheit:

Joghurtsorte	Selbstkosten insgesamt	Produktionsmenge	Selbstkosten je Becher
Ananas		10.000 Becher	
Birne		8.000 Becher	
Erdbeere		15.000 Becher	
Kiwi		9.500 Becher	
Zitrone		12.500 Becher	
Summe		–	

Lernsituation 32: Kostenträgerzeitrechnung mit Ist- und Normalkosten

Ausgangssituation: Kostenabweichungen bei einem der Hauptlieferanten der Sommerfeld Bürosysteme GmbH

Als einer der Hauptlieferanten der Sommerfeld Bürosysteme GmbH stellt die Wollux GmbH Peter Findeisen mit Sitz in Magdeburg Bezugs- und Polstermaterialien für Möbel her. Am Ende eines jeden Monats überprüft die Wollux GmbH Peter Findeisen, ob die verwendeten Gemeinkostenzuschlagssätze auch für die kommende Rechnungsperiode beibehalten werden können oder ob diese angepasst werden müssen.

Für den vergangenen Monat wurden aus der Controlling-Abteilung folgende Zahlen (Ist-Kosten) gemeldet:

Kosten und Leistungen	insgesamt	Anteile der Produktgruppen	
		Produktgruppe A (Bezugsmaterialien)	Produktgruppe B (Polstermaterialien)
Fertigungsmaterial	85.000,00	52.000,00	33.000,00
Fertigungslöhne	46.000,00	34.000,00	12.000,00
Materialgemeinkosten	9.640,00		
Fertigungsgemeinkosten	88.450,00		
Verwaltungsgemeinkosten	21.340,00		
Vertriebsgemeinkosten	8.480,00		
Unfertige Erzeugnisse:			
Anfangsbestand	10.000,00	6.000,00	4.000,00
Endbestand	14.000,00	9.000,00	5.000,00

Kosten und Leistungen	insgesamt	Anteile der Produktgruppen	
		Produktgruppe A (Bezugsmaterialien)	Produktgruppe B (Polstermaterialien)
Fertige Erzeugnisse:			
Anfangsbestand	16.000,00	10.000,00	6.000,00
Endbestand	22.000,00	15.000,00	7.000,00
Netto-Umsatzerlöse	289.600,00	188.400,00	101.200,00

Darüber hinaus erfahren Sie aus dem Controlling, dass im Monat November im Rahmen der Vorkalkulation (bei identischen Einzelkosten) mit folgenden Normal-Gemeinkostenzuschlagssätzen kalkuliert wurde:

Materialgemeinkosten	11 %
Fertigungsgemeinkosten	200 %
Verwaltungsgemeinkosten	10 %
Vertriebsgemeinkosten	6 %

Arbeitsaufträge

1 Erstellen Sie das Kostenträgerzeitblatt, indem Sie die Ist-Gemeinkostenzuschlagssätze berechnen und dann sowohl im Rahmen der Ist-Kostenrechnung als auch im Rahmen der Normal-Kostenrechnung die Selbstkosten des Umsatzes ermitteln.

Kostenarten	Ist-Kostenrechnung			
	Kosten insgesamt	Ist-Zuschlagssätze	Kosten Produktgruppe A	Kosten Produktgruppe B
Materialeinzelkosten				
Materialgemeinkosten				
Materialkosten				
Fertigungseinzelkosten				
Fertigungsgemeinkosten				
Fertigungskosten				
HK der Rechnungsperiode				
HK der Produktion				
HK des Umsatzes				
Verwaltungsgemeinkosten				
Vertriebsgemeinkosten				
SK des Umsatzes				

Kostenarten	Normal-Kostenrechnung			
	Kosten insgesamt	Normal-Zuschlagssätze	Kosten Produktgruppe A	Kosten Produktgruppe B
Materialeinzelkosten				
Materialgemeinkosten				
Materialkosten				
Fertigungseinzelkosten				
Fertigungsgemeinkosten				
Fertigungskosten				
HK der Rechnungsperiode				
HK der Produktion				
HK des Umsatzes				
Verwaltungsgemeinkosten				
Vertriebsgemeinkosten				
SK des Umsatzes				

2 Ermitteln Sie die entstandenen Kostenüber- bzw. Kostenunterdeckungen in den Kostenstellen „Material“, „Fertigung“, „Verwaltung“ und „Vertrieb“ sowohl für die Produktgruppen „Bezugsmaterialien“ und „Polstermaterialien“ als auch insgesamt.

	Gemeinkosten insgesamt	
	Ist	Normal
Materialgemeinkosten		
Fertigungsgemeinkosten		
Verwaltungsgemeinkosten		
Vertriebsgemeinkosten		
Summe		

	Gemeinkosten der Produktgruppe A	
	Ist	Normal
Materialgemeinkosten		
Fertigungsgemeinkosten		
Verwaltungsgemeinkosten		
Vertriebsgemeinkosten		
Summe		

	Gemeinkosten der Produktgruppe B	
	Ist	Normal
Materialgemeinkosten		
Fertigungsgemeinkosten		
Verwaltungsgemeinkosten		
Vertriebsgemeinkosten		
Summe		

3 Ermitteln Sie das Betriebsergebnis und das Umsatzergebnis der beiden Produktgruppen.

	insgesamt	Produktgruppe A	Produktgruppe B
erzielte Umsatzerlöse			
SK des Umsatzes (Ist-Kostenrechnung)			
Betriebsergebnis			
	insgesamt	Produktgruppe A	Produktgruppe B
erzielte Umsatzerlöse			
SK des Umsatzes (Normal-Kostenrechnung)			
Umsatzergebnis			

4 Führen Sie mögliche Ursachen für die in den einzelnen Kostenstellen entstandenen Kostenabweichungen (vgl. Aufgabe 2) an.

5 Vergleichen Sie Betriebs- und Umsatzergebnis (vgl. Aufgabe 3) und erläutern Sie, aus welchem Grund diese unterschiedlich hoch ausfallen.

Lernsituation 33: Markt- statt Kostenorientierung in der Kostenrechnung

Ausgangssituation: Kostenverläufe bei der Primus GmbH

Die Primus GmbH mit Sitz in Duisburg beliefert die Sommerfeld Bürosysteme GmbH seit vielen Jahren mit technischen Geräten für den Eigenbedarf. In den letzten Monaten hat sich die Absatzsituation der Primus GmbH jedoch deutlich verschlechtert, viele Kunden sind auf andere Lieferanten ausgewichen. Aus der Abteilung Controlling der Primus GmbH liegen für die vergangenen beiden Geschäftsjahre für Basis-Kopiergeräte folgende Daten vor:

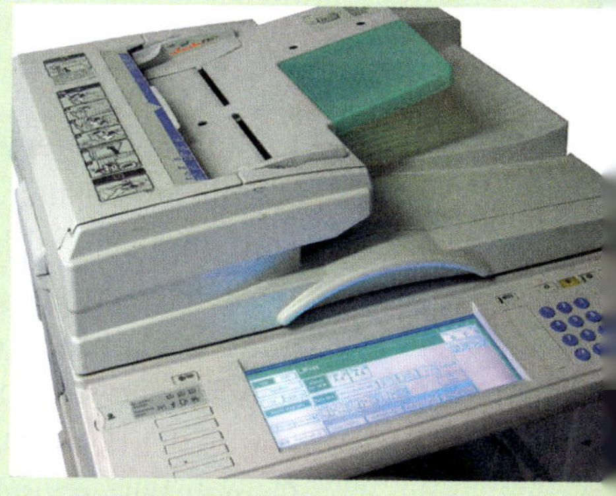

Produktionskapazität	12.000 Stück
Geplante Produktionsmenge (= Verkaufsmenge)	10.000 Stück
Erzielte Umsatzerlöse	6.950.000,00 EUR
Fixe Kosten	2.437.500,00 EUR
Variable Gesamtkosten bei geplanter Kapazitätsauslastung	4.062.500,00 EUR
Geplantes Betriebsergebnis (= kalkulierter Gewinn)	450.000,00 EUR

Arbeitsaufträge

1 Ermitteln Sie
   a) die fixen Stückkosten bei der geplanten Kapazitätsauslastung
   b) die variablen Stückkosten
   c) den Stückerlös
   d) den Stückdeckungsbeitrag (db)
   e) die Gewinnschwelle (Break-Even-Point)
   f) die langfristige Preisuntergrenze bei der geplanten Kapazitätsauslastung
   g) die kurzfristige Preisuntergrenze.

2 Welche der in Aufgabe 1 ermittelten Werte würden sich verändern, wenn die tatsächliche Produktionsmenge (= Verkaufsmenge) nur 8.000 Stück betragen würde? Welche Auswirkungen hätte dies auf das Betriebsergebnis.

3 Beurteilen Sie vor diesem Hintergrund den Vorschlag der Geschäftsleitung, den Abgabepreis für die Basiskopiergeräte auf 550,00 EUR zu senken, um Konkurrenten Marktanteile abzunehmen und so eine volle Auslastung der Produktionskapazitäten sicherzustellen.

Lernsituation 34: Teilkostenrechnung als Entscheidungsinstrument bei der Produktions- und Absatzplanung

Ausgangssituation: Preiskalkulation bei der Metallwerke Bauer & Söhne OHG (Fortsetzung der LS 31)

Im Rahmen einer Anfrage über die Lieferung von 1.000 Stahlrohrgestellen bietet ein Kunde der Metallwerke Bauer & Söhne OHG einen Netto-Preis von 98,00 EUR je Stahlrohrgestell. Für die Fertigung der Stahlrohrgestelle würden Materialeinzelkosten in Höhe von 22,00 EUR, in der Kostenstelle „Fertigung I“ Lohnkosten in Höhe von 15,00 EUR/Stück und in der Kostenstelle „Fertigung II“ Lohnkosten in Höhe von 18,00 EUR/Stück anfallen. Darüber hinaus wären aufgrund von Sonderwünschen des Kunden Sondereinzelkosten der Fertigung in Höhe von 750,00 EUR zu berücksichtigen. Die Berücksichtigung der Gemeinkosten erfolgt auf Basis der zuvor ermittelten Gemeinkostenzuschlagssätze (Lernsituation 31).

Arbeitsaufträge

1 Belegen Sie rechnerisch, ob es sinnvoll ist, den Auftrag anzunehmen. Führen Sie in diesem Zusammenhang zunächst eine Kalkulation unter Berücksichtigung aller angefallenen Kosten (Vollkostenrechnung) durch.

	Zuschlagssatz	Gesamte Auftragsmenge	je Stück
MEK			
MGK			
MK			
FEK I			
FGK I			
FK I			
FEK II			
FGK II			
FK II			
SEK			
FK gesamt			

	Zuschlagssatz	Gesamte Auftragsmenge	je Stück
HK (MK + FK)			
VwGK			
VtGK			
Selbstkosten			
Umsatzerlöse			
Gewinn/Verlust			

2 Überprüfen Sie Ihr Ergebnis der Aufgabe 1 mithilfe der Teilkostenrechnung. Dazu liegen Ihnen folgende Informationen vor:

- Sämtliche Einzelkosten sind zu 100 % variabel.
- Die Materialgemeinkosten sind zu 30 % fix und zu 70 % variabel.
- Die Fertigungsgemeinkosten (I und II) sind zu 40 % fix und zu 60 % variabel.
- Die Verwaltungs- und die Vertriebsgemeinkosten sind zu 60 % fix und zu 40 % variabel.

	gesamte Auftragsmenge	je Stück
MEK		
MGK (anteilig)		
MK		
FEK I		
FGK I (anteilig)		
FK I		
FEK II		
FGK II (anteilig)		
FK II		
SEK		
FK gesamt		
HK (MK + FK)		
VwGK (anteilig)		
VtGK (anteilig)		

	gesamte Auftragsmenge	je Stück
Selbstkosten		
Umsatzerlöse		
Deckungsbeitrag		

Lernsituation 35: Flexible Plankostenrechnung als Instrument des Controllings

Ausgangssituation: Eine Alternative zur Normalkostenrechnung

Da es in den vergangenen Monaten immer wieder zu deutlichen Kostenabweichungen bei einzelnen Produktgruppen gekommen ist, hat der Leiter des Rechnungswesens, Jens Effer, beschlossen, die flexible Plankostenrechnung als eine Möglichkeit zur Verrechnung, Kalkulation und Kontrolle anzuwenden. Im Unterschied zur Normalkostenrechnung werden die Plankosten bei der Plankostenrechnung unabhängig von den Ist-Kosten der Vergangenheit ermittelt. Da Jens Effer mit den Leistungen von Rudolf Heller bislang sehr zufrieden ist, beauftragt er ihn, das Instrument der Plankostenrechnung für einen von den gewerblichen Auszubildenden entworfenen Schreibtisch anzuwenden.

Arbeitsauftrag

1. Schritt: Berechnung der geplanten Kosten

Planfertigungsmaterial

	Holzverbrauch je Regal lt. Stückliste:	5,00 m²
+	Abfallmenge/Verschnitt (4 %):	
=	Bruttoplanverbrauchsmenge:	

Planproduktionsmenge:	100 Schreibtische
Gesamtbruttoplanverbrauchsmenge:	
Planverrechnungspreis je m²:	12,00 EUR/m²
Kosten für Planfertigungsmaterial:	

Hinweis: Die geplanten Einzelkosten für das Fertigungsmaterial gelten in voller Höhe als variabel und werden den Kostenträgern direkt zugeordnet. Im weiteren Verlauf der Lernsituation werden diese daher nicht weiter betrachtet.

Planfertigungslohn

Planproduktionsmenge:	100 Schreibtische
Vorgabezeit je Schreibtisch:	75 Minuten
Erwarteter Akkordrichtsatz je Stunde:	15,00 EUR

Planminutenfaktor:

Planlohneinzelkosten:

Hinweis: Die Planlohneinzelkosten gelten in voller Höhe als variabel, gehen aber dennoch in die Kostenstellenrechnung (vgl. Schritt 2) ein.

2. Schritt: Auflösung der geplanten Gemeinkosten in variable und fixe Bestandteile

Kostenart	Planmenge	Planpreis je Einheit	Plankosten		
			gesamt	variabel	fix
Fertigungslöhne		15,00 EUR/Std.			
Energie	1.000 kWh	0,19 EUR/kWh	190,00 EUR	190,00 EUR	5,00 EUR
GK-Material			980,00 EUR	180,00 EUR	800,00 EUR
Instandsetzung	10 Stunden	18,00 EUR/Std.	180,00 EUR	20,00 EUR	160,00 EUR
Kalk. AfA			700,00 EUR	0,00 EUR	700,00 EUR
Kalk. Zinsen			500,00 EUR	0,00 EUR	500,00 EUR
Sonstige Kosten			1.200,00 EUR	200,00 EUR	1.000,00 EUR
Plankostensumme					
Planbezugsgröße: 125 Stunden					
Plankostenverrechnungssatz					

3. Schritt: Ermittlung der Plankosten und der Sollkosten

Plankosten

Verrechnete Plankosten = Plankostenverrechnungssatz · Planbeschäftigung

Ermittlung der Sollkosten bei einer Ist-Beschäftigung von 125 Stunden

Sollkosten = variable Plankosten · Ist-Beschäftigung + fixe Plankosten

Ermittlung der Sollkosten bei einer Ist-Beschäftigung von 100 Stunden

Sollkosten = variable Plankosten · Ist-Beschäftigung + fixe Plankosten

4. Schritt: Abweichungsanalyse

Verrechnete Plankosten bei Ist-Beschäftigung: 100 Stunden · 45,00 EUR/Std. =
Sollkosten bei Ist-Beschäftigung: 100 Stunden · 19,68 EUR + 3.165,00 EUR =
Beschäftigungsabweichung:

Hinweis: Eine Beschäftigungsabweichung ist vom Kostenstellenleiter nicht zu verantworten.

Sollkosten bei Ist-Beschäftigung: 100 Stunden · 19,68 EUR + 3.165,00 EUR =
Ist-Kosten: 5.800,00 EUR
Verbrauchsabweichung:

Hinweis: Eine Verbrauchsabweichung liegt im Verantwortungsbereich des Kostenstellenleiters und ist von diesem zu begründen. Hier übersteigen die tatsächlich angefallenen Kosten (Ist-Kosten) die Sollkosten bei Ist-Beschäftigung, es liegt also eine Kostenunterdeckung vor.

Beschäftigungsabweichung:
Verbrauchsabweichung:
Gesamtabweichung:

Lernsituation 36: Prozesskostenrechnung

Ausgangssituation: Geschäftsprozesse als Basis für die Kalkulation

Jens Effer bittet Jussuf Önder und Klaus Lage zu einer Besprechung in sein Büro. „In letzter Zeit ist es häufiger zu Beschwerden einzelner Produktmanager gekommen. Sie beklagen, dass ihre Produkte mit Gemeinkosten für indirekte Leistungen belastet werden, welche diese nicht verursacht hätten. Durch einen Anstieg dieser Gemeinkosten würde das Betriebsergebnis in ihrem Bereich negativ belastet, wofür sie letztlich verantwortlich gemacht würden, obwohl sie keine Möglichkeiten hätten, diese Gemeinkosten zu beeinflussen." Klaus Lage, der vor Kurzem eine Fortbildung zum Thema „Moderne Kostenrechnungssysteme" besucht hat, antwortet: „Ich kann den Unmut der Kollegen nachvollziehen. Ein weiteres Problem ist, dass jeder auch noch so kleine Auftrag eine ähnliche Bearbeitung erfordert. Ob wir nun eine Bestellung über zwei oder zweihundert Schreibtische bearbeiten, die Bestellung muss erfasst, das Material disponiert, die Produktion geplant, die Rechnung geschrieben, die Ware kommissioniert und der Zahlungseingang überwacht werden. Im Rahmen der Zuschlagskalkulation haben wir die Gemeinkosten über einen Zuschlagssatz berücksichtigt, wodurch aber letztlich kleinere Aufträge durch Großaufträge ‚subventioniert' werden. Alternativ könnte man versuchen, die Gemeinkosten der indirekten Kostenstellen (Beschaffung, Verwaltung, Vertrieb) prozessorientiert zu erfassen."

Arbeitsaufträge

1 Ermitteln Sie die Prozesskostensätze für die folgenden, exemplarischen Teilprozesse:

Abteilung „Beschaffung"

Teilprozess	Kostentreiber (Cost Driver)	Prozessmenge je Monat	Prozesskosten je Monat	Prozesskostensatz
Angebote vergleichen	Anzahl der Angebote	2.100	92.400,00 EUR	
Terminüberwachung	Anzahl der Bestellungen	1.200	38.400,00 EUR	

Abteilung „Allgemeine Verwaltung"

Teilprozess	Kostentreiber (Cost Driver)	Prozessmenge je Monat	Prozesskosten je Monat	Prozesskostensatz
Überprüfung von Eingangsrechnungen	Anzahl der Rechnungen	1.500	37.500,00 EUR	
Erstellung von Ausgangsrechnungen	Anzahl der Rechnungen	1.900	58.900,00 EUR	

Abteilung „Vertrieb"

Teilprozess	Kostentreiber (Cost Driver)	Prozessmenge je Monat	Prozesskosten je Monat	Prozesskostensatz
Anfragen erfassen	Anzahl der Anfragen	1.800	64.800,00 EUR	
Angebote erstellen	Anzahl der Angebote	1.700	76.500,00 EUR	
Bestellungen erfassen	Anzahl der Bestellungen	1.200	46.800,00 EUR	
Besuch von Kunden	Anzahl der Kundenbesuche	500	62.500,00 EUR	
Bearbeitung von Reklamationen	Anzahl der Reklamationen	150	4.350,00 EUR	

2 Kalkulieren Sie den Angebotspreis für die Anfrage eines Kunden über 50 Schreibtische, wenn Sie folgende Daten zugrunde legen:

Materialkosten

Materialeinzelkosten je Stück: 62,40 EUR
Zuschlagssatz für nicht über Prozesse verrechnete Materialgemeinkosten: 5 %
50 Stück · 62,40 EUR =
+ leistungsmengenneutrale Gemeinkosten (5 %)

Zu verrechnende Prozesskosten der Materialbeschaffung

Teilprozess	Prozessmenge	Prozesskosten	Summe
Angebote vergleichen	4		
Terminüberwachung	1		
		Prozesskosten insgesamt	

Fertigungskosten

Fertigungseinzelkosten je Stück: 29,00 EUR
Zuschlagssatz für nicht über Prozesse verrechnete Fertigungsgemeinkosten: 70 %
50 Stück · 29,00 EUR =
+ leistungsmengenneutrale Gemeinkosten (70 %)

Zu verrechnende Prozesskosten der Allgemeinen Verwaltung

Teilprozess	Prozessmenge	Prozesskosten	Summe
Überprüfung ER	1		
Erstellung AR	1		
		Prozesskosten insgesamt	

Zu verrechnende Prozesskosten des Vertriebs

Teilprozess	Prozessmenge	Prozesskosten	Summe
Anfragen erfassen	1		
Angebot erstellen	1		
Bestellung erfassen	1		
		Prozesskosten insgesamt	

Materialeinzelkosten:
Materialgemeinkosten:
Prozesskosten Beschaffung:
Fertigungseinzelkosten:
Fertigungsgemeinkosten:
Prozesskosten Verwaltung:
Prozesskosten Vertrieb:
Gesamtkosten:
Kosten je Stück:

Lernsituation 37: Target Costing (Zielkostenrechnung) als Kostenmanagementsystem

Ausgangssituation: Ein Angebot wird abgelehnt

Auf einer Abteilungsleiterkonferenz der Sommerfeld Bürosysteme GmbH zitiert Peter Kraus, der Leiter der Abteilung Vertrieb, aus dem Geschäftsbrief eines Kunden:

> Sehr geehrte Damen und Herren,
>
> leider müssen wir Ihnen mitteilen, dass wir Ihr Angebot über die Lieferung der 25 Basis Polstersessel mit verchromten Tragarmen (Bestell-Nr. 771/0) nicht annehmen werden. Es handelt sich zwar zweifelsfrei um ein qualitativ hochwertiges Produkt, allerdings besitzt es Eigenschaften, welche für uns nicht relevant sind. Wir haben uns für ein Angebot eines Ihrer Mitbewerber entschieden, da dieser uns einen vergleichbaren Sessel zum Preis von 990,00 EUR je Stück liefern konnte.
>
> Mit freundlichen Grüßen
>
> *Michael Back*

Peter Kraus erläutert: „Wir bieten den Basis Polstersessel zu einem Netto-Listenverkaufspreis von 1.182,00 EUR, wobei wir einen Gewinnzuschlag von 20 % realisieren, wie mir die Kollegen aus dem Controlling mitgeteilt haben. Wir müssen zwingend den Verkaufspreis senken, wenn wir hier nicht von unseren Mitbewerbern aus dem Markt gedrängt werden wollen.“

Arbeitsaufträge

1 Ermitteln Sie für den Basis Polstersessel die jeweiligen Kostenanteile für die festgestellten Produkteigenschaften.

Produkteigenschaften	Kosten in EUR	Kostenanteil in %
Lebensdauer	325,05 EUR	
Reinigungsmöglichkeiten der Polster	108,35 EUR	
Kombinationsmöglichkeiten	98,50 EUR	
Ergonomische Eigenschaften/ Bequemlichkeit	118,20 EUR	
Optik durch verchromte Armlehnen	216,70 EUR	
Recycling	118,20 EUR	
Gesamtkosten	985,00 EUR	100 %

2 Ermitteln Sie auf Basis des Kostenanteils und der Kundengewichtung den Zielkostenindex für die jeweiligen Produkteigenschaften.

Produkteigenschaften	Kundengewichtung	Kostenanteil in %	Zielkostenindex
Lebensdauer	30 %	33 %	
Reinigungsmöglichkeiten der Polster	15 %	11 %	
Kombinationsmöglichkeiten	5 %	10 %	
Ergonomische Eigenschaften/ Bequemlichkeit	25 %	12 %	
Optik durch verchromte Armlehnen	10 %	22 %	
Recycling	15 %	12 %	
	100 %	100 %	

3 Erläutern Sie, bei welchen Produkteigenschaften Kosten eingespart werden könnten, ohne dass sich die Produkteinschätzung des Kunden verschlechtert.

4 Ermitteln Sie die Zielkosten (Target Costs), wenn die Sommerfeld Bürosysteme GmbH den Basispolstersessel – wie der Mitbewerber auch – zu einem Netto-Listenverkaufspreis von 990,00 EUR anbieten möchte, wobei der Gewinnzuschlag von 20 % auch zukünftig realisiert werden soll.

5 Vervollständigen Sie den Aufbau der Zielkostenrechnung für den Basis Polstersessel.

Target Price
– Target Profit
= Target Costs
– Drifting Costs
– Target Gab

6 Ermitteln Sie die Kosten, die für die Realisierung der jeweiligen Produkteigenschaft anfallen dürfen, wenn als Maßgabe die Kundengewichtung gilt und die Zielkosten in Höhe von 825,00 EUR realisiert werden sollen.

Produkteigenschaften	Kundengewichtung = Kostenanteil in %	Zielkosten je Produkteigenschaft
Lebensdauer	30 %	
Reinigungsmöglichkeiten der Polster	15 %	
Kombinationsmöglichkeiten	5 %	
Ergonomische Eigenschaften/ Bequemlichkeit	25 %	
Optik durch verchromte Armlehnen	10 %	
Recycling	15 %	
	100 %	825,00 EUR

Aufgaben zur Prüfungsvorbereitung

Aufgabe 1

Welche der unten stehenden Aussagen zur Kostenrechnung in einer Industrieunternehmung betreffen die
(1) Grundkosten,
(2) kalkulatorischen Anderskosten,
(3) kalkulatorischen Zusatzkosten,
(4) neutralen Aufwendungen?

a) Die Lohnkosten werden in voller Höhe aus der Gewinn- und Verlustrechnung übernommen. ☐
b) An vermieteten Gebäuden sind Reparaturen vorgenommen worden. ☐
c) In Höhe eines vergleichbaren Geschäftsführergehalts wird Unternehmerlohn angesetzt. ☐
d) Der Verbrauch von Rohstoffen wird zu Verrechnungspreisen bewertet. ☐
e) Die Kosten für Fremdbauteile werden dem Konto „Aufwendungen für Fremdbauteile" entnommen. ☐
f) Beim Verkauf von Wertpapieren fallen „Kosten des Geldverkehrs" an. ☐

Aufgabe 2

In einem Betrieb werden die Kostenstellen „Material", „Fertigung I", „Fertigung II", „Verwaltung" und „Vertrieb" geführt. Die Stromkosten des Betriebes belaufen sich auf 643.020,00 EUR, die Verteilung auf die einzelnen Kostenstellen erfolgt nach dem Verbrauch laut Zählerstand:

- Material: 228.000 kWh
- Fertigung I: 1.160.000 kWh
- Fertigung II: 1.200.000 kWh
- Verwaltung: 280.000 kWh
- Vertrieb: 194.000 kWh

Ermitteln Sie

2.1 den Preis für eine kWh in Cent.

2.2 den prozentualen Anteil der Stromkosten, der auf die Kostenstelle „Material" entfällt.

2.3 die auf die Kostenstelle „Verwaltung" entfallenden Stromkosten.

Aufgabe 3

Ihnen liegt der abgebildete Auszug aus der Anlagendatei der Metallwerke AG vor.

Inventar-Nr. : 501	**Bezeichnung: Drehautomat**	**Kostenstelle: 40-110**
Anlagenkonto: 0720	Abschreibungskonto: 6520	Abschreibungsbeginn: 15.03.20..
Nutzungsdauer laut AfA-Tabelle: 12 Jahre	Bilanzielle Abschreibung: linear	Anschaffungskosten: 240.000,00 EUR
Betriebsindividuelle Nutzungsdauer: 18 Jahre	Kalkulatorische Abschreibung: linear vom Wiederbeschaffungswert	Wiederbeschaffungswert: 288.000,00 EUR

3.1 Ermitteln Sie den Betrag, mit dem der Drehautomat im ersten Jahr der Nutzung bilanziell abzuschreiben war (auf zwei Stellen nach dem Komma runden).

3.2 Ermitteln Sie den Wert, mit dem der Drehautomaten in der Schlussbilanz des zweiten Nutzungsjahres anzusetzen ist.

3.3 Ermitteln Sie den Betrag, mit dem der Drehautomat monatlich kalkulatorisch abzuschreiben ist.

3.4 Welche zwei der folgenden Aussagen sind falsch? Kreuzen Sie die beiden falschen Aussagen an.

a) Der kalkulatorische Abschreibungsbetrag übersteigt den bilanziellen Abschreibungsbetrag. ☐
b) Die geschätzten Wiederbeschaffungskosten liegen 20 % über den Anschaffungskosten. ☐
c) Die betriebsindividuelle Nutzungsdauer übersteigt die Nutzungsdauer laut AfA-Tabelle. ☐
d) Der bilanzielle Abschreibungsbetrag übersteigt den kalkulatorischen Abschreibungsbetrag. ☐
e) Der bilanzielle Abschreibungssatz beträgt 8 2/3 %. ☐

3.5 Welche zwei der folgenden Aussagen sind wahr? Kreuzen Sie die beiden richtigen Aussagen an.

a) Die lineare Abschreibung arbeitet mit gleichbleibenden Abschreibungsbeträgen. ☐
b) Kalkulatorische Abschreibungen verbessern das Betriebsergebnis. ☐
c) Bilanzielle Abschreibungen sind immer Kosten. ☐
d) Der Abschreibungssatz bleibt bei der linearen Abschreibung immer gleich hoch. ☐
e) Kalkulatorische Abschreibungen bezeichnet man auch als Grundkosten. ☐

3.6 Welche zwei der unten angebenden Beträge dürfen nicht bei der Ermittlung der Anschaffungskosten berücksichtigt werden? Kreuzen Sie die beiden entsprechenden Aussagen an.

a) Die Transportkosten in Höhe von 2.495,00 EUR. ☐
b) Die Umsatzsteuer in Höhe von 45.600,00 EUR. ☐
c) Die Montagekosten in Höhe von 4.500,00 EUR. ☐
d) Die Kosten für die Finanzierung des Kaufpreises in Höhe von 900,00 EUR. ☐
e) Der nachträgliche gewährte Rabatt in Höhe von 5.000,00 EUR. ☐

3.7 Der Drehautomat verfügt über eine maximale Fertigungskapazität von 400 Stunden monatlich und verursacht bei voller Kapazitätsauslastung Fertigungsgemeinkosten (zu 100 % fix) in Höhe von 3.200,00 EUR im Monat. Von diesen sind 80 % maschinenabhängig.

Kapazitätsauslastung		
Februar 20..	März 20..	April 20.. (geplant)
85 %	90 %	95 %

Ermitteln Sie den Maschinenstundensatz für den Monat März.

3.8 Welche zwei der nachfolgenden Aussagen sind richtig? Kreuzen Sie die beiden wahren Aussagen an.

a) Um den Maschinenstundensatz zu errechnen, muss zuerst zwischen maschinenabhängigen und maschinenunabhängigen Fertigungsgemeinkosten unterschieden werden. ☐

b) Die Ermittlung und Berücksichtigung eines Maschinenstundensatzes führt zu niedrigeren Restfertigungsgemeinkosten. ☐

c) Der Maschinenstundensatz hat unmittelbare Auswirkungen auf die Materialkosten. ☐

d) Die Berücksichtigung von Maschinenstundensätzen führt zu einer Verringerung der Fertigungseinzelkosten. ☐

e) Die maschinenabhängigen Fertigungsgemeinkosten sind nicht Bestandteil der Selbstkosten. ☐

Aufgabe 4

Die Industrieunternehmung Müller AG kalkuliert nach dem Verfahren der Zuschlagskalkulation. Zur Ermittlung des Angebotspreises an die Bernbaum GmbH liegen folgende Daten vor:

Einzelkosten:

- Fertigungsmaterial 120.000,00 EUR
- Fertigungslöhne 100.000,00 EUR
- Sondereinzelkosten der Fertigung 12.000,00 EUR
- Sondereinzelkosten des Vertriebs 8.000,00 EUR

Zuschlagssätze:

- Fertigungsgemeinkosten 210 %
- Materialgemeinkosten 25 %
- Verwaltungsgemeinkosten 14 %
- Vertriebsgemeinkosten 9 %
- Gewinnzuschlag 15 %

Erstellen Sie das Kalkulationsschema und ermitteln Sie

a) die Materialkosten

b) die Fertigungskosten

c) die Selbstkosten

d) den Angebotspreis

e) den Überweisungsbetrag.

Lernsituation 38: Die Abhängigkeit des Leistungsprogramms vom Absatz und den Zielen der Unternehmung darstellen

Ausgangssituation I: Daniela und Rudolf erstellen einen Fertigungsplan

Im Rahmen ihrer Berufsausbildung können sich die Auszubildenden Daniela Schaub und Rudolf Heller in den kommenden Tagen ein Bild von der Produktion der Sommerfeld Bürosysteme GmbH verschaffen. Dazu führt sie Herr Weselberg, Leiter der Produktion, durch die Produktionshallen. „In der nächsten Halle kann ich Ihnen einige unserer erfolgreichsten Produkte zeigen. Hier werden die Produkte Tubis und Basis aus unserer Produktgruppe 1 (Warten und Empfang) hergestellt. Verschiedene Stammkunden, u. a. Flughafengesellschaften oder öffentliche Einrichtungen, bestellen im Voraus regelmäßig größere Stückzahlen aus dieser Produktgruppe. Darauf müssen wir in der Produktion natürlich vorbereitet sein", so Herr Weselberg.

Nachdem sie den Rundgang beendet haben, legt Herr Weselberg den beiden eine Auftragsübersicht für das kommende Geschäftsjahr vor. „Hieran können Sie erkennen, was ich meine."

Produktgruppe 1: Warten und Empfang

Produkte \ Kunden	A	B	C	D
Tubis Hockerbank ungepolstert	1.500 Stück (6. KW) 1.000 Stück (12. KW)	500 Stück (4. KW) 1.000 Stück (14. KW)		2.500 Stück (16. KW) 2.000 Stück (25. KW)
Tubis Polsterbank	800 Stück (6. KW)	300 Stück (14. KW)		1.300 Stück (16. KW)
Basis Polsterbank mit Ablageplatten		1.100 Stück (36. KW)	900 Stück (11. KW) 1.500 Stück (46. KW)	200 Stück (44. KW) 300 Stück (48. KW)
Basis Polstersessel, Tragarm verchromt		2.000 Stück (36. KW) 1.000 Stück (40. KW)	1.200 Stück (8. KW) 1.200 Stück (34. KW)	1.600 Stück (29. KW) 1.100 Stück (36. KW)

„Mithilfe dieser Auftragsdaten können wir eine vorläufige Fertigungsprogrammplanung für das Jahr 20.. durchführen. Dabei verschaffen wir uns zunächst einen Überblick, wie sich die einzelnen Aufträge über das Jahr verteilen. Hier, schauen Sie sich unser Planungsraster einmal an und verteilen Sie die bereits bekannten Aufträge entsprechend."

Arbeitsaufträge

1 Vervollständigen Sie das nachfolgende Planungsraster und ermitteln Sie jeweils die Summe der Vorbestellungen für die einzelnen Produkte.

Planungsraster

Produkte Termine	Tubis Hockerbank	Tubis Polsterbank	Basis Polsterbank	Basis Polstersessel
1. Quartal 20.. (bis KW 13)				
2. Quartal 20.. (bis KW 26)				
3. Quartal 20.. (bis KW 39)				
4. Quartal 20.. (bis KW 52)				
Summe				

2 Erläutern Sie, welche Aussagekraft das Planungsraster hinsichtlich der Planung des Fertigungsprogramms hat.

3 Im abgelaufenen Geschäftsjahr wurden von den Produkten „Tubis Hockerbank" insgesamt 10.000 Stück und „Tubis Polsterbank" insgesamt 4.400 Stück verkauft. Tatsächlich hergestellt wurden aber 12.500 Hockerbänke und 4.800 Polsterbänke. Welche Begründungen können Sie für diese Abweichungen anführen?

4 Einzelne Produkte, die von der Sommerfeld Bürosysteme GmbH verkauft werden, tauchen im Fertigungsprogramm des Unternehmens nicht auf. Warum nicht?

Ausgangssituation II: Maschinenbelegungen durchführen und optimieren

Nachdem Daniela und Rudolf Herrn Weselberg ihre Arbeitsergebnisse präsentiert haben, legt dieser direkt den Finger auf einzelne Werte. Herr Weselberg: „Sehen Sie hier, unsere Tubis Hockerbank ist ein typisches Beispiel für unsere Planungsprobleme. Während insbesondere unsere Stammkunden zu Jahresbeginn und dann nur etwa bis zur Jahresmitte Aufträge platzieren, werden im zweiten Halbjahr kaum Aufträge erteilt. Das sind wichtige Informationen, die nicht immer einfach zu planen sind. Schauen wir uns z. B. die Lackiererei an. Hier muss das Gestell für unsere Hockerbank zunächst in Lackierautomat LA2, bevor es nach einem Aufenthalt in der Trockenkammer T50 noch manuell nach Kundenwunsch farbig mit Spritzpistole LM4 lackiert und abschließend nochmal in T50 getrocknet wird. Das wäre alles kein Problem, wenn nicht unsere anderen Produkte auch die verschiedenen Anlagen belegen würden. Wenn Sie sich die aktuellen Aufträge anschauen, verstehen Sie sicher, was ich meine."

Neben einem kleinen Auftrag eines Neukunden über 150 Tubis Hockerbänke liegen für die Lackiererei aktuell zwei weitere Aufträge für andere Produkte vor, die die verschiedene Lackieranlagen und die Trockenkammer belegen.

Auftrag Neukunde (N)	
Anlage	Dauer in Std.
LA2	32
T50	16
LM4	32
T50	16

Auftrag Bürofachhandel Karl Schneider GmbH (S)	
Anlage	Dauer in Std.
LM4	16
LA2	40
T50	16

Auftrag Büromöbel Müller GmbH (M)	
Anlage	Dauer in Std.
LM4	32
T50	16
LA2	24
T50	8

Arbeitsaufträge

1 Planen Sie die vorliegenden Aufträge unter der Vorgabe, dass der Neukundenauftrag zum frühestmöglichen Zeitpunkt in die Auslieferung gehen soll, in das folgende Schema ein. Für Endmontage, Endkontrolle und Versandvorbereitung des Neukundenauftrags muss jeweils ein Arbeitstag (= 8 Arbeitsstunden) einkalkuliert werden. Nach wie vielen Arbeitstagen kann die Auslieferung des Neukundenauftrags vorgenommen werden?

Einplanung der Aufträge bei Bevorzugung des Neukundenauftrags:

Arbeitstage / Anlage	1	2	3	4	5	6	7	8	9	10	11	12	13	14	15	16
LA2																
LM4																
T50																

2 Für Herrn Weselberg ist das Ergebnis zwar nachvollziehbar, aber aus Kostengründen möchte er die drei Aufträge mit der kürzesten Durchlaufzeit einplanen. Optimieren Sie das Arbeitsergebnis aus Aufgabe 1 und erläutern Sie, welche weiteren Gründe gegen eine Bevorzugung des Neukunden sprechen könnten.

Optimale Einplanung der drei Aufträge:

Arbeitstage / Anlage	1	2	3	4	5	6	7	8	9	10	11	12	13	14	15	16
LA2																
LM4																
T50																

Lernsituation 39: Fertigungsorganisation und Fertigungsverfahren unterscheiden und bewerten

Ausgangssituation I: Investition in die Zukunft – Rudolf vergleicht die Kosten

Nachdem Rudolf Heller erste Erfahrungen in der Produktionsplanung der Sommerfeld Bürosysteme GmbH sammeln konnte, ist er heute mit Herrn Weselberg, Leiter der Produktion, unterwegs. Dieser zeigt ihm eine Biegemaschine (BHA1), mit der die Seitenteile und Fußgestelle aus Stahl und Aluminium gefertigt werden. „Auch das Gestell für unsere Hockerbank Tubis wird auf dieser Maschine in Form gebracht", erklärt Herr Weselberg.

Die allgemein positive Auftragslage hat dazu beigetragen, dass es im Rahmen der Produktionsplanung bei der Biegemaschine häufiger zu Engpässen kommt. Im abgelaufenen Geschäftsjahr wurden in acht Monaten jeweils ca. 180.000 Teile für verschiedene Produkte aus den vier Produktgruppen der Sommerfeld Bürosysteme GmbH in Auftrag gegeben. In den übrigen Monaten wurden durchschnittlich 100.000 Teile verformt.

Bislang hat das Unternehmen eine halbautomatische Biegemaschine (BHA1) eingesetzt, die von zwei angelernten Mitarbeitern mit Material versorgt und bedient wird. Die Maschine ist bereits seit acht Jahren in Betrieb (prognostizierte Nutzungsdauer: zwölf Jahre). Während die Sommerfeld Bürosysteme GmbH in anderen Produktionsbereichen verstärkt vollautomatische Anlagen einsetzt, wird hier der überwiegende Teil der Arbeit manuell verrichtet.

Herr Weselberg ist schon länger der Meinung, dass in nächster Zeit eine Umstellung auf eine vollautomatische CNC-Biegemaschine (BCV1) erfolgen sollte. Die Maschine hätte den Vorteil, dass ein Mitarbeiter über ein Steuerungsprogramm die Arbeitsschritte der Maschine überwachen könnte. Danach würden das Abmessen der Materiallänge, das Stanzen des Rohlings, das Biegen des jeweiligen Winkels und die Entnahme der fertigen Teile aus der Maschine vollautomatisch erfolgen.

Herr Weselberg legt Rudolf die nachfolgenden Daten vor, die er von Frau Esser aus dem Controlling erhalten hat:

	halbautomatische Biegemaschine BHA1	vollautomatische CNC-Biegemaschine BCV1
Max. Kapazität (monatl.)	170.000 Teile	220.000 Teile
Gesamtkosten bei		
monatl. 20.000 Teilen	16.000,00 EUR	22.600,00 EUR
monatl. 50.000 Teilen	23.500,00 EUR	28.000,00 EUR
monatl. 100.000 Teilen	36.000,00 EUR	37.000,00 EUR

Arbeitsaufträge

1 Herr Weselberg möchte die Kosten beider Maschinen vergleichen. Ermitteln Sie mithilfe der vorliegenden Daten die Kapazität (in Teilen), bei der bei beiden Biegemaschinen die Kosten gleich hoch sind.

2 Problematisch ist insbesondere, dass die Auslastung der bisherigen Biegemaschine in vielen Monaten über die maximale Kapazität von 170.000 Teilen hinausgeht. Berechnen Sie deshalb die Kosten je Teil, wenn 170.000 Teile auf der Maschinen BHA1 bzw. BCV1 bearbeitet werden.

3 Herr Weselberg fragt sich, ob die deutlich höheren Fixkosten von Biegemaschine BCV1 gerechtfertigt sind. Nennen Sie mögliche Gründe für die höheren Fixkosten.

4 Auch im laufenden Geschäftsjahr rechnet Herr Weselberg wieder mit einer ähnlichen Auslastung (acht Monate mit 180.000 Teilen monatlich und vier Monate mit durchschnittlich 100.000 Teilen) der Biegemaschine BHA1.
a) Welche Konsequenzen ergeben sich daraus für die Auftragsabwicklung in den Monaten mit einer Belastung von 180.000 Teilen?
b) Ermitteln Sie den durchschnittlichen Beschäftigungsgrad der aktuell eingesetzten halbautomatischen Biegemaschinen BHA1 für das abgelaufene Geschäftsjahr.

5 Herr Weselberg ist noch nicht überzeugt, ob die Anschaffung der vollautomatischen CNC-Biegemaschine BCV1 wirklich sinnvoll ist. Er bittet Rudolf Heller, eine Gegenüberstellung von Pro- und Kontra-Argumenten vorzunehmen und diese in der nachfolgenden Tabelle festzuhalten. Helfen Sie Rudolf bei dieser Aufgabe.

Pro-Argumente	Kontra-Argumente

Ausgangssituation II: Beitrag der einzelnen Erzeugnisse zum Unternehmenserfolg

Neben der Hockerbank Tubis durchlaufen noch fünf weitere Erzeugnisse der Sommerfeld Bürosysteme GmbH die Biegemaschine BHA1. Bei einer durchschnittlichen Beschäftigung ist die monatliche Kapazität ausreichend, um alle im Absatzprogramm vorgesehenen sechs Erzeugnisse herstellen zu können. Bei den Fixkosten müssen neben den 11.000,00 EUR für die Biegemaschine BHA1 weitere Kosten in Höhe von 700.000,00 EUR monatlich abgedeckt werden. Weitere Angaben über die Kosten- und Erlössituation der einzelnen Erzeugnisse entnimmt Rudolf Heller der folgenden Tabelle. Diese hat ihm Herr Weselberg vorgelegt, nachdem die beiden ihren Rundgang durch die Fertigung beendet hatten.

Erzeugnis	Tubis Hockerbank	Tubis Polsterbank	Basis Polsterbank	Basis Polstersessel	Cubis Tisch	Cubis Polstersessel
absetzbare Menge (in Stück)	1.000	400	500	1.800	40	160
Verkaufspreis (je Stück in EUR)	2.050,00	2.895,00	2.839,50	1.182,00	465,00	1.109,00
variable Kosten (je Stück in EUR)	2.090,00	2.345,00	2.924,50	722,00	315,00	919,00

Arbeitsaufträge

1 Unterstützen Sie Rudolf Heller und ermitteln Sie mithilfe der nachfolgenden Tabelle
   a) die Stückdeckungsbeiträge je Erzeugnis,
   b) die Gesamtdeckungsbeiträge je Erzeugnis und pro Monat und
   c) den derzeitigen Gewinn des Unternehmens in einem durchschnittlichen Monat.

2 Rudolf Heller möchte die Gewinnsituation optimieren und die Erzeugnisse entsprechend ihrer Bedeutung für den Unternehmenserfolg in eine Rangfolge bringen und anschließend den maximal möglichen Gewinn ermitteln. Unterstützen Sie ihn bei diesem Vorhaben.

Erzeugnis	Tubis Hockerbank	Tubis Polsterbank	Basis Polsterbank	Basis Polstersessel	Cubis Tisch	Cubis Polstersessel
absetzbare Menge (in Stück)	1.000	400	500	1.800	40	160
Verkaufspreis (je Stück in EUR)	2.050,00	2.895,00	2.839,50	1.182,00	465,00	1.109,00
variable Kosten (je Stück in EUR)	2.090,00	2.345,00	2.924,50	722,00	315,00	919,00
Stückdeckungsbeiträge (in EUR)						
Gesamtdeckungsbeiträge je Erzeugnis (in EUR)						
Gesamtdeckungsbeitrag pro Monat (in EUR)						
- fixe Kosten (in EUR)						
derzeitiger Gewinn (in EUR)						

Erzeugnis	Tubis Hockerbank	Tubis Polsterbank	Basis Polsterbank	Basis Polstersessel	Cubis Tisch	Cubis Polstersessel
Rangfolge						
maximaler Gesamtdeckungsbeitrag (in EUR)						
- fixe Kosten (in EUR)						
maximaler Gewinn (in EUR)						

3 Rudolf Heller ist von den ermittelten Ergebnissen überrascht. „Wieso produzieren und verkaufen wir Erzeugnisse, die sich negativ auf den Gewinn auswirken?" Erläutern Sie mögliche Gründe, die die Sommerfeld Bürosysteme GmbH veranlassen könnte, Erzeugnisse mit negativen Deckungsbeiträgen im Produktions- und Absatzprogramm zu haben.

Ausgangssituation III: Jetzt wird es eng! Kapazitätsplanung im Engpass

Einen Monat später kommt es bei der Biegemaschine BHA1 zu einem Engpass, weil aufgrund einer jährlichen Generalüberholung/Reinigung nicht die übliche Bearbeitungszeit zur Verfügung steht. Die Sommerfeld Bürosysteme GmbH kann wegen der dadurch begrenzten Produktionskapazitäten nicht alle absetzbaren Erzeugnisse produzieren. Bei ansonsten gleichen Rahmenbedingungen (die absetzbaren Mengen, Verkaufspreise und variablen Kosten) beanspruchen die verschiedenen Erzeugnisse die Biegemaschine in nachfolgender zeitlicher Intensität:

Erzeugnis	Tubis Hockerbank	Tubis Polsterbank	Basis Polsterbank	Basis Polstersessel	Cubis Tisch	Cubis Polstersessel
Bearbeitungszeit (je Stück in Minuten)	12	15	20	4	10	16

Arbeitsauftrag

Jetzt will es Rudolf Heller ganz genau wissen und das Fertigungsprogramm ermitteln, mit dem sein Ausbildungsbetrieb in der Engpasssituation den maximalen Gewinn erwirtschaften kann. Helfen Sie Rudolf, indem Sie die folgenden Aufgaben bearbeiten und Ihre Ergebnisse in der nachfolgenden Tabelle festhalten.

a) Ermitteln Sie zunächst die relativen Deckungsbeiträge der Erzeugnisse.

b) Stellen Sie anschließend das gewinnmaximale Fertigungsprogramm zusammen, wenn dem Unternehmen an Biegemaschine BHA1 eine Bearbeitungszeit von 13.500 Minuten zur Verfügung steht. Kundenaufträge, die nicht termingerecht fertiggestellt werden, können im Folgemonat nicht nachgeholt werden.

c) Berechnen Sie abschließend den maximalen Gesamtdeckungsbeitrag und den derzeitigen Gewinn.

Erzeugnis	Tubis Hockerbank	Tubis Polsterbank	Basis Polsterbank	Basis Polstersessel	Cubis Tisch	Cubis Polstersessel
absetzbare Menge (in Stück)	1.000	400	500	1.800	40	160
Verkaufspreis (je Stück in EUR)	2.050,00	2.895,00	2.839,50	1.182,00	465,00	1.109,00
variable Kosten (je Stück in EUR)	2.090,00	2.345,00	2.924,50	722,00	315,00	919,00
Stückdeckungsbeiträge (in EUR)						
Fertigungszeit (je Stück in Minute)						
relativer Stückdeckungsbeitrag						
Rangfolge						
benötigte Fertigungszeit (in Minuten)						
Zusammensetzung des Fertigungsprogramms						
Gesamtdeckungsbeiträge je Erzeugnis (in EUR)						
maximaler Gesamtdeckungsbeitrag (in EUR)						
- fixe Kosten (in EUR)						
maximaler Gewinn (in EUR)						

Ausgangssituation IV: Kostenüberlegungen bei der Fertigungsplanung

„Hallo Herr Weselberg, wir brauchen bis Ende der Woche 500 Stück von unserem stapelbaren Stuhl Kendo, Ausführung: bordeauxrot. Die Dinger sind in den USA der absolute Renner. Wir können hier 20 % höhere Preise durchsetzen. Geht doch klar, oder?“

Mit einem kurzen, genervten „Ja, geht klar!“ beendet Herr Weselberg, Produktionsleiter der Sommerfeld Bürosysteme GmbH, das Gespräch mit dem Vertriebsleiter Amerika, Daniel Berger. Wieder wurde ihm ein Strich durch seine Fertigungsplanung gemacht, sodass er die geplanten Fertigungslose nicht einhalten kann. „Was das alles ein Geld kostet, immer diese Sonderaufträge einzuplanen!“, ärgert sich Herr Weselberg.

Seit die Sommerfeld Bürosysteme GmbH den nordamerikanischen Markt vor einiger Zeit erschlossen hat, kommen ständig neue Kunden hinzu und „stören“ durch Sonderaufträge den Fertigungsablauf. Die alten Produktionspläne können schon seit Längerem nicht mehr eingehalten werden. Fertigungslose müssen ständig unterbrochen oder mehrere Lose zusammengefasst werden, um Lieferengpässe zu vermeiden. Neben Herrn Weselberg ist auch der Lagerleiter, Emilio Lanzetti, nicht besonders glücklich mit den ständigen Planänderungen. Beide haben in der Vergangenheit schon mehrfach hitzige Diskussionen über die Größe der Fertigungslose geführt. Dabei haben sie auch den entsprechenden Auszug aus dem Produktionshandbuch zurate gezogen.

Produktionshandbuch
Sommerfeld Bürosysteme GmbH

Kapitel: Produktionsplanung
Thema: Optimale Losgröße

Aufgrund der bei der Sommerfeld Bürosysteme GmbH vorherrschenden Fertigungsart der Serienfertigung müssen die dabei vorliegenden jährlichen Fertigungsmengen in die Produktionsplanung aufgenommen werden. Dabei wird entschieden, ob die gesamte Menge auf einmal oder in Teilmengen produziert werden soll. Ein Fertigungslos ist dabei die Anzahl an Fertigungseinheiten, die in einem Fertigungsgang hergestellt wird, ohne dass die Fertigungsanlage umgerüstet werden muss. Die Entscheidung über die Größe eines Fertigungsloses hat Auswirkungen auf die anfallenden Rüst- und Lagerhaltungskosten. Die Bestimmung der optimalen Losgröße liefert eine Antwort auf die Frage, bei welcher Losgröße die anfallenden Kosten am geringsten sind.

Die Serienfertigung der Sommerfeld Bürosysteme GmbH macht es erforderlich, dass zwischen den verschiedenen Fertigungsaufträgen Rüstvorgänge durchgeführt werden, um die Anlage auf die Anforderungen des nachfolgenden Auftrags vorzubereiten. Die damit verbundenen Rüstkosten (Loswechselkosten) setzen sich aus Lohn-, Material- und Werkzeugkosten sowie Stillstandskosten für die Zeit, in der auf der Anlage nicht produziert werden kann, zusammen. Diese Kosten sind unabhängig von der Fertigungsmenge pro Los, fallen daher einmal je Fertigungslos an und werden als auflagenfixe Kosten bezeichnet.

Die Tatsache, dass unfertige und fertige Erzeugnisse häufig nicht sofort verkauft und an Kunden ausgeliefert werden können, sondern im Lager aufbewahrt werden, verursacht weitere Kosten. Die dabei anfallenden Lagerkosten setzen sich aus den Lagerhaltungskosten (z. B. für Miete, Strom, Lagereinrichtung, Personal) sowie Kapitalbindungskosten (Zinsen) für das im Lager gebundene Kapital zusammen. Mithilfe eines Lagerhaltungskostensatzes multipliziert mit dem durchschnittlichen Wert des Lagerbestandes(1) werden die Lagerhaltungskosten ermittelt. Die Zinskosten ergeben sich aus der Multiplikation eines kalkulatorischen Zinses mit dem durchschnittlichen Lagerbestandswert. Die Lagerkosten entwickeln sich bei der Ermittlung der optimalen Losgröße auflagenvariabel, d. h., diese steigen bzw. fallen mit wachsender bzw. rückläufiger Fertigungsmenge je Los.

Anmerkung:

(1) Zur Bestimmung des durchschnittlichen Lagerbestandswertes, muss zunächst der durchschnittliche Lagerbestand ermittelt werden. Dazu werden der Anfangs- und Endbestand einer Periode im Lager addiert und diese Summe durch zwei dividiert. Der durchschnittliche Lagerbestandswert ergibt sich durch Multiplikation des durchschnittlichen Lagerbestandes mit den Herstellkosten je Lagerobjekt. Bei kontinuierlichem Lagerabgang entspricht der durchschnittliche Lagerbestand der Hälfte des jeweiligen Fertigungsloses.

Rudolf Heller hat das Telefonat zwischen Herrn Weselberg und Herrn Berger verfolgt. Obwohl er den Unmut von Herrn Weselberg verstehen kann, ist Rudolf der Meinung, dass die kurzfristigen Kundenaufträge wichtiger sind als die Planungsprobleme der Fertigung. Weil er sich aber nicht sicher ist, welche Konsequenzen kurzfristige Änderungen für die Fertigung haben, will er sich mithilfe des Produktionshandbuchs selbst ein Bild davon machen.

Arbeitsaufträge

Unterstützen Sie Rudolf.

1 Im Telefongespräch hat Rudolf den Begriff „Fertigungslos" aufgeschnappt. Erläutern Sie, was man unter einem Fertigungslos versteht.

2 Bei den angesprochenen Diskussionen zwischen den Abteilungsleitern der Fertigung und des Lagers standen die Losgröße und die damit verbundenen Kosten im Vordergrund. Führen Sie mithilfe des Produktionshandbuchs eine Gegenüberstellung der Kosten durch und erläutern Sie anschließend, was man unter der optimalen Losgröße versteht.

3 Aus welchen Blickwinkeln betrachten Herr Weselberg bzw. Herr Lanzetti das Problem der optimalen Losgröße und welche Kosten stehen dabei jeweils im Fokus?

Ausgangssituation V: Rudolf ermittelt die optimale Losgröße

Die Sommerfeld Bürosysteme GmbH stellt den stapelbaren Stuhl Kendo bislang nur in den Standardausführungen schwarz, nachtgrün und marineblau her. Diese werden auf einer speziellen Maschine hergestellt. Die Ausführung in bordeauxrot ist speziell aufgrund der bestehenden Nachfrage für den amerikanischen Markt als Sonderausführung ins Produktionsprogramm aufgenommen worden. Die Bedarfe bzw. Absatzmengen für die Standardausführungen werden überwiegend von Großkunden, die auf dem europäischen Markt tätig sind, im Voraus für ein Jahr geordert und in relativ konstanten Mengen monatlich abgerufen. Die Gesamtproduktions- bzw. -absatzmenge für das laufende Jahr 20.. beläuft sich auf 32.000 Stühle und verteilt sich wie folgt auf die drei Standardausführungen:

Stuhl Kendo (stapelbar)			
Ausführung:	schwarz	marineblau	nachtgrün
Absatzmenge (in Stück):	9.000	12.500	10.500

Rudolf Heller hat die Informationen des Produktionshandbuchs interessiert gelesen und beschließt, exemplarisch die optimale Losgröße für die Ausführung „marineblau" zu bestimmen, um zu prüfen, welche Losgröße für das Jahr 20.. optimal wäre.

Folgende Informationen stehen zur Bestimmung der optimalen Losgröße zur Verfügung:

- Für die Umstellung der Maschinen auf die Fertigung einer anderen Ausführung benötigt ein Maschineneinrichter 2 Std., um die Maschine zu reinigen, mit neuem Material zu bestücken und die Fertigung wieder neu anlaufen zu lassen. Der Lohnkostensatz dieses Maschineneinrichters beträgt 20,00 EUR pro Stunde.
- Herr Bast, Controlling, veranschlagt pro Stillstandsstunde der Maschine Leerkosten in Höhe von 400,00 EUR.
- Die Finanzbuchhalterin Sonja Nolden geht von einem kalkulatorischen Zins von 5 % aus, der für die Kapitalbindung der eingelagerten Güter anfällt.
- Von Herrn Lanzetti hat Rudolf Heller erfahren, dass ein Lagerhaltungskostensatz von 15 % auf jedes Lagergut zu veranschlagen ist.
- Die Herstellkosten belaufen sich bei allen drei Ausführungen des Stuhls auf 80,00 EUR pro Stück.

Arbeitsaufträge

1 Nutzen Sie die Ihnen vorliegenden Informationen und die nachfolgende Tabelle (S. 173), um eine tabellarische Lösung für das Optimierungsproblem der optimalen Losgröße für Rudolf Heller zu ermitteln.

2 Nachdem Sie die rechnerischen Werte zur optimalen Losgröße vorliegen haben, benötigt Rudolf Heller noch eine grafische Darstellung zur Präsentation seiner Ergebnisse bei Herrn Weselberg. Verwenden Sie die abgebildete Vorlage (S. 174), um die Kostenverläufe grafisch darzustellen.

Tabelle: Optimale Losgröße
Stuhl Kendo (stapelbar) – Ausführung marineblau

Losgröße in Stück	Anzahl der Lose	Rüstkosten je Loswechsel in EUR	Rüstkosten gesamt in EUR	Durchschnittl. Lagerbestand in Stück	Durchschnittl. Lagerbestand in EUR	Lagerkosten in EUR	Gesamtkosten der Losgröße in EUR
	1						
	2						
	3						
	4						
	5						
	6						
	7						
	8						
	9						
	10						
	11						
	12						
	13						
	14						
	15						

Grafik: Optimale Losgröße

Stuhl Kendo (stapelbar) – Ausführung marineblau

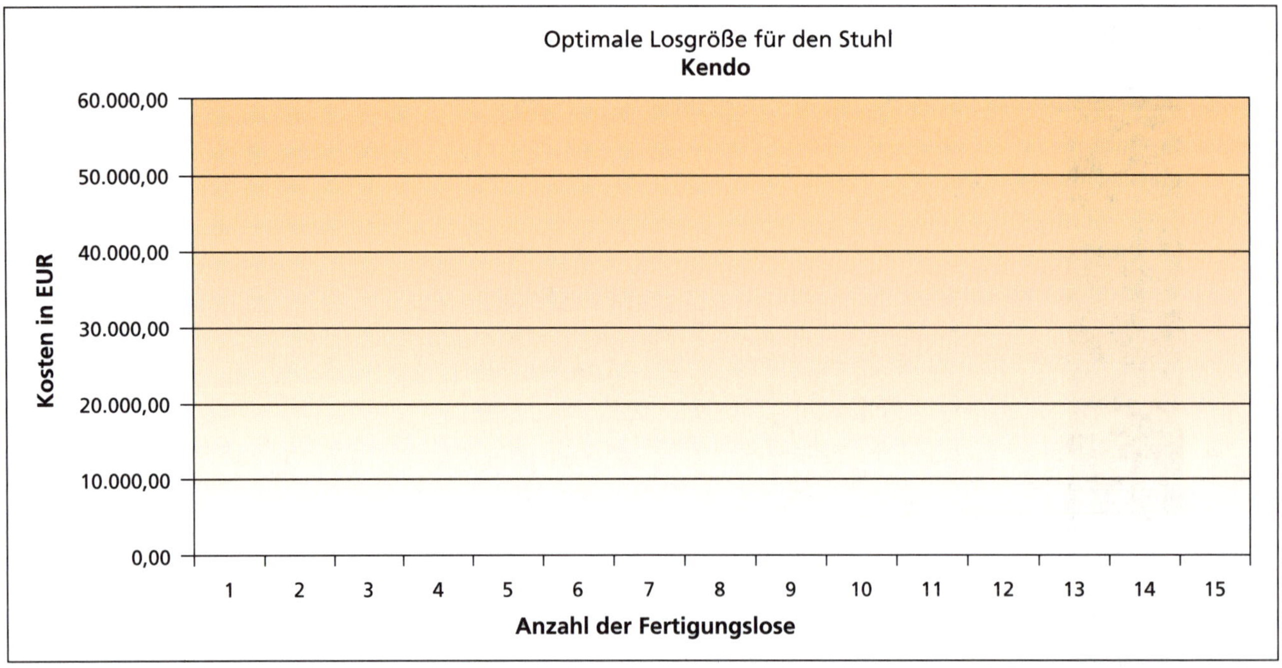

Ausgangssituation VI: Sonderaufträge stören die Fertigungsplanung und verursachen zusätzliche Kosten!

„Hab ich es mir doch gedacht!", stellt Herr Weselberg fest. Früher hat er den Stuhl Kendo (stapelbar), Ausführung marineblau, immer in Fertigungslosen zwischen 1.000 und 1.100 Stück auf der Maschine laufen lassen, sodass etwa elf Lose pro Jahr zu verzeichnen waren. Die ständigen Sonderaufträge haben dazu geführt, dass diese nahezu optimalen Losgrößen nur noch selten erreicht werden können. Neugierig geworden, ermittelt Herr Weselberg auch noch die optimale Losgröße für die Ausführungen schwarz und nachtgrün und kommt dabei zu folgendem Ergebnis:

Optimale Losgrößen für die Standardausführungen des Stuhl Kendo (stapelbar):

Ausführung	Absatzmenge in Stück	Losgröße in Stück	Anzahl der Lose	Rüstkosten gesamt in EUR	Lagerkosten gesamt in EUR	Gesamtkosten der Losgröße in EUR
marineblau	12.500	1.137	11	9.240,00	9.104,00	**18.344,00**
schwarz	9.000	1.000	9	7.560,00	8.000,00	**15.560,00**
nachtgrün	10.500	1.050	10	8.400,00	8.400,00	**16.800,00**

Auch für die beiden anderen Ausführungen stellt Herr Weselberg fest, dass die optimalen Losgrößen fast nie eingehalten werden konnten. „Das kann so nicht weitergehen!“, ärgert sich Herr Weselberg und beschließt, beim nächsten Meeting der Abteilungsleiter mit der Geschäftsführung der Sommerfeld Bürosysteme GmbH dieses Problem zu thematisieren. Nach einem kurzen Gespräch mit Herrn Sommer, Geschäftsführer, wird das Problem in die Tagesordnung aufgenommen.

Zwei Tage vor dem anstehenden Meeting erhalten die Abteilungsleiter folgende E-Mail:

Von: Geschäftsführung
An: alle Abteilungsleiter

Betreff: Tagesordnung zum Abteilungsleitermeeting

Sehr geehrte Damen und Herren,

aufgrund Ihrer Anregungen wurden, neben den Themen der Unternehmensleitung, die folgenden Punkte in die Tagesordnung aufgenommen:

TOP 1: Die Unternehmensleitung informiert über die Entwicklungen bezüglich ...

.

TOP 3: Steigende Kosten in der Fertigung. Forderung der Produktionsleitung auf Einhaltung der ermittelten optimalen Losgrößen.

.

Das Meeting findet am kommenden Freitag, um 11 Uhr, im **Konferenzraum B 2** statt.

Da sich Rudolf Heller mittlerweile gut mit dem Problem der „richtigen“ Losgröße auskennt, hat ihm Herr Weselberg ein paar Informationen über die Perspektive der Produktionsleitung zu dem Thema zusammengestellt (Informationsmaterial 1–3). Damit sich Rudolf ein umfassendes Bild verschaffen kann, hat er auch Herrn Berger angesprochen, um die Sichtweise des Vertriebs besser verstehen zu können (Informationsmaterial 4–5).

Informationsmaterial der Produktionsleitung
Informationsmaterial 1:

Die Fertigungsplanung der Sommerfeld Bürosysteme GmbH hat Fertigungslose für das 1. Quartal 20.. geplant, die nahezu den ermittelten optimalen Losgrößen entsprechen. Die danach anfallenden geplanten Kosten können der folgenden Tabelle entnommen werden. Aufgrund zahlreicher Sonderaufträge mussten mehrfach Fertigungslose abgebrochen werden. Diese Fertigungsaufträge wurden anschließend zu deutlich größeren Fertigungslosen zusammengefasst, um Lieferengpässe zu verhindern. Die daraus resultierenden tatsächlichen Kosten können ebenfalls der Tabelle entnommen werden:

	Geplante Kosten (1. Quartal 20..)			Tatsächliche Kosten (1. Quartal 20..)		
Ausführung	Rüstkosten gesamt in EUR	Lagerkosten gesamt in EUR	Gesamtkosten der Losgröße in EUR	Rüstkosten gesamt in EUR	Lagerkosten gesamt in EUR	Gesamtkosten der Losgröße in EUR
marineblau	2.520,00	2.100,00	**4.620,00**	5.040,00	2.320,00	**7.360,00**
schwarz	1.680,00	2.950,00	**4.630,00**	3.360,00	1.840,00	**5.200,00**
nachtgrün	2.520,00	2.050,00	**4.570,00**	5.880,00	3.070,00	**8.950,00**
			13.820,00			**21.510,00**

In seiner Mittagspause liest Herr Weselberg regelmäßig den Wirtschaftsteil einer Tageszeitung. Dabei ist er auf die nachfolgenden Artikel aufmerksam geworden:

Informationsmaterial 2:

Wirtschaftskrise in den USA – Konsumausgaben der Privathaushalte sinken

Aufgrund der Wirtschaftskrise in den USA erwarten zahlreiche Volkswirte negative Auswirkungen für das nationale Wirtschaftswachstum. Es ist zu befürchten, dass insbesondere das Konsumverhalten der amerikanischen Privathaushalte negativ betroffen sein wird. Unternehmen, die ihre Produkte bislang erfolgreich in die USA exportieren konnten, werden mit einem härteren Wettbewerb um die sinkenden Konsumausgaben der Haushalte rechnen müssen. [...]

Informationsmaterial 3:

Chinesische Wirtschaft boomt weiter!

Chinesische Unternehmen exportieren verstärkt ins europäische Ausland. Dabei drängen auch einige Hersteller von Büromöbeln auf den Markt. Diese Unternehmen produzieren ihre Produkte in großen Stückzahlen und können diese zu wettbewerbsfähigen Preise auf dem europäischen Markt anbieten. Dabei entspricht die Produktqualität zunehmend dem Niveau der europäischen Hersteller. [...]

Informationsmaterial der Vertriebsleitung
Informationsmaterial 4:

Perspektiven auf dem amerikanischen Markt

Die Sommerfeld Bürosysteme GmbH konnte mit der Einführung des stapelbaren Stuhls Kendo erste Erfolge verzeichnen. Die Nachfrage nach Büromöbeln steigt und neben der bislang auf dem amerikanischen Markt eingeführten Sonderausführung (bordeauxrot), haben einige Kunden erste Aufträge für die Standardausführungen erteilt. Die Marketingabteilung erwartet aufgrund dieser Entwicklungen, dass sich das Unternehmen auf

Basis der Produktgruppe 4 (Pause, Speisen, Aufenthalt) auf dem amerikanischen Markt etablieren kann. Mittelfristig sollen darüber hinaus weitere Produkte aus dem aktuellen Produktionsprogramm in die USA exportiert werden. Aufgrund dieser positiven Perspektiven hat sich der Vertrieb ehrgeizige Entwicklungsziele gesteckt.

Entwicklungszielsetzungen der Vertriebsabteilung

- Die Unternehmenszielsetzung, einen Marktanteil von zunächst mindestens 3 % in den USA zu erreichen, wird aufgrund der steigenden Kunden- und Auftragszahlen erreicht werden, sodass die Vertriebsleitung einen Marktanteil von 5 % anstrebt.
- Die Standardausführungen des Stuhls Kendo werden intensiv auf dem amerikanischen Markt vermarktet, um einerseits die Gesamtabsatzmenge zu steigern und andererseits von den höheren Preisen, die in den USA durchgesetzt werden können, zu profitieren.
- Im zweiten Halbjahr werden weitere Produkte auf dem amerikanischen Markt eingeführt.
- Insgesamt sollen durch diese Aktivitäten auf dem Zukunftsmarkt der Sommerfeld Bürosysteme GmbH,
  - eine Steigerung der Umsatzerlöse um 10 % und
  - eine größere Absatzmenge zur Sicherstellung der Marktposition auf dem europäischen Stammmarkt erreicht werden, indem durch die wachsenden Produktionszahlen für den amerikanischen Markt insgesamt die Stückkosten reduziert werden.

Auch Daniel Berger, Vertriebsleiter Amerika, liest regelmäßig den Wirtschaftsteil der überregionalen Tageszeitung. Ihm ist dabei ebenfalls der Artikel zur chinesischen Wirtschaft aufgefallen, in dem er Folgendes markiert hat:

Informationsmaterial 5:

Chinesische Wirtschaft boomt weiter!

Chinesische Unternehmen exportieren verstärkt ins europäische Ausland. Dabei drängen auch einige Hersteller von Büromöbeln auf den Markt. Diese Unternehmen produzieren ihre Produkte in großen Stückzahlen und können diese zu wettbewerbsfähigen Preise auf dem europäischen Markt anbieten. Dabei entspricht die Produktqualität zunehmend dem Niveau der europäischen Hersteller.

Am Markt etablierte europäische Unternehmen wollen diesem Trend entgegenwirken, indem sie neue Märkte erschließen und dadurch nicht zuletzt auch Verbesserungen in der eigenen Kostenstruktur erreichen. [...]

Informationsmaterial zu Vorbereitung auf das Meeting

Auszug aus der Unternehmensphilosophie

Unternehmensphilosophie der Sommerfeld Bürosysteme GmbH Kundenorientierung

Wir, die Sommerfeld Bürosysteme GmbH, sind ein innovatives und kundenorientiertes Unternehmen der Büromöbelbranche. Der Erfolg und die Zukunft des Unternehmens werden von der Zufriedenheit unserer Kunden bestimmt. Dauerhaft qualitativ hochwertige Erzeugnisse sind dabei die Basis für die Zufriedenheit unserer Kunden. Nur ein am Markt erfolgreiches und wirtschaftlich gesundes Unternehmen kann langfristig den Ansprüchen seiner Geschäftspartner gerecht werden. Dazu bedarf es einer kontinuierlichen Verbesserung der Leistungen bei gleichzeitiger Reduzierung der Kosten. Dieser Anspruch ist unsere Zielsetzung, daran werden wir von unseren Kunden gemessen.
[...]

Zielsetzungen der Sommerfeld Bürosysteme GmbH für das Geschäftsjahr 20..:

- Wir wollen unseren Marktanteil auf dem europäischen Markt halten und unsere Position als Marktführer festigen.
- Wir müssen Maßnahmen zur Kostenreduzierung ergreifen, um dem wachsenden Wettbewerbsdruck auf dem europäischen Markt zu begegnen und um somit unsere Leistungen weiterhin zu wettbewerbsfähigen Preisen anbieten zu können.
- Der nordamerikanische Markt ist für uns ein bedeutsamer Zukunftsmarkt. Hier wollen wir uns am Markt etablieren.
- Insbesondere in den USA wollen wir uns einen Namen machen, unsere Umsatzerlöse steigern und einen Marktanteil von mindestens 5 % erreichen.

Arbeitsaufträge

1 Rudolf versucht sich in die Situation beider Abteilungsleiter zu versetzen und die wesentlichen Argumente beider Seiten gegenüberzustellen und dabei jeweils die Bedeutung der einzelnen Argumente aus der Sicht der Geschäftsführung einzuschätzen. Unterstützen Sie Rudolf bei diesem Vorhaben. Sammeln und beurteilen Sie die jeweiligen Argumente in der nachfolgenden Tabelle.

Argumente der Produktionsleitung	Argumente der Vertriebsleitung	Bedeutung der Argumente für die Unternehmensleitung (*) ++ + o – ––

(ggf. mit Anmerkungen)*

2 Richtig zufrieden ist Rudolf Heller noch nicht mit der Gegenüberstellung. Ihm fehlen weitere wesentliche Unternehmensdaten aber auch externe Informationsquellen, um eine bessere Beurteilung der Situation vornehmen zu können. Erstellen Sie eine Liste mit weiteren notwendigen Daten die Herr Heller noch in Erfahrung bringen sollte.

Lernsituation 40: Produktentstehung und Auflösung beschreiben

Ausgangssituation I: Kundenwünsche bei der Produktentwicklung umsetzen

Bei einem Abteilungsleitermeeting mit der Geschäftsführung hat Peter Kraus, Vertriebsleiter der Sommerfeld Bürosysteme GmbH, einen Diskussionsbeitrag auf die Tagesordnung setzen lassen. Sein Mitarbeiter Daniel Berger, Leiter Vertrieb Amerika, hat ihn kürzlich über eine Anfrage eines amerikanischen Neukunden informiert.

Bei dem Neukunden handelt es sich um eine Krankenhauskette, welche über 40 Kliniken an der amerikanischen Ostküste betreibt. Das Unternehmen hat in den vergangenen Monaten mehrere größere Aufträge platziert und die Wartezimmer von zwei kürzlich übernommen Krankenhäusern mit dem stapelbaren Stuhl Kendo ausgestattet. Die Klinikkette möchte aus Imagegründen den Wiedererkennungswert des Unternehmens steigern und deshalb einheitliche Wartebereiche schaffen, welche durch eine individuelle Note in Erinnerung bleiben. Deshalb sollen in jedem Wartebereich zwei Tische in gegenüberliegenden Raumecken aufgestellt werden, welche eine quadratische Grundfläche aufweisen, wobei die in den Raum zeigende Tischhälfte als Halbkreis gestaltet werden soll. Aus ökologischen Gründen soll der Tisch weitgehend aus Holz hergestellt werden, um aber auch die hygienischen Anforderungen eines Krankenhauses gewährleisten zu können, müssen sämtliche Oberflächen mit einer Schutzfolie versiegelt werden und die Tischkanten mit einer Kunststoffleiste abgedeckt werden. Auf der Tischplatte soll mithilfe von zwei senkrecht angebrachten Trennwänden eine Ablagemöglichkeit für Zeitschriften geschaffen werden, wobei die Klinikkette das Unternehmenslogo auf der Vorderwand anbringen möchte.

Nachdem sich die Abteilungsleiter der Sommerfeld Bürosysteme GmbH über die Anfrage beraten haben, besteht Einigkeit darüber, dass es sich bei der Krankenhauskette um einen potenziellen zukünftigen Stammkunden handelt, sodass der mögliche Auftrag über 75 Tische Folgeaufträge erwarten lässt. Darüber hinaus können einzelne Komponenten des Tisches Kendo (quadratisch) übernommen werden, um die individuellen Kundenwünsche erfüllen zu können.

Aufgrund der Kundenanfrage hat Herr Kunze, Leiter der Produktentwicklung, die nachfolgende Erzeugnisstruktur für das Projekt „Tisch Kendo spezial" erstellt:

Erzeugnisstruktur „Tisch Kendo spezial"

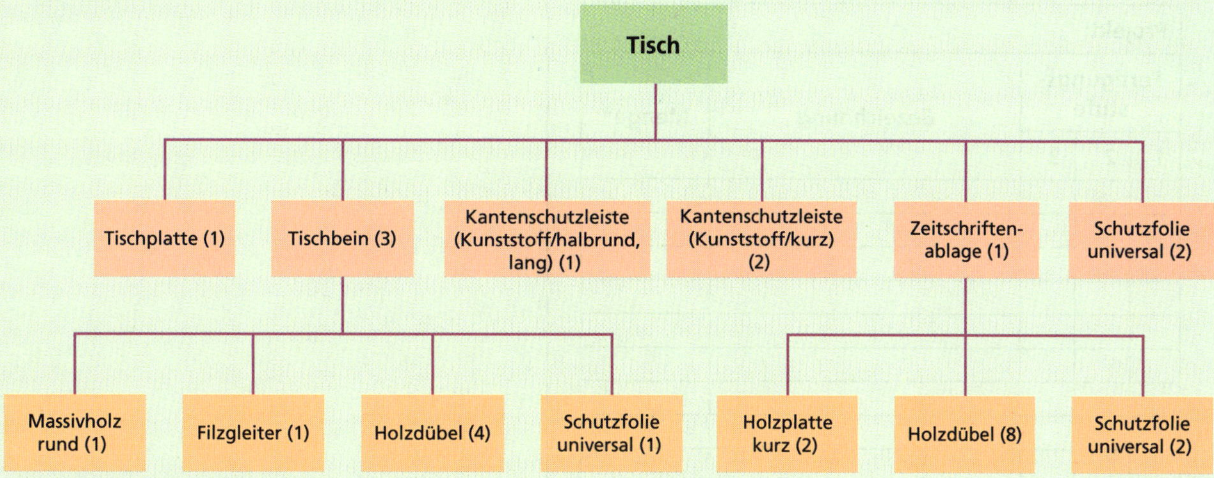

Legende: Bezeichnung (Menge)

Als Rudolf Heller in der Mittagspause von dem neuen Projekt hört, möchte er von Herrn Kunze gern Genaueres erfahren. Dieser bietet ihm an, in den kommenden Tagen in der Produktentwicklung mitzuarbeiten und ihn bei seiner Arbeit am Projekt „Tisch Kendo spezial" zu unterstützen.

Arbeitsaufträge

1 Herr Kunze ist der Meinung, dass sich Rudolf zunächst allgemein mit den Aufgaben der Produktentwicklung/Konstruktion beschäftigen muss, bevor er am neuen Projekt weiterarbeiten kann.
   a) Überlegen Sie, welche Aufgaben die Produktentwicklung der Sommerfeld Bürosysteme GmbH übernimmt und auf wessen Initiative Herr Kunze und seine Kollegen tätig werden.
   b) Erstellen Sie anschließend einen Phasenplan, aus dem die einzelnen Arbeitsschritte bei der Produktentwicklung/Konstruktion hervorgehen.

2 Nachdem sich Rudolf Heller einen Überblick über die Arbeit der Produktentwicklung verschafft hat, legt ihm Herr Kunze die Erzeugnisstruktur des Tisches Kendo spezial vor. Unterstützen Sie Rudolf Heller und vervollständigen Sie mithilfe der Erzeugnisstruktur die nachfolgend abgebildeten Stücklistenvarianten.

3 Welche Stückliste ist am ehesten geeignet, um die erforderlichen Mengeneinheiten für die einzelnen Materialien des Tisches ermitteln zu können? Ermitteln Sie die jeweilige Menge der erforderlichen Materialien, für den Fall, dass der Sommerfeld Bürosysteme GmbH die angefragte Auftragsmenge erteilt wird.

Strukturstückliste

Projekt:				
Fertigungsstufe			Bezeichnung	Menge*
1	2	3		

* *(je eine Einheit der übergeordneten Baugruppe)*

Mengenübersichtsstückliste

Projekt:	
Bezeichnung	Menge

Baugruppenstückliste

Projekt:	
Gegenstand:	
Fertigungsstufe:	
Bezeichnung	Menge

Baugruppenstückliste

Projekt:	
Gegenstand:	
Fertigungsstufe:	
Bezeichnung	Menge

Baugruppenstückliste

Projekt:	
Gegenstand:	
Fertigungsstufe:	
Bezeichnung	Menge

Lernsituation 41: Produktionsplanung und -steuerung, Rahmenbedingungen und Verfahren kennenlernen

Ausgangssituation I: Rudolf Heller berechnet die Rüst- und Bearbeitungszeiten

Die Arbeiten am Projekt „Tisch Kendo spezial", für eine nordamerikanische Krankenhauskette, werden in der Sommerfeld Bürosysteme GmbH immer konkreter. Für die Angebotserstellung benötigt Herr Berger, Vertrieb Amerika, einen möglichen Liefertermin. Um diesen bestimmen zu können, hat Tim Smith, der verantwortliche Projektplaner, mit der Erstellung eines Arbeitsplanes begonnen.

Bei einigen Arbeitsvorgängen kann er auf Rüst- und Bearbeitungszeiten zurückgreifen, die ihm bereits von anderen Produkten (u. a. Kendo Tisch quadratisch) bekannt sind. Für die vom Neukunden gewünschte Zeitschriftenablage muss Herr Smith die Zeiten neu ermitteln. Die Ablage soll aus zwei identischen Trennwänden hergestellt werden, welche mithilfe von Holzdübeln auf der Tischplatte fixiert werden. Dazu hat Herr Smith zusammen mit Herrn Kunze in der Entwicklungswerkstatt die Arbeitsvorgänge mehrfach durchgeführt. Danach werden folgende Zeiten für die Bearbeitung der Zeitschriftenablage vorgesehen:

Rüstzeiten	Grundzeit in Minuten
Arbeitsvorgang	
Zeichnung lesen	6
Sägeblatt wechseln	8
Säge ausrichten	4
Säge anlaufen lassen	2
Säge ausstellen	2
Säge reinigen	8

Bearbeitungszeit je Einheit	Grundzeit in Minuten
Arbeitsvorgang	
Holzplatte greifen/einlegen	1
Holzplatte auf Länge sägen	2
Holzplatte drehen	1
Holzplatte auf Breite sägen	2
Schutzfolie aufkleben	3
Löcher bohren	4
Holzdübel vormontieren	2

Die in der Werkstatt ermittelten Bearbeitungszeiten beziehen sich dabei jeweils auf eine Trennwand. Neben diesen Zeiten werden von Herrn Smith noch Verteil- und Erholungszeiten veranschlagt. Für die Rüstzeit kalkuliert er mit 30 % Verteilzeit und 20 % Erholungszeit; hinsichtlich der Bearbeitungszeit werden jeweils 15 % Verteil- und Erholungszeit berücksichtigt.

Rudolf Heller hat sich bislang noch nicht mit der Ermittlung von Rüst- und Bearbeitungszeiten beschäftigt. Er hat ein großes Interesse am Projekt „Tisch Kendo spezial" und nutzt deshalb die Gelegenheit und unterstützt Herrn Smith bei seiner Arbeit.

Arbeitsaufträge

1 Im Rahmen der Arbeitszeitstudien werden verschiedenen Zeitbegriffe unterschieden. Bevor Rudolf Heller mit der Ermittlung der Zeiten beginnt, möchte Herr Smith, dass sich Rudolf mit diesen Begriffen beschäftigt. Erläutern Sie jeweils in einem Satz die Begriffe „Rüstzeit", „Ausführungszeit", „Grundzeit", „Verteilzeit" und „Erholungszeit" und nennen Sie jeweils ein zur Herstellung der Zeitschriftenablagen

passendes Beispiel. Rudolf Heller nutzt dazu die nachfolgende Tabelle, um anschließend eine Lernhilfe für die Berufsschule zu haben.

Begriff:	Erklärung:	Beispiel:
Rüstzeit		
Ausführungszeit		
Grundzeit		
Verteilzeit		
Erholungszeit		

2 Ermitteln Sie die Rüstzeit und die Bearbeitungszeit, die für eine Zeitschriftenablage im Arbeitsplan veranschlagt wird.

3 Bei Auftragserteilung würden insgesamt 75 Zeitschriftenablagen hergestellt werden. Ermitteln Sie die Gesamtbearbeitungszeit für die Herstellung der Ablagen.

Ausgangssituation II: Die Auftragszeit wird ermittelt

Mithilfe der ermittelten Zeit kann Tim Smith nun den Arbeitsplan vervollständigen. Dabei hat er zum Teil einzelne Arbeitsvorgänge zusammengefasst, um einen überschaubaren Arbeitsplan zu gewährleisten. Wie bei den Arbeitsvorgängen zur Herstellung der Zeitschriftenablagen kann er ggf. auch die detaillierten Pläne zurate ziehen. Danach kommt er zu folgendem Ergebnis:

Arbeitsplan Nr.: 86.12....-01		Auftragsmenge: 75		Datum: ....20..		Blatt: 1 von 1
Benennung: Projekt „Tisch Kendo spezial"			Zeichungsnr.: 15.08....4			
Werkstoff: Furnier Eiche		Abmessung/Modell-Nr. 847/7		Losgröße: 75 Stück		
Arbeits-folge:	Arbeitsvorgang	Arbeitsplatz	Werkzeug	Rüst-zeit (in Min.)	Ausfüh-rungs-zeit (in Min.)	Lohn-gruppe
1	Tischplatte auf Länge sägen	Sägemaschine 1		19,5	7,5	4
2	Tischplatte auf Breite sägen	Sägemaschine 2		19,5	7,5	4
3	Schutzfolie aufkleben	Arbeitsplatz 1		2	6	3
4	Verbindungslöcher bohren	Bohrmaschine	Schablone 64	3	10	3
5	Kantenschutzleisten aufkleben	Arbeitsplatz 2		2	2,4	3
6	Zwischenkontrolle (Arbeitsplatte)	Prüfplatz 1		2	3	4
7	Tischbeine zuschneiden	Sägemaschine 3		17	6	3
8	Schutzfolie aufkleben	Arbeitsplatz 2		2	4,5	3
9	Verbindungslöcher bohren	Bohrmaschine	Schablone 44	3	9	3
10	Holzdübel vormontieren	Montageplatz 1		1	4,5	2
11	Filzgleiter aufkleben	Arbeitsplatz 5		1	3	2
12	Holzplatten auf Länge sägen	Sägemaschine 1		19,5	7,5	4
13	Holzplatten auf Breite sägen	Sägemaschine 2		19,5	7,5	4
14	Schutzfolie aufkleben	Arbeitsplatz 1		2	8	3
15	Verbindungslöcher bohren	Bohrmaschine	Schablone 62	3	10	3
16	Holzdübel vormontieren	Montageplatz 2		1	6	2
17	Tischplatte mit Tischbeinen montieren	Montageplatz 3		15	9	3
18	Tischplatte mit Ablage montieren	Montageplatz 4		15	6	3
19	Endkontrolle	Prüfplatz 2		3	15	4

Die angegebenen Bearbeitungszeiten beziehen sich jeweils auf die erforderliche Gesamtmenge an Tischbeinen und Holzplatten für die Zeitschriftenablage.

Arbeitsaufträge

1 Nachdem Rudolf Heller den Arbeitsplan genauer betrachtet hat, kann er auch die in der Entwicklungswerkstatt ermittelten Zeiten für die Bearbeitung der Zeitschriftenablage wiederfinden. Herr Smith benötigt die Auftragszeit für die 75 Tische für den nordamerikanischen Kunden. Unterstützen Sie Rudolf Heller bei dieser Aufgabe und ermitteln Sie die Auftragszeit in Minuten und in Stunden.

2 Für die Ausarbeitung des Angebots sind auch die Lohnkosten von besonderer Bedeutung. Ermitteln Sie mithilfe der nachfolgenden Lohntabelle die gesamten Lohnkosten und die Lohnkosten je Tisch. Nutzen Sie dazu die nachfolgende Arbeitsvorlage.

Lohngruppe	in Prozent des Ecklohns	Akkordrichtsatz EUR/Stunde
1	94,50 %	
2	97,25 %	
3	**100 % (Ecklohn)**	**13,41**
4	105,60 %	
5	111,10 %	
6	127,80 %	

	Arbeitsvorgänge der Lohngruppe	Ausführungszeit der Arbeitsvorgänge	Akkordrichtsatz je Stunde	Lohnkosten der Lohngruppe
Lohngruppe 2				
Lohngruppe 3				
Lohngruppe 4				
Lohnkosten des Fertigungsauftrags:				
Lohnkosten je Tisch:				

Ausgangssituation III: Rudolf führt die Terminplanung mithilfe der Netzplantechnik durch

Mit den nun vorliegenden Lohnkosten hat Herr Berger gerade begonnen, das Angebot fertigzustellen, als ihn ein überraschender Anruf erreicht. Sein Ansprechpartner bei der nordamerikanischen Krankenhauskette informiert ihn darüber, dass das Unternehmen vom neuen Imagekonzept sehr überzeugt ist und deshalb auch einige der älteren Kliniken schnellstmöglich mit den neuen Tischen ausstatten möchte.

Die Krankenhauskette erhofft sich von einem zusätzlichen größeren Auftrag einen günstigeren Stückpreis und möchte daher neben den bisher in Aussicht gestellten 75 Tischen ein weiteres Angebot über 200 Tische erhalten. Die Klinikleitung hat dabei darauf hingewiesen, dass die Auftragserteilung stark vom Liefertermin der 75 bzw. 200 Tische abhängig ist und möchte zunächst umgehend eine Aussage, wann die erste Lieferung erfolgen kann.

Erfreut, aber gleichzeitig auch etwas hektisch, setzt sich Herr Berger erneut mit dem zuständigen Projektplaner, Herr Smith, in Verbindung und bittet eine Terminplanung für einen Auftrag über 75 Tische durchzuführen, um seinem amerikanischen Kunden einen frühestmöglichen Liefertermin benennen zu können.

Die nachfolgende Vorgangsliste hat Herr Smith erstellt, um die Terminplanung vornehmen zu können:

Vorgangsnummer	Vorgangsbezeichnung	Zeitaufwand (in Tagen)	Vorgänger	Nachfolger
1	Auftragsplanung	1	–	
2	Bearbeitung der Tischplatten	4	1	
3	Zwischenkontrolle	1	2	
4	Bearbeitung der Tischbeine	4	1	
5	Bearbeitung der Zeitungsablagen	6	1	
6	Montage	2	3, 4, 5	
7	Endkontrolle	2	6	
8	Verpackung/Versandvorbereitung	2	7	
9	Transport	7	8	

Durch die zeitintensiven Arbeiten am Projekt „Tisch Kendo spezial" sind bei Herrn Smith einige wichtige Aufgabe liegen geblieben, die er heute dringend nachholen muss. Daher bittet er Rudolf Heller, ihn nochmals zu unterstützen und für ihn die weitere Terminplanung vorzubereiten.

Arbeitsaufträge

Unterstützen Sie Rudolf Heller bei seiner Arbeit.

1 Etwas in Eile hat Herr Smith vergessen, die Nachfolger in der oben abgebildeten Vorgangsliste einzutragen. Vervollständigen Sie deshalb zunächst die Vorgangsliste.

2 Erstellen Sie mithilfe der Vorgangslisten einen Netzplan. Nutzen Sie zur Bearbeitung die nachfolgende Vorlage. Ermitteln Sie anschließend die frühesten und spätesten Anfangs- und Endzeitpunkte, den kritischen Pfad und die Pufferzeiten.

Netzplan

Beachten Sie dabei, dass jeder Vorgang in einem Netzplan durch einen Vorgangsknoten dargestellt wird. Ein Vorgangsknoten ist wie folgt aufgebaut:

<table>
<tr><td>FAZ</td><td></td><td>FEZ</td></tr>
<tr><td>Vorgang Nr.</td><td colspan="2">Tätigkeit</td></tr>
<tr><td>Dauer</td><td>Gesamtpuffer</td><td>Freier Puffer</td></tr>
<tr><td>SAZ</td><td></td><td>SEZ</td></tr>
</table>

mit:

FAZ – Frühester Anfangszeitpunkt
FEZ – Frühester Endzeitpunkt
SAZ – Spätester Anfangszeitpunkt
SEZ – Spätester Endzeitpunkt

3 Bei der Bearbeitung der Tischplatten und der Tischbeine hat es in der Vergangenheit bei anderen Produkten häufiger Probleme gegeben. Welche Auswirkungen auf die Auftragszeit hätten solche Verzögerungen beim Projekt „Tisch Kendo spezial“, wenn
a) sich die Bearbeitung der Tischbeine um zwei Tage verzögern würde.
b) sich die Bearbeitung der Tischplatten um drei Tage verzögern würde.

4 Formulieren Sie Argumente, die für die Durchführung der Netzplananalyse bei der Terminplanung des Projekts „Tisch Kendo spezial“ sprechen.

5 Neben dem Netzplan soll das Projekt auch als Balkendiagramm dargestellt und anschließend in die Fertigungsplanung übertragen werden.
a) Erstellen Sie ein Balkendiagramm.
b) Führen Sie eine Vorwärtsterminierung durch, um den frühesten Auslieferungstermin zu ermitteln.

Die Klinikkette hat den 29.07.20.. als spätesten Liefertermin benannt. Ermitteln Sie mithilfe der Rückwärtsterminierung den Termin, an dem die Sommerfeld Bürosysteme spätestens mit der Arbeit beginnen müsste.

Nutzen Sie zur Bearbeitung die nachfolgenden Vorlagen.

Balkendiagramm

Nr.	Vorgangsbezeichnung	Vorgangsdauer in Tagen																							
		1	2	3	4	5	6	7	8	9	10	11	12	13	14	15	16	17	18	19	20	21	22	23	24
1	Auftragsplanung																								
2	Bearbeitung der Tischplatten																								
3	Zwischenkontrolle																								
4	Bearbeitung der Tischbeine																								
5	Bearbeitung der Zeitungsablagen																								
6	Montage																								
7	Endkontrolle																								
8	Verpackung/ Versandvorbereitung																								
9	Transport																								

Vorwärtsterminierung

Nr.	Vorgangsbezeichnung	Fertigungs-/Auslieferungsplanung Juli 20..																														
		1	2	3	4	5	6	7	8	9	10	11	12	13	14	15	16	17	18	19	20	21	22	23	24	25	26	27	28	29	30	31
1	Auftragsplanung						W	W						W	W						W	W						W	W			
2	Bearbeitung der Tischplatten						W	W						W	W						W	W						W	W			
3	Zwischenkontrolle						W	W						W	W						W	W						W	W			
4	Bearbeitung der Tischbeine						W	W						W	W						W	W						W	W			
5	Bearbeitung der Zeitungsablagen						W	W						W	W						W	W						W	W			
6	Montage						W	W						W	W						W	W						W	W			
7	Endkontrolle						W	W						W	W						W	W						W	W			
8	Verpackung/ Versandvorbereitung						W	W						W	W						W	W						W	W			
9	Transport						W	W						W	W						W	W						W	W			

W = Wochenende
I = Quartalsmäßige Instandhaltung der Sägemaschinen (Verzögerung der Fertigung um je einen Tag; Maschine 1 am 5. Juli, Maschine 2 am 8. Juli und Maschine 3 am 9. Juli)
A = Termin der Anlieferung beim amerikanischen Kunden

Rückwärtsterminierung

Nr.	Vorgangsbezeichnung	Fertigungs-/Auslieferungsplanung Juli 20..																														
		1	2	3	4	5	6	7	8	9	10	11	12	13	14	15	16	17	18	19	20	21	22	23	24	25	26	27	28	29	30	31
1	Auftragsplanung						W	W						W	W						W	W						W	W			
2	Bearbeitung der Tischplatten						W	W						W	W						W	W						W	W			
3	Zwischenkontrolle						W	W						W	W						W	W						W	W			
4	Bearbeitung der Tischbeine						W	W						W	W						W	W						W	W			
5	Bearbeitung der Zeitungsablagen						W	W						W	W						W	W						W	W			
6	Montage						W	W						W	W						W	W						W	W			
7	Endkontrolle						W	W						W	W						W	W						W	W			
8	Verpackung/ Versandvorbereitung						W	W						W	W						W	W						W	W			
9	Transport						W	W						W	W						W	W						W	W			

W = Wochenende
I = Quartalsmäßige Instandhaltung der Sägemaschinen (Verzögerung der Fertigung um je einen Tag; Maschine 1 am 5. Juli, Maschine 2 am 8. Juli und Maschine 3 am 9. Juli)
A = Termin der Anlieferung beim amerikanischen Kunden

Lernsituation 42: Durch Controlling die Leistungserstellung absichern

Ausgangssituation I: Instandhaltungsmaßnahmen planen und durchführen

Die Sommerfeld Bürosysteme GmbH produziert seit einigen Monaten den Tisch Kendo spezial für eine amerikanische Klinikkette. Das Unternehmen hat damit begonnen, in sämtlichen zum Konzern gehörenden Krankenhäusern ein neues Imagekonzept umzusetzen, wodurch die Wartezimmer der einzelnen Häuser neu eingerichtet werden. Aus diesem Grund sind zahlreiche größere Bestellungen bei der Sommerfeld Bürosysteme GmbH eingegangen.

Die dadurch stark angestiegene Nachfrage hat dazu geführt, dass insbesondere im Fertigungsbereich der Sägemaschinen (M 1–3) erforderliche Instandhaltungsmaßnahmen vernachlässigt wurden.

Erste Reklamationen bezüglich fehlerhafter Produkte sind in der vergangenen Woche bei Herrn Berger im Vertrieb eingegangen und heute Morgen ist es erneut zu einem Maschinenstillstand gekommen. In Absprache mit der Unternehmensleitung ist deshalb kurzfristig entschieden worden, dass ab sofort sämtliche erforderlichen Instandhaltungsmaßnahmen wieder plangemäß durchgeführt werden.

Als Rudolf Heller von den Fertigungsproblemen erfährt, ist er interessiert, was sich hinter den vernachlässigten Instandhaltungsmaßnahmen verbirgt. Von Herrn Berger hat er erfahren, dass dabei die Instandhaltung nach DIN 31051 in Inspektion, Wartung und Instandsetzung unterteilt werden kann.

Arbeitsaufträge

1 Unterstützen Sie Rudolf Heller und vervollständigen Sie die nachfolgende Tabelle, indem Sie zunächst eine allgemeine Erklärung der Begriffe vornehmen und anschließend jeweils zwei konkrete Beispiele für die oben genannten Sägemaschinen anbringen.

	Inspektion	Wartung	Instandsetzung
Erklärung			
Beispiele			

2 Überlegen Sie, welche weiteren Gründe für die Entscheidung der Unternehmensleitung der Sommerfeld Bürosysteme GmbH vorliegen, die erforderlichen Instandhaltungsmaßnahmen wieder durchzuführen.

3 Beurteilen Sie, ob die Sommerfeld Bürosysteme GmbH in dieser Situation richtig gehandelt hat?

4 Die Sommerfeld Bürosysteme GmbH unterhält eine eigene Instandhaltungsabteilung, die für die Instandhaltung des Maschinenparks zuständig ist. In der Vergangenheit hat das Unternehmen mehrfach Angebote über Wartungsverträge von selbstständigen Dienstleistungsunternehmen erhalten, hat diese aber abgelehnt. Lediglich mit einem Maschinenbauunternehmen besteht ein langjähriger Wartungsvertrag für die Anlagen des Herstellers. Überlegen Sie, welche Vorteile bzw. Nachteile mit den drei genannten Alternativen verbunden sind und nennen Sie jeweils mindestens zwei Vor- und Nachteile.

	Instandhaltung durch die eigene Instandhaltungsabteilung	Wartungsverträge mit dem Hersteller der Anlage	Wartungsverträge mit einem selbstständigen Dienstleistungsunternehmen
Vorteile:			
Nachteile:			

Ausgangssituation II: Qualität, nur eine Frage der Kosten?

Die planmäßige Durchführung der Instandhaltungsmaßnahmen und die Intensivierung der Qualitätskontrolle haben für die Sommerfeld Bürosysteme GmbH die gewünschte Wirkung gezeigt, sodass die Kundenreklamationen deutlich reduziert werden konnten. Gleichzeitig sind aber die Prüfkosten durch zusätzlichen Personal- und Prüfmittelbedarf stark angestiegen.

Darüber hinaus hat das Unternehmen verschiedene Maßnahmen ergriffen, die das Entstehen von Fehlern vermeiden sollen. Damit verbundene Fehlervermeidungskosten und die oben angesprochenen Prüfkosten werden von der Unternehmensleitung kritisch betrachtet. Es soll geprüft werden, ob diese Kosten durch die Senkung der Fehlerkosten überhaupt überkompensiert werden.

Folgende Informationen zur Entwicklung der Fehlerkosten und der Fehlervermeidungs- bzw. Prüfkosten sind für die Fertigung des Tisches Kendo spezial gegeben:

Fehlerquote	Fehlerkosten	Fehlervermeidungs- und Prüfkosten	Qualitätskosten
0 %	0,00 EUR	4.000,00 EUR	
2 %	260,00 EUR	2.500,00 EUR	
4 %	520,00 EUR	1.500,00 EUR	
6 %	780,00 EUR	1.000,00 EUR	
8 %	1.040,00 EUR	760,00 EUR	
10 %	1.300,00 EUR	560,00 EUR	

Arbeitsaufträge

1 Folgende Sachverhalte verursachen Qualitätskosten bei der Sommerfeld Bürosysteme GmbH. Ordnen Sie diese den Arten der Qualitätskosten zu:

Qualitätskosten → Sachverhalte ↓	Fehlervermeidungskosten	Prüfkosten	Fehlerkosten/ Fehlerfolgekosten
Beim Angebotsvergleich ist die Qualität der Holzplatten ein besonders wichtiges Kriterium.			
Für die vom Werkzeugbau der Sommerfeld Bürosysteme GmbH hergestellten Anlagen muss ein Qualitätsgutachten erstellt werden.			
Aufgrund von Laboruntersuchungen wurde ein Fehler in der Zusammensetzung des Klebers der Schutzfolie entdeckt.			
Die Unternehmensleitung der Sommerfeld Bürosysteme GmbH setzt „Qualitätszirkel der Mitarbeiter“ ein.			
Nach dem Zufallszahlen-Verfahren erfolgt eine Kontrolle der gefertigten Tische.			
Von 1.000 gefertigten Tischen des Fertigungsauftrags C 45/XI waren 56 Tische nicht in Ordnung.			
Bei 24 Kundenreklamationen mussten kostenlose Reparaturen durchgeführt werden.			
Das Qualitätsmanagement der Sommerfeld Bürosysteme GmbH hat eine „Prüfplanung“ für den Unternehmensbereich Fertigung entwickelt.			

2 Ermitteln Sie mithilfe der oben abgebildeten Tabelle die Qualitätskosten und die kostenminimale Fehlerquote und übertragen Sie Ihr Ergebnis in eine grafische Darstellung.

Ermittlung der kostenminimalen Fehlerquote:

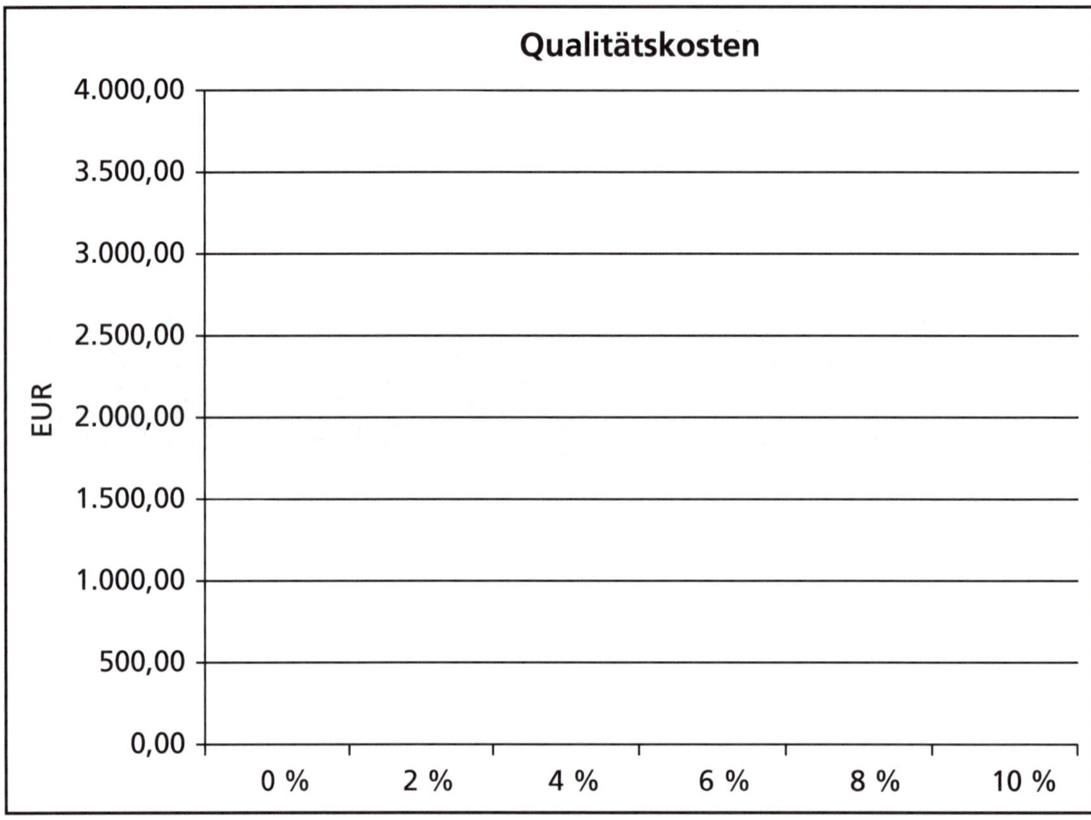

3 Die Sommerfeld Bürosysteme GmbH plant, sich zukünftig an der ermittelten „optimalen“ Fehlerquote zu orientieren. Beurteilen Sie diese Planung. Welche Argumente können gegen dieses Vorhaben aufgeführt werden?

Ausgangssituation III: Qualitätsprobleme und die Folgen

Obwohl Werner Wolf, Qualitätsbeauftragter der Sommerfeld Bürosysteme GmbH, seine Bedenken bezüglich der Orientierung an der „optimalen“ Fehlerquote geäußert hat, wurde diese Vorgabe in den Folgemonaten umgesetzt. Zufrieden konnte Frau Farthmann, die für die Produktion und Beschaffung verantwortliche Geschäftsführerin, feststellen, dass die Qualitätskosten daraufhin etwas reduziert werden konnten. Doch als ihr Daniela Schaub, Auszubildende bei der Sommerfeld Bürosysteme GmbH, am heutigen Morgen die aktuelle Ausgabe des *Essener Morgenecho* vorlegt, verschlägt es ihr beim Anblick der größten Schlagzeile des Regionalteils fast die Sprache.

Hygienebestimmungen nicht eingehalten

Amerikanische Klinikkette erwägt Klage gegen deutschen Büromöbelhersteller. Verarbeitete Schutzfolien minderwertig und schlecht verarbeitet.

Essen/Boston Die Sommerfeld Bürosysteme GmbH, ein namhafter Hersteller von Büromöbeln mit Sitz in Essen, exportiert seit einigen Monaten erfolgreich Erzeugnisse aus der eigenen Produktgruppe „Pause, Speisen, Aufenthalt" in die USA. Dabei konnte das Unternehmen eine nordamerikanische Krankenhauskette als neuen Großkunden gewinnen

Obwohl das Unternehmen auch auf dem deutschen Markt Krankenhäuser zu seinen Kunden zählt, handelt es sich bei dem speziell für den Wartebereich der Kliniken des amerikanischen Kunden entwickelten Tisch um Neuland für die Sommerfeld Bürosysteme GmbH. Die vom Kunden geforderte Schutzfolie zur Einhaltung der amerikanischen Hygienebestimmungen wurde (nach aktuellem Kenntnisstand der Redaktion) bislang nicht in der Fertigung der Bürosysteme GmbH eingesetzt. Genau diese Folien sorgen jetzt für Ärger.

In mehreren Fällen soll sich die Folie an den Tischen abgelöst haben, wodurch die Krankenhauskette gezwungen war, diese Tische bei der Sommerfeld Bürosysteme GmbH zu reklamieren. Diese Probleme konnten durch Ersatzlieferungen behoben werden. Weit schwerwiegender könnten die Folgen sein, wenn sich herausstellen sollte, dass die neuen Vorwürfe auf die fehlerhaften Produkte der Sommerfeld Bürosysteme GmbH zurückzuführen sind.

Nach Angaben der amerikanischen Krankenhauskette wurde in fünf voneinander unabhängigen Fällen Klage gegen die Klinik eingereicht. Dabei haben Patienten aus drei Kliniken Anschuldigungen wegen gefährlicher Körperverletzung bzw. Gesundheitsgefährdung erhoben. Die Patienten waren dabei in Kontakt mit dem Klebemittel der Folien gekommen und klagten danach über eine starke Hautrötung und hartnäckigen Juckreiz. Darüber hinaus hat sich ein kleines Mädchen eine tiefe Schnittwunde an der Hand zugezogen, diese musste anschließend in der Klinik behandelt werden. Nach Angaben des Unternehmens ist auch diese Verletzung auf die scharfkantige Folie zurückzuführen, welche sich auch in diesem Fall von der Tischplatte abgelöst hatte.

Die von verschiedenen renommierten Anwälten vertretenen Patienten fordern Schadenersatz für die Gesundheitsgefährdungen bzw. Körperverletzungen ihrer Mandanten. Sollten die Klagen erfolgreich verlaufen, ist davon auszugehen, dass die Klinikkette Regressansprüche gegen ihren deutschen Büromöbellieferanten geltend machen wird. Stellt sich dabei tatsächlich heraus, dass eine mangelhafte Verarbeitung der Schutzfolien für die entstandenen Schädigungen ursächlich war, sind die möglicherweise weitreichenden Folgen für die Bürosysteme Sommerfeld GmbH noch nicht absehbar.

Nachdem Frau Farthmann entsetzt den Zeitungsartikel gelesen hat, ist sie sichtlich nervös.

Frau Farthmann: „Frau Schaub, machen Sie bitte eine Kopie von dem Zeitungsartikel und bringen Sie diese bitte direkt zu Frau Berg oder zu Herrn Remmers."

Daniela Schaub: „Sehr gern, Frau Farthmann, aber sollten wir nicht erst Herrn Weselberg in der Fertigung über die Probleme informieren?"

Frau Farthmann: „Natürlich werde ich Herrn Weselberg umgehend informieren, aber jetzt ist es erst einmal wichtig, dass wir in der Öffentlichkeit eine Stellungnahmen abgeben. Deshalb müssen unsere für Public Relations verantwortlichen Mitarbeiter sofort eine Pressemitteilung vorbereiten und diese gleichzeitig auf unserer Homepage veröffentlichen. Sorgen Sie bitte dafür, dass sich einer von beiden noch heute darum kümmert."

Daniela Schaub macht sich sofort auf den Weg und trifft Frau Berg glücklicherweise in ihrem Büro an. Als Daniela ihr den Zeitungsartikel vorlegt, reagiert diese leicht genervt: „Als ob ich sonst nichts zu tun hätte, als Pressemitteilungen herauszugeben. Unser neues Messeprospekt muss ich auch noch fertigstellen", so Frau Berg.

Arbeitsaufträge

1 Helfen Sie Frau Berg und bereiten Sie eine Pressemitteilung vor, die den Standpunkt der Sommerfeld Bürosysteme GmbH möglichst positiv darstellt. Dabei ist es aber zwingend erforderlich keine unzutreffenden Angaben zu machen.

Pressemitteilung der
Sommerfeld Bürosysteme GmbH

Überschrift: ____________________

____

____

____

____

____

____

____

____

____

____

____

____

____

____

____

2 Benennen Sie Gründe, warum Frau Farthmann darauf drängt, dass sofort eine Pressemitteilung bezüglich des Zeitungsartikels veröffentlicht wird.

3 Die Vorkommnisse sollen sich zukünftig nicht wiederholen, deshalb will die Sommerfeld Bürosysteme GmbH die bislang verwendeten Verfahren der Qualitätskontrolle überprüfen und gegebenenfalls verbessern. Herr Wolf, Qualitätsbeauftragter, vertritt den Standpunkt: „Nur eine 100-Prozent-Kontrolle garantiert die Qualität unserer Erzeugnisse und somit Kundenzufriedenheit." Nehmen Sie kritisch Stellung zur Aussage von Herrn Wolf.

4 Die Sommerfeld Bürosysteme GmbH überlegt, wie die nachfolgenden Kontrollverfahren zur Qualitätskontrolle bei der Herstellung des Tisches Kendo spezial zum Einsatz kommen können. Benennen Sie Beispiele für die Anwendung der nachfolgenden Kontrollverfahren und begründen Sie jeweils Ihre Entscheidung.

Kontrollverfahren	Beispiel und Begründung
100-Prozent-Kontrolle	
Stichprobenkontrolle	
Eingangskontrolle	
Zwischenkontrolle	
Endkontrolle	
Fremdkontrolle	
Variablenprüfung (Toleranzenkontrolle)	
Attributprüfung (Gut-schlecht-Prüfung)	

Lernsituation 43: Maßnahmen zur kontinuierlichen Verbesserung von Fertigungsprozessen und Produkten berücksichtigen

Ausgangssituation I: Optimierungspotenziale erkennen und die Wettbewerbsfähigkeit verbessern

Nach vereinzelten Startschwierigkeiten in den ersten Jahren auf dem nordamerikanischen Markt hat sich die Sommerfeld Bürosysteme GmbH erfolgreich etablieren können und zählt mittlerweile neben einer Krankenhauskette auch einen Versicherungskonzern und einige Bürobedarfshändler zu seinen Kunden.

Obwohl das Unternehmen insgesamt gute Auftragszahlen auf dem amerikanischen Markt verzeichnet, konnten insbesondere im abgelaufenen Quartal mehrere abgegebene Angebote nicht zum Auftragsabschluss gebracht werden. Nach Aussage einzelner potenzieller Kunden waren lange Lieferzeiten und höhere Preise ausschlaggebend für die Entscheidung gegen den deutschen Büromöbelhersteller.

In einem eigens zu diesem Thema angesetzten Abteilungsleitermeeting sollen mögliche Maßnahmen erörtert werden, wie die Sommerfeld Bürosysteme GmbH auf den wachsenden Wettbewerbsdruck auf dem nordamerikanischen Markt reagieren kann.

Folgende Ansatzpunkte zur Verbesserung wurden im Protokoll festgehalten:

Sommerfeld Bürosysteme GmbH

Protokoll vom: **24.11.20..**
Thema: **Marktsituation USA/Optimierungspotenziale**

TOP 1:
Frau Farthmann schlägt vor, insbesondere bei den Erzeugnissen für den amerikanischen Markt eine Produktoptimierung durch eine gezielte Materialienauswahl zu erreichen. Dabei sollten insbesondere durch Normung, Typung und die Anwendung des Baukastensystems Kosteneinsparungen angestrebt werden.

TOP 2:
Herr Lanzetti, Abteilungsleiter Logistik und Beschaffung, sieht Einsparungspotenziale bei Baugruppen und Erzeugnissen, die bislang in kleinen und damit wenig lukrativen Fertigungslosen hergestellt wurden. Hierbei sollte eine Fremdfertigung in Betracht gezogen werden.

TOP 3:
Herr Feld, Geschäftsführer der Verwaltung, stellt eine Optimierung der Durchlaufzeiten als wesentliche Voraussetzung zur dauerhaften Wettbewerbsfähigkeit in den Vordergrund. Dabei sollten die Möglichkeiten des CIM in den Fokus der Überlegungen gestellt werden.

Daniela Schaub ist von Frau Farthmann damit beauftragt worden, das Sitzungsprotokoll im Protokollordner abzulegen und gleichzeitig eine Kopie an alle Abteilungsleiter zu verteilen. Als Daniela die Themenbeiträge liest, fällt ihr besonders der Vorschlag von Frau Farthmann ins Auge. Bei Herrn Lanzetti angekommen, spricht Daniela ihn auf die angesprochene Normung, Typung und das Baukastensystem an. Herr Lanzetti ist erfreut über Danielas Interesse und legt ihr einige Listen mit Erzeugnissen und den dafür erforderlichen Materialien vor. „Hier, Frau Schaub, das sind die Produkte, die sich bislang am besten auf dem nordamerikanischen Markt verkaufen. Schauen Sie sich die einzelnen Materialien, Baugruppen und fertigen Erzeugnisse einmal genau an. Welche Möglichkeiten zur Normung und Typung halten Sie für sinnvoll und wo wäre ein Baukastensystem denkbar?"

Die erfolgreichsten Exporterzeugnisse für den nordamerikanischen Markt:
Erzeugnisstruktur „Tisch Kendo spezial":

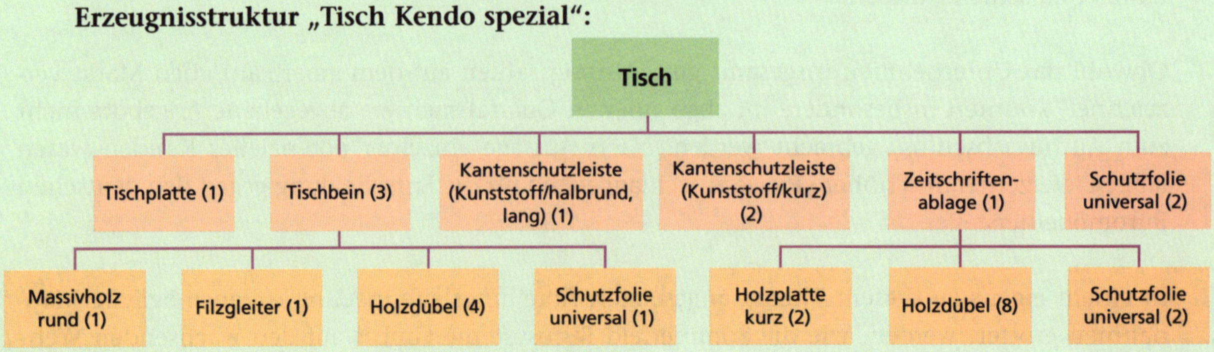

Erzeugnisstruktur „Tisch Kendo quadratisch“ und „Tisch Kendo rechteckig“:

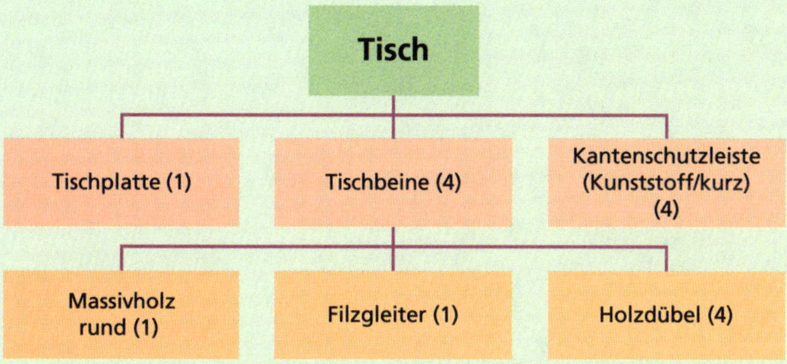

Erzeugnisstruktur „Stuhl Kendo stapelbar“

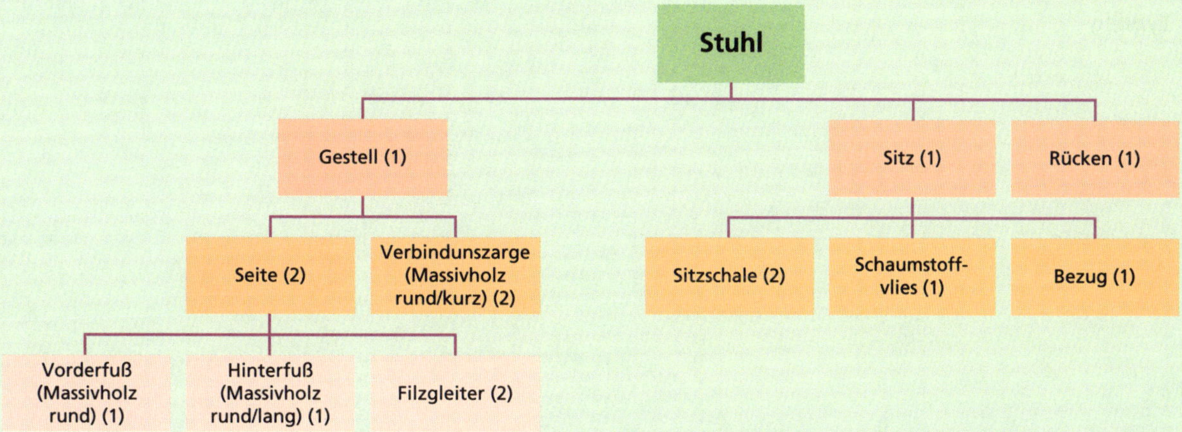

Zusatzinformationen:

- Die auf dem nordamerikanischen Markt verkauften Erzeugnisse unterscheiden sich zum Teil erheblich von den Ausführungen, die auf dem europäischen Markt abgesetzt werden.
- Während in Europa und insbesondere auf dem deutschen Markt z. B. der Stuhl Kendo stapelbar nahezu ausschließlich in den Standardfarben marineblau, nachtgrün und schwarz verkauft wird, werden für amerikanische Kunden häufig individuelle Ausführungen produziert.
- Dabei werden die Erzeugnisse nicht nur in individuellen Oberflächenfarben, sondern auch mit verschiedensten Materialwünschen (Holzart, Bezug der Sitzschale etc.) bestellt.

Arbeitsauftrag

Entnehmen Sie den angegebenen Informationen über die Erzeugnisse mögliche Materialien, Baugruppen oder fertige Erzeugnisse, die besonders hinsichtlich Normung, Typung und dem Baukastensystem Kosteneinsparungspotenziale besitzen. Halten Sie Ihre Arbeitsergebnisse in der nachfolgenden Tabelle fest und begründen Sie Ihre Entscheidungen.

Produktoptimierung	Beispiel	Begründung
Normung		
Typung		
Baukastensystem		

Ausganssituation II: Kosteneinsparungen durch Fremdbezug realisieren

Nachdem Daniela Schaub die Optimierungsmöglichkeiten mit Herrn Lanzetti besprochen hat, legt er ihr seine Überlegungen hinsichtlich seines Beitrags zum Abteilungsleitermeeting (TOP 2) vor. Herr Lanzetti möchte prüfen, ob es sinnvoll wäre, die aus zwei Sitzschalen, Schaumstoffvlies und Stoffbezug aufwendig hergestellten Sitzflächen des Stuhls Kendo stapelbar zukünftig von einem Lieferanten als komplette Baugruppe herstellen zu lassen. Die Materialkosten zur Herstellung eines Sitzes belaufen sich auf 5,75 EUR, es fallen Lohnkosten in Höhe von 7,70 EUR und anteilige Energiekosten 0,35 EUR an. Die anteiligen Abschreibungen für die zur Herstellung des Sitzes eingesetzten Fertigungsanlagen liegen bei 35.500,00 EUR pro Jahr. Im abgelaufenen Geschäftsjahr konnten 42.000 Stühle produziert und verkauft werden. Für das laufende Geschäftsjahr zeichnet sich eine leichte Verbesserung der Auftragslage ab; dabei wird eine Steigerung um 1.500 Stühle prognostiziert. Der Vertrieb der Sommerfeld Bürosysteme GmbH rechnet damit, dass die Nachfrage in der Produktgruppe 4 (Pause, Speise, Aufenthalt) mittelfristig auf dem momentan erreichten Niveau stagnieren könnte.

Herr Lanzetti hat bereits mit einem potenziellen Lieferanten für die Baugruppe „Sitzfläche“ Kontakt aufgenommen. Das Unternehmen hat sich auf die Herstellung von Sitzflächen/-schalen spezialisiert und könnte diese ab einer jährlichen Abnahmemenge von 30.000 Stück zu einem Preis von 14,50 EUR je Sitz anbieten.

Arbeitsaufträge

1 Überprüfen Sie rechnerisch, ob ein Fremdbezug der Sitzflächen dauerhaft kostengünstiger ist.

2 Ermitteln Sie den Kostenvorteil, der sich für die Sommerfeld Bürosysteme GmbH ergeben würden, wenn die Prognose des Vertriebs für die folgenden vier Jahre zutreffend wäre.

Rechnerische Überprüfung:

Ermittlung des Kostenvorteils:

Ausgangssituation III: CIM zur Verbesserung der Wettbewerbsfähigkeit

Erstaunt über die unterschiedlichen Möglichkeiten zur Rationalisierung und die damit verbundenen Kosteneinsparungen erinnert sich Daniela Schaub an den letzten Protokollpunkt des Abteilungsleitermeetings (TOP 3). Herr Feld fordert dabei eine Verkürzung der Durchlaufzeiten durch eine bessere Nutzung der Möglichkeiten des CIM. In der Berufsschule hat Daniela gelernt, dass CIM die Abkürzung für „Computer Integrated Manufacturing" ist und dass damit ein einheitliches Konzept zur Zusammenfassung und Verknüpfung aller computerunterstützen Betriebs- und Unternehmensfunktionen angesprochen wird. „Wie soll uns das denn bei unseren Problemen auf dem amerikanischen Markt weiterhelfen?", fragt sich Daniela.

Arbeitsauftrag

Überlegen Sie, wie die in der nachfolgenden Tabelle genannten Anwendungsmöglichkeiten für den Computereinsatz in den verschiedenen Phasen der Produktentstehung zum Einsatz kommen und welche Bedeutung dies für eine Verbesserung der Absatzsituation auf dem amerikanischen Markt haben kann.

Anwendungsmöglichkeiten	Beschreibung der Anwendungsmöglichkeiten und Bedeutung für eine Verbesserung der Absatzsituation
CAD Computer Aided Design	
CAP Computer Aided Planning	
CAE Computer Aided Engineering	
CAM Computer Aided Manufacturing	
CAQ Computer Aided Quality Assurance	

Aufgaben zur Prüfungsvorbereitung

Aufgabe 1

In einem Unternehmen der Lebensmittelindustrie werden Molkereiprodukte hergestellt. Auf einer Anlage können in einer Stunde maximal 180 Stück gefertigt werden, wobei zurzeit durchschnittlich 160 Stück produziert werden. Die Anlage läuft 320 Stunden im Monat. Die fixen Kosten der Anlage betragen im Monat 12.000,00 EUR. Die Materialkosten pro Stück belaufen sich auf 1,25 EUR; die Lohnkosten liegen bei 0,45 EUR je Stück und ein Erzeugnis wird für 2,20 EUR verkauft.

1.1 Ermitteln Sie den Beschäftigungsgrad der Fertigungsanlage.

1.2 Neben dem Beschäftigungsgrad können weitere Kapazitätsbegriffe unterschieden werden. Nennen Sie drei weitere Kapazitätsbegriffe und grenzen Sie diese von dem Beschäftigungsgrad ab.

1.3 Ermitteln Sie die variablen Kosten und die Gesamtkosten einer Monatsproduktion.

1.4 Berechnen Sie die gesamten Stückkosten und den Monatsgewinn der Molkerei bei einer Produktionsmenge von 160 Stück je Stunde.

Aufgabe 2

Einem Reifenhersteller stehen in der Fertigungssparte „Motorradreifen" eine Fertigungskapazität von 12.500 Fertigungsminuten je Periode zur Verfügung. Folgende Daten liegen bei der Planung der nächsten Periode vor:

Ausführung	Absetzbare Menge (in Stück)	Zeitbedarf je Stück (in Minuten)	Verkaufspreis je Stück	Variable Kosten je Stück
XC1	1.425	3	41,00 EUR	20,00 EUR
XC2	1.050	2	43,50 EUR	26,00 EUR
YB1	1.200	2	75,50 EUR	45,00 EUR
YB3	300	5	115,50 EUR	75,00 EUR
YC1	4.500	2	24,00 EUR	15,00 EUR

Ermitteln Sie den maximal möglichen Gewinn in der Sparte Motorradreifen, wenn 70.000,00 EUR fixe Kosten für diesen Bereich berücksichtigt werden müssen.

Aufgabe 3

Die Andreas Schneider Holzwerke KG möchte die Fertigungslose mithilfe der nachfolgenden Tabelle optimieren. Die Rüstkosten und Lagerkosten verlaufen dabei proportional.

3.1 Vervollständigen Sie nachfolgende Tabelle:

Anzahl der Lose	Losgröße (Stück)	Rüstkosten	Lager-bestand (Stück)	Lagerhaltungs-kosten	Gesamtkosten
1					
2					
5					
10	36.000	5.000,00 EUR	18.000	9.000,00 EUR	
20					
30					

3.2 Ermitteln Sie die optimale Losgröße für dieses Produkt.

3.3 Nennen Sie zwei Gründe, die die Andreas Schneider Holzwerke KG veranlassen könnten, von der optimalen Losgröße abzuweichen.

Aufgabe 4

Die Speedy-Bike GmbH stellt u. a. die beiden in der nachfolgenden Erzeugnisstruktur dargestellten Produkte 1 und 2 her. Diese setzen sich aus verschiedenen Baugruppen (B) und Einzelteilen (E) in der jeweils in Klammern angegebenen Menge zusammen.

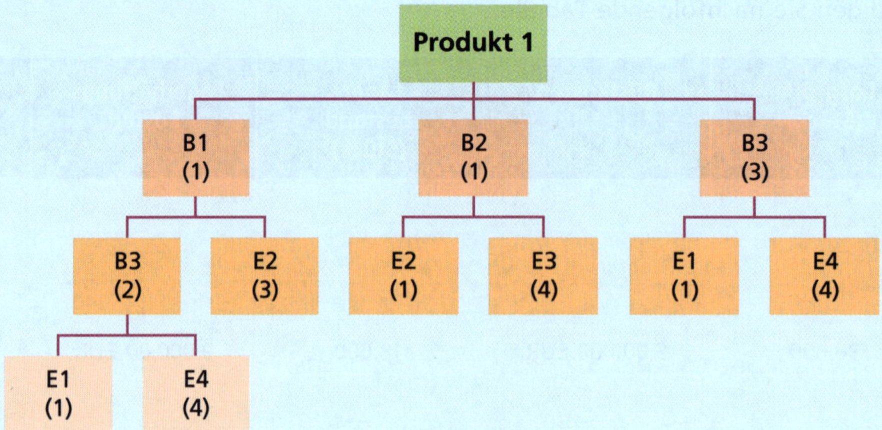

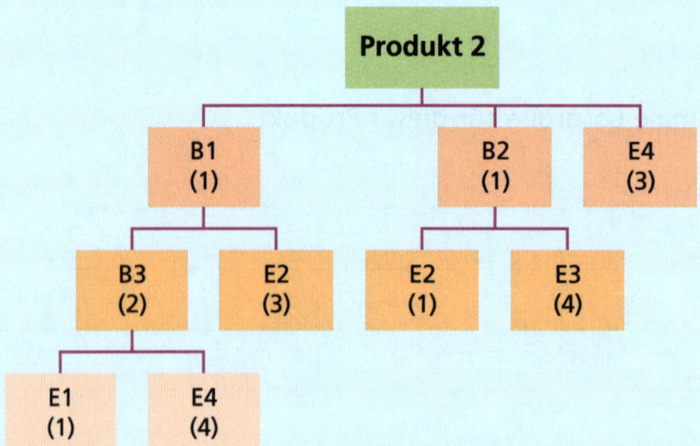

4.1 Erstellen Sie für die Produkte 1 und 2 jeweils eine Mengenübersichtsstückliste.

Mengenübersichtsstücklisten:

Produkt 1	
Baugruppe/Einzelteil	**Anzahl**

Produkt 2	
Baugruppe/Einzelteil	**Anzahl**

4.2 Erstellen Sie mithilfe der folgenden Vorlage eine Strukturstückliste für die beiden Produkte.

Fertigungsstufe	Produkt 1		Produkt 2	
	Baugruppe/ Einzelteil	Menge	Baugruppe/ Einzelteil	Menge

4.3 Erläutern Sie, welche Einsatzgebiete es für Stücklisten bei der Speedy-Bike GmbH gibt.

4.4 Ein Stammkunde bestellt 100 Stück von Produkt 3 (P3), ein Erzeugnis, das die Speedy-Bike-GmbH schon sehr lange im Sortiment führt. Nehmen Sie mithilfe der nachfolgend angegebenen Erzeugnisstruktur und der Ausführungszeiten eine Vorwärts- und Rückwärtsterminierung für die Fertigstellung dieses Kundenauftrags vor. Der Kunde erwartet die Fertigstellung der Erzeugnisse nach 15 Arbeitstagen.

Übersicht über die Ausführungszeiten	
Baugruppe/Einzelteil	**Ausführungszeit (in Arbeitstagen)**
B1	4
B2	6
B3	3
E1	2
E2	2
E3	4
E4	5
E5	2
P3	2

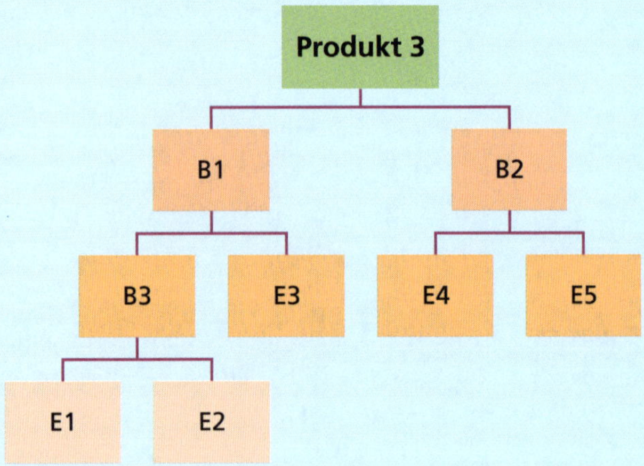

Vorwärtsterminierung:

Arbeitstage Baugruppe/ Einzelteil	1	2	3	4	5	6	7	8	9	10	11	12	13	14	15
B1															
B2															
B3															
E1															
E2															
E3															
E4															
E5															
P3															

Rückwärtsterminierung:

Arbeitstage Baugruppe/ Einzelteil	1	2	3	4	5	6	7	8	9	10	11	12	13	14	15
B1															
B2															
B3															
E1															
E2															
E3															
E4															
E5															
P3															

Aufgabe 5

Die Speedy-Bike GmbH plant die Aufnahme eines neuen Tandem-City-Rades ins Produktionsprogramm. Der nachfolgende Netzplan zeigt den Ablauf des Produktentwicklungsprozesses.

5.1 Vervollständigen Sie den Netzplan und ermitteln Sie die Anzahl der Tage bis zum Abschluss des Entwicklungsprozesses.

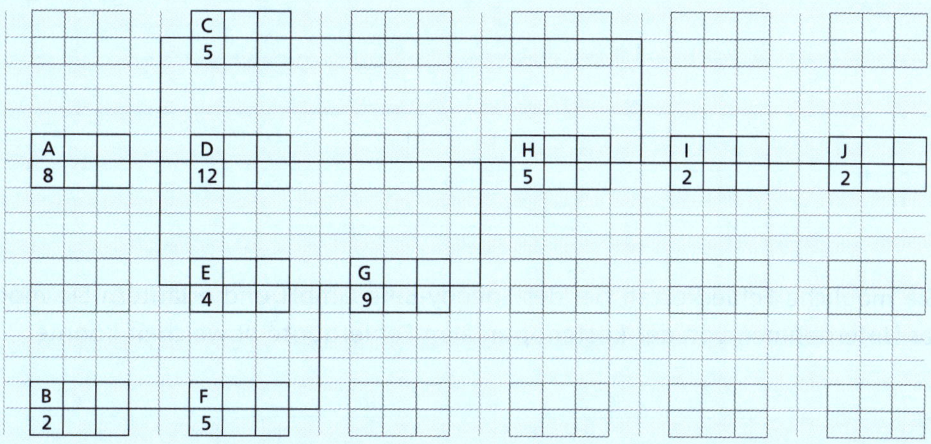

5.2 Bei den Vorgängen F und G kommt es häufig zu Verzögerungen. Erläutern Sie, welche Konsequenzen es hätte, wenn sich Vorgang F um vier und Vorgang G um zwei Arbeitstage verzögern würden.

Aufgabe 6

Bei der Speedy-Bike GmbH wurden im Rahmen der Qualitätssicherung die nachfolgenden Daten zur Entwicklung von Fehler- und Prüfkosten ermittelt:

Fehlerquote in %	Prüfkosten	Fehlerkosten
0	2.500,00 EUR	0,00 EUR
2	1.775,00 EUR	350,00 EUR
4	1.275,00 EUR	700,00 EUR
6	925,00 EUR	1.100,00 EUR
8	675,00 EUR	1.450,00 EUR
10	550,00 EUR	1.800,00 EUR
12	425,00 EUR	2.150,00 EUR
14	350,00 EUR	2.500,00 EUR

6.1 Ermitteln Sie die kostenoptimale Fehlerquote und erläutern Sie allgemein die Entwicklung von Prüf- und Fehlerkosten in Abhängigkeit von der Fehlerquote.

6.2 Nennen Sie mögliche Fehlerkosten bei der Speedy-Bike GmbH und erläutern Sie mögliche Gründe, warum das Unternehmen von der kostenoptimalen Fehlerquote abweichen könnte.